Die großen Fußballvereine der Welt

STEFAN TARRAS

Die großen Fußballvereine der Welt

COPRESS VERLAG MÜNCHEN

Inhalt

Redaktion: Ludger Schulze, Karl-Heinz Jens
Layout: Franz Hornauer
Übersetzung: Aus dem Schwedischen
von Janna Krumm, Niklas Enevold
Fotos: Editora Abril, Almási, APN, Celio Apolinario, Bild Byran, Amancio Chiodi, dpa, Zero Hora, Horstmüller, Pedro Martinelli, Lemy R. Martins, Manoel Motta, N. Pavićević, Kenneth Prater, Scandia Photopress, Schirner, Syndication International Ltd., Stefan Tarras, Paulo Teixeira, Silvio Viegas, Votavafoto Wien, Warminski

CIP-Titelaufnahme der Deutschen Bibliothek

Tarras, Stefan:
Die großen Fußballvereine der Welt / Stefan Tarras.
[Übers. aus d. Schwed. von Janna Krumm ; Niklas Enevold].
– 2., aktualisierte Aufl. – München : Copress-Verl., 1989
ISBN 3-7679-0281-8

Zweite, aktualisierte Auflage 1989

Herstellung: Bruckmann München
Printed in Germany
ISBN 3-7679-0281-8

STEFAN TARRAS

wurde 1945 in Stockholm geboren.
Nach umfangreichem Studium
ist er seit 1982 freier Journalist
und heute Inhaber der renommierten
Agentur »International Footprint«.
Stefan Tarras ist Korrespondent
vieler bedeutender Sportzeitungen.

Vorwort

Es ist an der Zeit, den traditionsreichsten Fußballvereinen der Welt zu ihrem Recht zu verhelfen und ihnen ein Buch zu widmen. Gemessen an ihrer Bedeutung finden sie in der Fußball-Literatur im allgemeinen zuwenig Berücksichtigung. Beschreibungen einzelner Klubs gibt es viele, diese Portraitsammlung indes ist neu. Sie gibt Auskunft über die wirtschaftlichen Verhältnisse, die Geschichte und die soziale Struktur von 74 weltbekannten Klubs. Andere werden dem fußballkundigen Leser vielleicht fehlen, wie etwa Aston Villa oder Kickers Offenbach. Daß sie nicht berücksichtigt wurden, liegt daran, daß ihre Glanzzeit zu weit zurückliegt und sie von der rasanten Leistungsentwicklung der Konkurrenz überrollt wurden. Klubs wie KV Mechelen oder Neuchâtel Xamax wiederum sind nicht enthalten, weil ihr Ruhm noch zu frisch ist und erst noch einiger Bestätigung bedarf. Auf die türkischen, asiatischen und afrikanischen Vereine ist deshalb verzichtet worden, weil sie beim Leistungsvergleich mit der Elite aus Europa und Südamerika zu schlecht abschneiden. Bücher über Fußball sind in den meisten Fällen Darstellungen jüngst vergangener Welt- und Europameisterschaften oder Biographien berühmter Spieler. Daß die wichtigste Zelle dieses Sports der Verein ist, wird allzuleicht übersehen.

STEFAN TARRAS

Club Brügge

Im 15. Jahrhundert war Brügge eine der mächtigsten Städte der Hanse und Europas. Nach einer langen Phase wirtschaftlichen Niedergangs half der Stadt die geographische Nähe zum englischen Kanal, um zu neuer Blüte zu gelangen. Im 19. Jahrhundert, als das britische Imperium zur Weltmacht aufstieg, wurde in Brügge ein College eingerichtet, in dem die Söhne reicher englischer Kaufleute ausgebildet werden sollten. Geschäftsverbindungen entstanden. Brügge lebte auf, die Engländer kamen; und mit ihnen der Fußball. Mit den jungen Collegestudenten als Pioniere wurde das Spiel nicht nur in Brügge, sondern in der ganzen Provinz Flandern populär. 1891 wurde der erste Fußballklub Brügges gegründet, der Brugsche Football Club; kurz darauf bildeten sich zwei weitere Vereine, der Football Club Brugeois und Vlaamse F.C. Die Konkurrenz war groß, Brügge jedoch klein, und so lag es nahe, daß wenigstens zwei der drei Vereine fusionierten. Am 28. Oktober 1897 schlossen sich der Brugsche Football Club und der Football Club Brugeois zum Club Brugge Voetbalvereniging zusammen. Ein Jahr darauf wurde Club Brügge in den 1895 entstandenen belgischen Fußballverband aufgenommen.

Die Karriere des Vereins begann bescheiden. Zwar gewann man die erste Flandersche Meisterschaft 1898, doch dauerte es bis zum Ende des Ersten Weltkrieges, bis Brügge in die erste Liga aufstieg. Die dort 1920 gewonnene Meisterschaft konnte den Klub aber nicht stabilisieren, bis Ende der 50er Jahre pendelten die Brügger zwischen erster und zweiter Liga.

Erst mit der Umwandlung zu einem halbprofessionellen Betrieb gelang es dem Verein, sich in der ersten Liga festzusetzen, ja dort auch zu einem der führenden belgischen Klubs zu werden. Immerhin gewann Brügge 1968 und 1970 den belgischen Pokal.

Die sportlich erfolgreichste Zeit aber folgte erst noch, denn es begann eine Etappe des Aufschwungs. Nachdem der Verein den Betrieb 1970 auf volle Professionalität umgestellt hatte, wurde 1973 der österreichische Trainer Ernst Happel verpflichtet. Unter ihm gewann Brügge zwischen 1976 und 1978 dreimal die belgische Meisterschaft und erreichte zwei europäische Finalspiele. Das UEFA-Cupfinale 1976 wurde 2:3 und 1:1 verloren, das Finale im Cup der Landesmeister 1978 0:1. Gegner war beide Male der FC Liverpool. Ernst Happel verließ den Klub 1978, seitdem ist der Club Brügge ins belgische Mittelmaß abgesunken, auch wenn er dank einer hervorragenden Jugendarbeit immer wieder einmal Nationalspieler wie die Gebrüder Frank und Leo van der Elst, Jan Ceuleman oder Mark Degryse hervorbringt. Mit der 1988 gewonnenen Meisterschaft zeigte Club Brügge eine beachtliche Leistung, die an frühere Zeiten anknüpft.

FC Brügge

Gründung
1891

Anschrift
FC Brügge, Olympiastadion, Olympialaan 74, 8200 Brügge 2, Belgien

Vereinseigentum
Verträge der Spieler

Vereinsfarben
Hellblau-dunkelblau

Spielkleidung
Dunkelblaue Hemden mit hellblauen Ärmeln, hellblaue Hosen, hellblaue Stutzen

Stadion
Olympiastadion, 32 000

Die Erfolge

Landesmeister
1920, 73, 76, 77, 78, 80, 88

Pokal
1968, 70, 77, 86

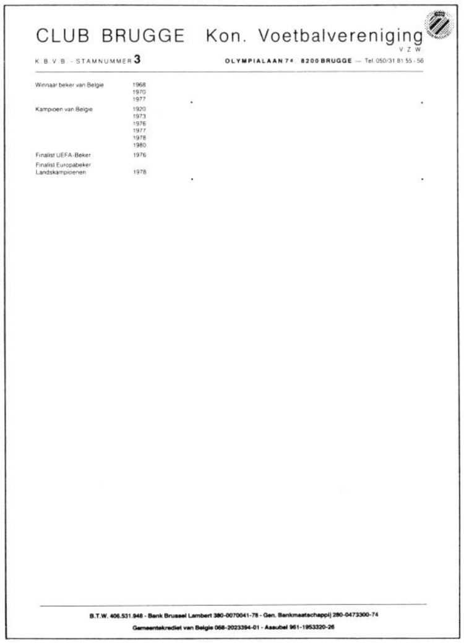

CLUB BRUGGE Kon. Voetbalvereniging
V.Z.W.
K.B.V.B. - STAMNUMMER 3
OLYMPIALAAN 74 . 8200 BRUGGE — Tel. 050/31 81 55 - 56

Winnaar beker van Belgie	1968
	1970
	1977
Kampioen van Belgie	1920
	1973
	1976
	1977
	1978
	1980
Finalist UEFA-Beker	1976
Finalist Europabeker Landskampioenen	1978

B.T.W. 406.531.948 - Bank Brussel Lambert 380-0070041-78 - Gen. Bankmaatschappij 280-0473300-74
Gemeentekrediet van Belgie 068-2023394-01 - Assubel 961-1953320-26

Die heutige Organisation

Der Club Brügge Koninklijke Voetbalvereniging hat keinerlei Immobilien. Er besitzt lediglich die Spielerverträge und muß sich das der Stadt gehörende Olympiastadion mit dem Lokalkonkurrenten Cercle Brugge teilen. Die Aussicht auf wachsende Prosperität ist gering, der Zuschauerschnitt von etwa 12000 macht es dem Verein schwer, international konkurrenzfähig zu werden.

**Die Mannschaft von 1976.
Hintere Reihe von links:
Jensen, Van Gool, Krieger, Velders, Leekens, Vandereycken.
Vordere Reihe von links:
Bastijns (Kapitän), Le Fevre, Cools, Lambert, De Cubber.**

RSC Anderlecht

Einen ganz normalen Fußballverein wollten die fünfzehn Männer, die sich am 27. Mai 1908 in Anderlecht trafen, einem Stadtteil im westlichen Brüssel, nicht gründen. Es sollte schon etwas Besonderes sein: Als äußeres Zeichen dieser gewissen Extravaganz wählten sie zur Vereinsfarbe Lila. Eine Farbe, die noch keiner der bislang im belgischen Fußballverband registrierten 35 Vereine hatte. In der Tat, der Royal Sporting Club Anderlecht wurde in der Folge kein ganz normaler Fußballverein, er wurde der erfolgreichste Klub Belgiens, in den letzten Jahren sogar zu einem der Spitzenvereine Europas.

Doch zurück zum Anfang. Da stand zunächst die dritte Liga, die der Verein zur Spielzeit 1913/14 verlassen und in die nächsthöhere aufsteigen konnte. Sich dort in der zweiten Liga zu profilieren, verhinderte zunächst der Erste Weltkrieg.

1920 wurde die Liga neu gestartet. Unter der Präsidentschaft von Theo Verbeeck, des ehemaligen Linksaußen aus den Gründerjahren, pendelte der RSC Anderlecht zwischen der ersten und zweiten Liga. Bis 1935 dauerte diese Phase der Auf- und Abstiege. Dann hatte sich der Klub stabilisiert: Seit der Spielzeit 1935/36 zählt der RSC Anderlecht bis heute ununterbrochen zur ersten Klasse Belgiens. Sichtbar wurde das gewachsene Niveau auch an der ersten Berufung eines Anderlechter Spielers in die Nationalmannschaft. Cassis Adams bestritt 23 Länderspiele, darunter die Spiele der Weltmeisterschaft 1930 in Uruguay.

1951 folgte Albert Roosens auf dem Präsidentenposten, und unter seiner Leitung schaffte der Klub den Durchmarsch zur nationalen Spitze. 1947 gewann der RSC Anderlecht zum ersten Mal die belgische Meisterschaft, 1949 folgte der zweite Titel, sechs weitere in den 50er Jahren.

Nur international war der Anschluß an die Spitze noch nicht vollzogen. Die ersten Auftritte im Europapokal der Landesmeister gerieten zu Debakeln. 1955 verlor man das Heimspiel gegen MTK Budapest 3:6, in Budapest dann 1:4. Besser ließ es sich schon im darauffolgenden Jahr an. Immerhin gewann der RSC in Brüssel 2:0 gegen Manchester United, verlor dann aber auf der britischen Insel kläglich 2:10. Dennoch haben diese wohl sehr schmerzlichen Niederlagen die weitere Entwicklung des Vereins gefördert. In der Folgezeit wurde die Professionalisierung des Vereins zumindest diskutiert. Wenn auch zunächst für den Bereich der ersten Mannschaft die Konservativen die Oberhand behielten, so wurde doch zumindest die Jugendarbeit in professionelle Richtung hin ausgebaut. Talente wurden aus der Provinz nach Brüssel geholt, dort speziell betreut und, natürlich, für den RSC trainiert. Im Jahr 1959 nahm der Klub den Franzosen Pierre Sinibaldi als Trainer unter Vertrag. Unter seiner Leitung

RSC Anderlecht

Gründung
1908

Anschrift
RSC Anderlecht, Stadion Constant Vandenstock, Theo Verbeecklaan 2, 1017 Brüssel, Belgien

Vereinseigentum
Constant Vandenstock-Stadion mit Hotel; Trainingsstadion für 7000 Zuschauer

Vereinsfarben
Lila-Weiß

Spielkleidung
Lila Hemden, weiße Hosen, lila Stutzen

Stadion
Constant Vandenstock, 45 000

Die Erfolge

Landesmeister
1947, 49, 50, 51, 54, 55, 56, 59, 62, 64, 65, 66, 67, 68, 72, 74, 81, 85, 86, 87

Pokal
1965, 73, 75, 76, 88, 89

Europapokal der Pokalsieger
1976, 78

UEFA-Pokal
1983

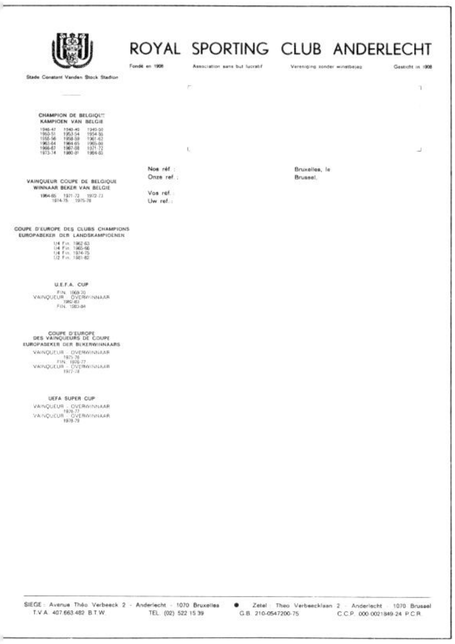
ROYAL SPORTING CLUB ANDERLECHT

Fondé en 1908 — Association sans but lucratif — Vereniging zonder winstbejag — Gesticht in 1908

Stade Constant Vanden Stock Stadion

CHAMPION DE BELGIQUE
KAMPIOEN VAN BELGIE
1946-47 1948-49 1949-50
1950-51 1953-54 1954-55
1955-56 1958-59 1961-62
1963-64 1964-65 1965-66
1966-67 1967-68 1971-72
1973-74 1980-81 1984-85

VAINQUEUR COUPE DE BELGIQUE
WINNAAR BEKER VAN BELGIE
1964-65 1971-72 1972-73
1974-75 1975-76

COUPE D'EUROPE DES CLUBS CHAMPIONS
EUROPABEKER DER LANDSKAMPIOENEN
1/4 Fin. 1962-63
1/4 Fin. 1965-66
1/4 Fin. 1974-75
1/2 Fin. 1981-82

U.E.F.A. CUP
FIN. 1969-70
VAINQUEUR - OVERWINNAAR
1982-83
FIN. 1983-84

COUPE D'EUROPE
DES VAINQUEURS DE COUPE
EUROPABEKER DER BEKERWINNAARS
VAINQUEUR - OVERWINNAAR
1975-76
FIN. 1976-77
VAINQUEUR - OVERWINNAAR
1977-78

UEFA SUPER CUP
VAINQUEUR - OVERWINNAAR
1976-77
VAINQUEUR - OVERWINNAAR
1978-79

Nos réf. :
Onze ref. :

Vos réf. :
Uw ref. :

Bruxelles, le
Brussel,

SIEGE : Avenue Théo Verbeeck 2 - Anderlecht - 1070 Bruxelles ● Zetel : Theo Verbeecklaan 2 - Anderlecht - 1070 Brussel
T.V.A. 407.663.482 B.T.W. TEL. (02) 522 15 39 G.B. 210-0547200-75 C.C.P. 000-0021849-24 P.C.R.

änderte die Mannschaft ihren Spielstil, weg von dem kraftvollen britischen Tempospiel, hin zu der mehr technisch und taktisch orientierten Spielweise des Kontinents. Mit Sinibaldi erreichte der RSC Anderlecht in den 60er Jahren die Vormachtstellung in Belgien. Am Ende dieser Dekade stand auch der erste größere internationale Erfolg: 1970, es war das letzte Jahr von Roosens als Präsident, zog der Verein ins Finale des UEFA-Pokals ein, verlor dort allerdings gegen Arsenal London 3:1 und 0:3.
Der neue Präsident Constant Vandenstock, der 1971 sein Amt übernahm, führte umgehend das Vollprofitum ein. Damit war das letzte Hindernis für die Anpassung an die allgemeine europäische Entwicklung beseitigt. Die nun möglich gewordene Verpflichtung international renommierter Spieler wie Arie Haan und Rob Rensenbrink aus dem niederländischen Vizeweltmeisterteam 1974 zahlte sich bald aus. Gemeinsam mit heimischen Stars wie dem Mittelfeldorganisator Ludo Coeck, der 1985 bei einem Autounfall ums Leben kam, dem Konterspezialisten van der Elst und dem intelligenten Vercauteren bildeten sie eines der besten Teams auf dem Kontinent: 1976 gewann Anderlecht den Europacup der Pokalsieger durch ein 4:2 gegen West Ham United, im Jahr danach unter dem neuen Trainer Raymond Goethals, der als belgischer Nationalcoach berühmt wurde, scheiterte der RSC im Finale am Hamburger SV, dessen Tore zum 0:2 Volkert und Magath erzielten. 1978 erreichte das Team zum dritten Mal das Endspiel der Cupgewinner und kanterte Austria Wien in folgender Besetzung 4:0 nieder: De Bree – van Binst, Broos, Dusbaba, Thissen – Haan, Coeck, Vercauteren (Dockx) – Nielsen, Van der Elst, Rensenbrink. Die Treffer teilten sich Rensenbrink und van Binst. Die Meisterprüfung legte Anderlecht noch im selben Jahr ab und bezwang (3:1, 1:2) den FC Liverpool im »Supercup«, in dem die Europacupgewinner der Landesmeister und der Pokalsieger aufeinandertreffen.
1983 übernahm der einstige belgische Schützenkönig Paul van Himst von dem jugoslawischen Trainer Ivic eine Mannschaft, die noch im selben Jahr im UEFA-Cupfinale gegen Benfica Lissabon (1:0, 1:1) durch ihr geschicktes Forechekking und die Abseitsfalle die Oberhand behielt. Es war nahezu eine kosmopolitische Elf mit Torwart Munaron, dem Verteidiger Broos, den Mittelfeldakteuren Hofkens, Coeck, Vercauteren und den Stürmern Czerniatynski und van den Berg aus Belgien, dem jugoslawischen Vorstopper Peruzovic, dem Dirigenten und Libero Morten Olsen (jetzt 1. FC Köln), den Angreifern Friman und Brylle, die allesamt aus Dänemark stammen.
Seitdem Olsen und der überragende Regisseur Enzo Scifo (zu Inter Mailand) 1987 den Verein verlassen haben, ist man dabei, behutsam ein junges Team aufzubauen.

RSC Anderlecht

Das Constant Vandenstock-Stadion – Zentrum eines der professionellsten Fußballvereine Europas.

Die heutige Organisation

Etwa 20 000 Zuschauer besuchen im Schnitt die Spiele des Royal Sporting Club Anderlecht. Der Verein besitzt das Constant Vandenstock-Stadion, das zur Zeit umgebaut wird und danach 40 000 Sitzplätze haben wird. Dort ist auch ein Spielerhotel geplant, in dem die Nachwuchstalente des Klubs wohnen und schulisch betreut werden sollen. Darüber hinaus verfügt der Klub noch über eine kleinere Spielanlage, in der die Jugendabteilungen ihre Spiele austragen.

Standard Lüttich

Gründung
1898

Anschrift
Standard Lüttich, Stade de Sclessin, 4200 Sclessin, Liège, Belgien

Vereinseigentum
Stade de Sclessin
Multisportanlage Sart-Tilman

Vereinsfarben
Rot-Weiß

Spielkleidung
Rote Hemden, weiße Hosen, rote oder weiße Stutzen

Stadion
Stade de Sclessin, 43 000

Die Erfolge

Landesmeister
1958, 61, 63, 69, 70, 71, 82, 83

Pokal
1954, 66, 67, 81

Inmitten des historischen Bergbaugebiets vor den Toren der Stadt befindet sich das Stadion »Stade de Sclessin«.

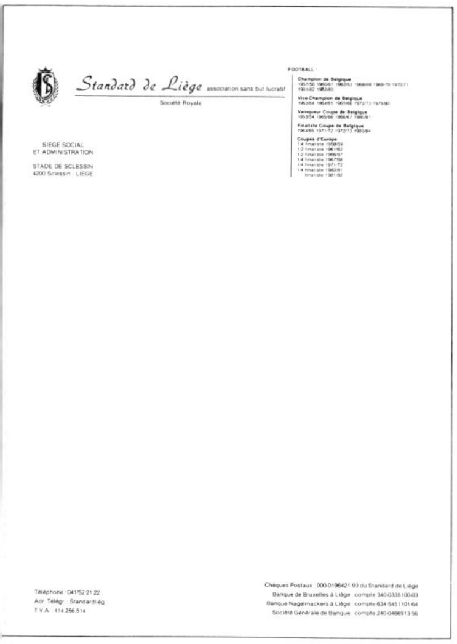
Standard de Liège association sans but lucratif
Société Royale

SIEGE SOCIAL
ET ADMINISTRATION

STADE DE SCLESSIN
4200 Sclessin · LIEGE

FOOTBALL :

Champion de Belgique
1957/58 1960/61 1962/63 1968/69 1969/70 1970/71
1981/82 1982/83

Vice Champion de Belgique
1963/64 1964/65 1965/66 1972/73 1979/80

Vainqueur Coupe de Belgique
1953/54 1965/66 1966/67 1980/81

Finaliste Coupe de Belgique
1964/65 1971/72 1972/73 1983/84

Coupes d'Europe
1/4 finaliste 1958/59
1/2 finaliste 1961/62
1/2 finaliste 1966/67
1/4 finaliste 1967/68
1/4 finaliste 1971/72
1/4 finaliste 1980/81
finaliste 1981/82

Téléphone : 041/52 21 22
Adr. Télégr. : Standardlièg
T.V.A. : 414.256.514

Chèques Postaux : 000-0196421-93 du Standard de Liège
Banque de Bruxelles à Liège : compte 340-0335100-03
Banque Nagelmackers à Liège : compte 634-5451101-64
Société Générale de Banque : compte 240-0466913-56

Als der FC Lüttich im Jahr 1896 die erste belgische Ligameisterschaft gewann, standen am Spielfeldrand einige junge Studenten vom College Saint-Servais. So begeistert waren sie von diesem Spiel, daß sie beschlossen, einen eigenen Verein zu gründen. Allerdings dauerte es noch zwei weitere Jahre, bis aus der spontanen Idee tatsächlich ein Verein entsprang. Unter dem großen Baum am Eingang des Spielfeldes Cointe entstand Standard Lüttich. Die Studenten waren jung und begeisterungsfähig, vor allem aber von sich überzeugt. Standard, das verwies zunächst auf die vielen Briten, die in den Fabriken der Stadt arbeiteten und den Fußball in Belgien eingeführt hatten. Standard verwies aber auch auf die erhoffte und erwartete Güte des Klubs: Hoch nämlich sollte der Standard sein, mit dem die Jungen künftig auf dem Spielfeld aufzutreten gedachten. Als Vereinsfarben wählten sie Rot und Weiß, für sie Symbole für Jugend und Leidenschaft, Freude und Optimismus.

Doch der frische Elan wurde erst einmal gestoppt. Das Ersuchen um Aufnahme in den belgischen Fußballverband wurde gerade wegen des jugendlichen Alters der Vereinsgründer abgelehnt. Erst 1902 wurde dem Ansinnen stattgegeben. Immerhin, jetzt war der junge Verein auch offiziell ein belgischer Fußballklub. Die Schwierigkeiten aber fanden noch kein Ende. Denn was so enthusiastisch begonnen hatte, bekam weitere Dämpfer. Die Nutzung des Spielfeldes in Cointe wurde dem Verein verwehrt, kurz darauf auch das im Parc de la Boverie, und auch aus der Anlage in Grivegnée mußte Standard bald wieder ausziehen. 1908 gelang es dem Klub, außerhalb von Lüttich, in Sclessin, ein Stück Land inmitten eines großen Industriegebietes zu erwerben.

Sportlich zumindest erreichte der Klub zunächst einmal mittelmäßiges Niveau. In der Saison 1909/10 qualifizierte sich Standard für die erste Liga, hielt sich dort fünf Jahre im Mittelfeld und stieg am Ende doch wieder ab.

Der Erste Weltkrieg stoppte alle Entwicklung. Erst 1920 gelang es, die Meisterschaft der zweiten Liga zu gewinnen und damit endlich in die oberste Klasse aufzusteigen. Seitdem gehört Standard dieser Liga ohne Unterbrechung an.

Doch die Jahre des Aufbaus waren noch nicht beendet. Mit Ausnahme von 1925, 1927 und 1935, als Standard den zweiten Platz der Liga erreichte, spielte der Klub nur eine untergeordnete Rolle im belgischen Fußball, gerade mal, daß es zum Mittelmaß reichte. Bemerkenswert in dieser an Höhepunkten armen Zeit ist lediglich die Verwandlung des Klubs in eine Aktiengesellschaft 1922, der Ankauf des Stadions in Sclessin im gleichen Jahr, und der Ausbau dieser Anlage 1925.

Aber die »graue Maus« des belgischen Fußballs machte sich. Zu Beginn der 50er Jahre spielte Guy Thys bei Standard, der

spätere so überaus erfolgreiche Trainer der Nationalmannschaft. Mit ihm steigerte sich das Niveau auf gehobenen Standard, endlich wurde der Verein seinem Namen gerecht. Sichtbar wurde die Qualitätssteigerung im Gewinn des belgischen Pokals 1954 und dem ersten Meistertitel 1958. Im anschließenden Europapokal der Landesmeister erreichte der Klub immerhin das Viertelfinale, scheiterte dort aber an Stade Reims. Der Verein aber hatte sich stabilisiert. 1961 und 1963 wurde Standard wiederum Meister, erreichte 1962 und 1967 das Halbfinale im Europapokal der Landesmeister. Dort gegen Real Madrid (0:2, 0:4) und Bayern München (0:2, 1:3) auszuscheiden ist nun wahrlich keine Schande gewesen. Standard Lüttich war zu einer führenden Mannschaft Belgiens gereift und zu einem ernstzunehmenden Gegner auf europäischer Ebene gewachsen; auch wenn nach den Meisterschaften 1969, 1970 und 1971 ein vorübergehender Rückfall in die Mittelmäßigkeit folgte.
Im Sommer 1979 wurde vom FC Brügge der Österreicher

In der Saison 1981/82 präsentierte sich die erfolgreiche Mannschaft von Standard Liège mit besonderem Stolz.

Ernst Happel verpflichtet. Zwei Jahre war Happel nur Trainer in Lüttich, doch hat diese Zeit das Team geprägt und nach der kurzen Flaute wieder in die europäische Spitze zurückgeführt. Es waren nicht zuletzt Standardspieler, die 1980 mithalfen, das Finale der Europameisterschaft zu erreichen. Auch wenn die belgische Nationalmannschaft damals in Rom der Bundesrepublik 1:2 unterlag, der »Fußballzwerg« Belgien hatte sich zu einem europäischen Riesen gewandelt. Was auch die Erfolge der Vereinsmannschaften deutlich machten. 1982 erreichte Standard das Finale im Europapokal der Pokalsieger. Gegner war der FC Barcelona, Austragungsort das Stadion Nou Camp in Barcelona. Die 95416 Zuschauer haben nicht wenig gestaunt, als Lüttich bereits in der 8. Minute durch Vandermissen in Führung ging. Zwar schossen Simonssen in der 46. und Quini in der 63. Minute noch einen 2:1-Sieg für Barcelona heraus, aber noch heute wird in Lüttich über die vom bundesdeutschen Schiedsrichter Eschweiler nicht geahndete spanische Härte diskutiert. Daß Standard heute nicht mehr zu den führenden Klubs Europas, ja nicht einmal Belgiens gehört, »verdankt« der Verein dem übertriebenen Ehrgeiz des Managements aus der erfolgreichen Zeit zu Beginn der 80er Jahre. 1984 wurden Vereinsführung und Spieler überführt, die zwei Jahre zuvor errungene Meisterschaft durch Bestechung der Spieler von Thor Waterschei im entscheidenden Match beeinflußt zu haben. Präsident Petit und Trainer Goethals mußten ihren Abschied aus dem Fußballgeschäft nehmen, die Nationalspieler Meeuws, Gerets und Plessers (er kam beim Hamburger SV unter) durften nicht mehr in Belgien spielen, und auch der Rest der Mannschaft zog es vor, den Verein zu wechseln. Die Erfolgsmannschaft war zerschlagen, der Verein auf einen Standard zurückgefallen, den er dreißig Jahre zuvor endgültig verlassen zu haben glaubte. Ob das Engagement des aus Jugoslawien stammenden amerikanischen Multimillionärs Milan Mandarics den Verein auf lange Sicht wieder in die alte Position zurückführen kann, muß abgewartet werden.

Die heutige Organisation

Der trotz des Bestechungsskandals beliebteste Verein Walloniens, einer im Südosten Belgiens gelegenen französischsprachigen Region, bietet neben Fußball noch Basketball, Tennis und Hockey an. Im Besitz des Royal Standard Club Lüttich ist außer dem Stadion Sclessin die Multisportanlage Sart-Tilman. Die Zukunft des Vereins ist ungewiß. Zwar verfügt der Klub über einen finanzstarken Sponsor, doch bestehen, als Nachwirkungen des Skandals, interne Probleme. Darüber hinaus leidet der Verein unter der Strukturkrise im Kohle- und Erzabbaugebiet Wallonien.

Borussia Dortmund

Wie andere Zentren der Industrie wuchs auch die Stadt Dortmund in der zweiten Hälfte des 19. Jahrhunderts sehr schnell. Weil man dringend Arbeitskräfte benötigte, wurden u. a. aus der Provinz Posen im heutigen Polen Menschen angeworben. Die waren zum großen Teil katholischen Glaubens. Für sie baute man Anfang des Jahrhunderts die Dreifaltigkeitskirche, deren vornehme Aufgabe die Integration der Einwanderer war. Unter Leitung der Kirche wurden folglich Theater-, Musik- und Sportvereine gegründet.

Die Geistlichen allerdings waren der Meinung, daß die klerikalen Aufgaben absoluten Vorrang zu genießen hätten. Nach ihren Vorstellungen sollten die jungen Arbeiter, deren Schicht häufig schon um fünf Uhr morgens begann und erst am späten Nachmittag endete, den Tag mit dem Besuch der Heiligen Messe anfangen.

Ausgelöst wurde der offene Streit aber erst durch die Forderung der Geistlichen, die jungen Leute sollten auf den Besuch des Wirtshauses »Zum Wildschütz« verzichten, in dem sie im Anschluß an ihre Fußballspiele gern feierten.

In einem Hinterzimmer dieses Gasthauses trafen sich im Dezember 1909 18 »Verschwörer« und gründeten den »Ballspiel-Verein Borussia von 1909«. Borussia ist im übrigen die lateinische Bezeichnung für Preußen, womit die Verehrung der Männer für das Reich ausgedrückt werden sollte.

Im Jahr darauf wurde der neue Klub schon in den Westdeutschen Verband aufgenommen; erst 1936 aber erreichte die Borussia dank der Schußkraft von August Lenz, der auch für die Nationalmannschaft etliche Tore schoß, die höchste Liga, die »Gauliga« Westfalen.

Zur Spitze stießen die Schwarz-Gelben schließlich nach dem Zweiten Weltkrieg vor, sechsmal belegten sie in den Jahren 1948 bis 1957 den ersten Platz in der Oberliga West.

1949 erreichte das Team erstmals das Finale um die deutsche Meisterschaft, unterlag jedoch dem VfR Mannheim 2:3 nach Verlängerung.

Sieben Jahre später, exakt am 24. Juni 1956, gelang der große Wurf durch einen 4:2-Sieg über den Karlsruher SC. In der folgenden Saison wiederholten die Borussen den Gewinn des Meistertitels durch ein 4:1 gegen den Hamburger SV mit einer Elf, die nicht auf einem Posten geändert war. So stark fühlten sich die Dortmunder, daß sie sogar auf Alfred »Aki« Schmidt, den Halbrechten der Nationalelf, verzichteten.

Der war dafür in den nächsten zwei Endspielen dabei, 1961 gegen den 1. FC Nürnberg (0:3 verloren) und 1963, als ein großartiges 3:1 gegen den hohen Favoriten 1. FC Köln gelang. Herausragender Mannschaftsteil war das Innenstürmertrio mit Schmidt und seinen beiden Nationalmannschaftskollegen Timo Konietzka und Jürgen Schütz.

Borussia Dortmund

Gründung
1909

Anschrift
Borussia Dortmund, Strobelallee, Westfalenstadion, Postfach 509, 4600 Dortmund 1, BRD

Vereinseigentum
Nur Verträge der Spieler

Vereinsfarben
Gelb-Schwarz

Spielkleidung
Gelbe Hemden, schwarze Hosen, gelbe Stutzen

Stadion
Westfalenstadion, 53 790

Die Erfolge

Landesmeister
1956, 57, 63

Pokal
1965, 89

Europapokal der Pokalsieger
1966

Skulptur eines Grubenarbeiters am Hauptbahnhof Dortmund. Ein historisches Symbol für das gesamte Ruhrgebiet, wo immer der »Kumpel« die treibende Kraft des Fußballsports war

Borussia Dortmund

Auch im Europacup der Landesmeister legten die Westfalen Ehre ein für den bundesdeutschen Fußball, als sie nach wahren Triumphzügen gegen Benfica Lissabon (1:2, 5:0) und Dukla Prag (4:0, 3:1) bis ins Halbfinale vorstießen, dort aber an der Cleverneß des späteren Pokalsiegers Inter Mailand (2:2, 0:2) scheiterten. Aber Europa hatte gesehen, über welch großartige Stürmer die Borussia verfügte: »Goldköpfchen« Franz Brungs, den Kopfballspezialisten, und Lothar »Emma« Emmerich, der Tore wie am Fließband erzielte. In der nächsten Saison kam Reinhard Libuda von Schalke 04 hinzu, den sie wegen seiner atemberaubenden Dribblings nach dem großen Engländer Matthews »Stan« nannten, und der blitzschnelle Mittelstürmer Sigi Held. Mit diesen Assen erreichten die Borussen als DFB-Pokalsieger das Endspiel im entsprechenden Europacup. Gegner war am 5. Mai 1966 im Glasgower Hampden-Park der FC Liverpool, und am Ende hatten die Dortmunder nach Verlängerung mit 2:1 Toren die Nase vorn, weil sie in der Tat auch die kleinste Torchance zu nutzen wußten. Libuda hatte in der 106. praktisch von der Mittellinie hinweg den Ball über den zu weit vor seinem Tor postierten englischen Schlußmann geschlenzt. Obwohl sicher glücklich zustande gekommen, war dieser Erfolg durchaus verdient. Aus einer sicheren Abwehr um den eisenharten Stopper Paul heraus baute Aki Schmidt ein gefälliges, konzentriertes Mittelfeldspiel auf, das im explosiven Angriff mit Libuda, Held und Emmerich dankbare Adressaten fand. Mit folgender Besetzung war dieser erste Europacupsieg einer deutschen Mannschaft gelungen: Tilkowski – Cyliax, Assauer, Paul, Redder – Kurrat, Schmidt, Sturm – Libuda, Held, Emmerich.

Borussia Dortmund hatte den Höhepunkt der Vereinsgeschichte erreicht. Trainer Willi Multhaup verließ den Klub, und der Vorstand sonnte sich im Ruhm, statt auf der Basis des Erfolges zielstrebig weiterzuarbeiten. Fünf Jahre, nachdem man Europapokalsieger geworden war, stieg Borussia Dortmund ab und erst 1977 wieder auf. Seitdem gehören die Westfalen zu den mittelklassigen Teams der Bundesliga. Mit dem begabten Trainer Reinhard Saftig (inzwischen durch Horst Köppel abgelöst) und dem cleveren Mittelstürmer Frank Mill, der zuvor in Mönchengladbach gespielt hatte, gelang 1987 allerdings ein hervorragender vierter Rang. Im UEFA-Cup 1988 schied die Borussia gegen den FC Brügge im Achtelfinale aus.

Die heutige Organisation

Der Ballspiel-Verein Borussia 09 Dortmund e.V. hat keinen eigenen Besitz. Zwischenzeitlich betrug der durch unüberlegte Investitionen in Trainer und Spieler entstandene Schuldenstand rund acht Millionen Mark, der heute jedoch auf knapp eine Million geschrumpft ist. So ist der Verlust der Profi-Lizenz nicht mehr zu befürchten.

Das größte Kapital des Vereins ist sein treues Publikum, dessen Zahl im Durchschnitt zwischen 20000 und 30000 pendelt.

Drei Jahrzehnte nach dem Europapokalsieg sucht der Verein, in dem außer Fußball nur Handball und Tischtennis betrieben wird, weiterhin nach seiner alten Stabilität.

Das Rote Erde-Stadion wurde für die
WM 1974 in der Bundesrepublik fertiggestellt.
Hier bestreitet heute Borussia ihre Heimspiele.

Borussia Mönchengladbach

Zucht und Ordnung, militärisches Ordnungsdenken, absolutes Pflichtbewußtsein und unbedingte Staatstreue – Prinzipien, auf denen Preußens Glanz und Gloria fußten; allerdings auch ein gehöriges Maß an Unfreiheit und Intoleranz. Es paßt zu diesem restriktiven System, daß Preußens Jugend sehr früh militärischen Drill und Autorität zu spüren bekommen sollte. Mit dem Glauben, daß ein gesunder Geist und ein gesunder Körper zusammengehören, wurden die Jugendlichen in strengen Turn-, Schwimm- und Fahrradriegen gestählt. Nicht purer Bewegungslust sollten sie frönen, Geist und Körper sollten im Sinne preußischer Tugenden geformt werden. Es kann durchaus als Gegenbewegung verstanden werden, als sich Ende des 19. Jahrhunderts das Fußballspiel auch in Preußen immer stärker verbreitete. So auch in Mönchengladbach. Die Stadt am Niederrhein hatte um die Jahrhundertwende, damals zu Preußen gehörig, etwa 50 000 Einwohner. Am 17. November 1899 bildeten einige Jugendliche die Teutonia Mönchengladbach. Wenige Monate später tauften die Vereinsgründer den Klub in Fußball-Club Borussia 1900 Mönchengladbach um. Auch wenn Borussia der lateinische Name für Preußen ist, mit den Turnvater-Jahn-Riegen hatten diese Preußen wenig zu tun. Desorganisation und Improvisation prägten das Vereinsleben der ersten Jahre; auch wenn die Borussia bereits 1903 in den Rheinisch-Westfälischen Fußballverband (ab 1906 Westdeutscher Spielverband) aufgenommen wurde, auch wenn sich der Verein 1912 für die oberste Klasse in diesem Verband qualifizieren konnte.

Bis 1914 spielte man auf den unterschiedlichsten Plätzen, meist nur besseren Äckern. Dann aber erwarb der Verein für einen Spottpreis eine Sandgrube, im Volksmund »Kull« genannt.

Der Kull wurde das erste Stadion von Borussia Mönchengladbach, der Verein hatte endlich eine Heimstätte gefunden. Am 20. Oktober 1920 wurde das neue Stadion eingeweiht, im gleichen Jahr gewann die Borussia durch ein 3:1 über den Kölner Ballspiel-Club die westdeutsche Meisterschaft.

Bis zum Zweiten Weltkrieg und danach bis Mitte der 50er Jahre pendelte der Verein zwischen Ober- und Regionalliga. Welcher weitsichtige Kopf seinerzeit den Vorschlag machte, künftig verstärkt auf eine gezielte Jugendarbeit zu setzen, läßt sich heute nicht mehr ermitteln, gleichwohl gebührt ihm ein Denkmal vor dem Mönchengladbacher Vereinsheim.

Denn dieses Vertrauen auf junge Leute führte den Verein zunächst aus der Mittelmäßigkeit heraus und später, in den 70er Jahren, in die Spitze nationalen und europäischen Fußballs. Zunächst aber war der Ertrag der Jugendarbeit bescheiden. Lediglich der Pokalgewinn 1960 durch ein 3:2 im Düsseldorfer Rheinstadion gegen den Karlsruher SC sprang

Borussia Mönchengladbach

Gründung
1900

Anschrift
Borussia Mönchengladbach, Bökelstraße 165, 4050 Mönchengladbach 1, BRD

Vereinseigentum
Klubhaus auf dem Stadiongelände

Vereinsfarben
Schwarz-Weiß-Grün

Spielkleidung
Weiße Hemden, weiße oder schwarze Hosen, weiße Stutzen

Stadion
Bökelberg-Stadion, 38 500

Die Erfolge

Landesmeister
1970, 71, 75, 76, 77

Pokal
1960, 73

UEFA-Pokal
1975, 79

Hintere Reihe von links: Wimmer, Köstner, Dietmar Danner, Posner, Wittkamp, Surau, Knox, Hennes Weisweiler (Trainer). Mittlere Reihe von links: Karl-Heinz Drygalski (Trainerassistent), Bonhof, Köppel, Röbben, Heynckes, Hilkes, Stielike, Jensen. Erste Reihe von links: Klinkhammer, Del'Haye, Vogts, Kleff, Quasten, Simonsen, Kulik.

dabei raus. Zu wenig, um in die 1963 gebildete Bundesliga aufgenommen zu werden. Die Bemühungen des am 18. Oktober 1962 zum Präsidenten gewählten Dr. Helmuth Beyer, durch die Borussia den Anforderungen der Bundesliga angepaßt werden sollte, kamen zu spät. Nun war der Verein zwar nach modernen Grundsätzen umstrukturiert, das Bökelbergstadion, der ehemalige Kull, ausgebaut und renoviert, sportlich aber verblieb Borussia noch in der Regionalliga. Doch erste Voraussetzungen für einen Aufstieg waren geschaffen. Auch finanziell; durch den Verkauf von Nationalspieler Albert Brülls, einem der ersten bundesdeutschen Fußballer, die in Italien Glück und Geld suchten, stand Borussia wirtschaftlich auf solider Basis.

Ostern 1964 wurde Hennes Weisweiler von Viktoria Köln als Trainer unter Vertrag genommen. Der Tip kam vom früheren Bundestrainer Sepp Herberger. Er hatte frühzeitig die Fähigkeit Weisweilers erkannt, junge Talente aufzuspüren und zu formen. Und was für Talente, die Zeit der Fohlen-Elf begann. Im Sommer 1965 stieg Borussia zusammen mit dem FC Bayern München auf, womit die beiden Vereine Einzug ins Fußball-Oberhaus hielten, die das folgende Jahrzehnt, im Falle von Bayern München auch noch weit darüber hinaus, das Fußballgeschehen hierzulande prägten. Mit dabei bei Borussia damals im Aufstiegsjahr bereits Günter Netzer, Jupp Heynckes und Herbert Laumen. Später stießen weitere Talente hinzu: Herbert Wimmer, Rainer Bonhof, Berti Vogts, Horst Köppel, Wolfgang Kleff, Winfried Schäfer, Uli Stielike, Nationalspieler allesamt. Dazu kamen routinierte Spieler wie Ludwig Müller vom 1. FC Nürnberg und Klaus Sieloff vom VfB Stuttgart sowie die Dänen Ulrik LeFevre, Henning Jensen und Allan Simonsen. Spieler, die bei Borussia zu Weltruhm gelangten, Spieler auch, die den Verein vom Niederrhein durch seine erfrischende, dynamische und phantasievolle Spielweise zu einem der beliebtesten und erfolgreichsten Fußballklub Europas machten. 1970 und 1971 wurde der Klub Deutscher Meister, desgleichen 1975, 1976 und 1977. Die letzten beiden Titel wurden bereits unter dem neuen Trainer Udo Lattek errungen, der 1975 den zum FC Barcelona wechselnden Hennes Weisweiler abgelöst hatte.

Bemerkenswerte Spiele der Borussia sind in Erinnerung. Etwa das 7:1 über Inter Mailand im Europapokal der Landesmeister 1971. Regelrecht überrannt wurde der berühmte italienische Meister, chancenlos war er im Bökelbergstadion. Da kam eine Getränke-Dose geflogen. Traf sie den italienischen Mittelstürmer Boninsegna, oder nutzte er flugs die Gunst der Stunde? Geklärt wird dieser Vorfall wohl nie, auf jeden Fall annullierte die UEFA das Spiel, Gladbach schied aus (2:4, 0:0).

Erinnert sei noch an das Pokalfinale 1973, wiederum im

Düsseldorfer Rheinstadion. Gegner war der 1. FC Köln. War es Verärgerung darüber, daß sein Ziehsohn Günter Netzer nach Real Madrid abwanderte und sein letztes Spiel für Mönchengladbach bestritt, oder war es taktisches Kalkül, daß Hennes Weisweiler zunächst auf seinen großen Spielmacher verzichtete? Dramaturgisch geschickt ohne Frage, das Spiel wurde die große Abschiedsshow des Günter Netzer. 1:1 stand es nach Ende der regulären Spielzeit. Die Verlängerung begann. Und dann betrat Netzer in der 91. Minute die Szene, spielte noch einmal für den Verein, in dem er seine Laufbahn begann, und schoß in der 93. Minute das spektakuläre Siegestor zum 2:1.

Zwei Jahre nach diesem zweiten Pokalgewinn der Mönchengladbacher und dem Ende der Ära Netzèr war auch die Ära Weisweiler vorbei.

Es folgte die Zeit Udo Latteks. Unter seiner Führung veränderte die Mannschaft das Spielsystem. Nicht mehr der bedingungslose Angriffsfußball stand im Vordergrund, sondern »soviel Defensive wie nötig, soviel Offensive wie möglich« (Lattek). Erfolgreich war der neue Konterstil dennoch. 1975 schaffte die Borussia erstmals in der Vereinsgeschichte den Gewinn des UEFA-Cups (Aufstellung: Kleff; Vogts, Wittkamp, Surau, Klinkhammer, Bonhof, Wimmer, Danner, Simonsen, Jensen, Heynckes; dazu kamen Schäffer, Köppel, Del Haye, Stielike und Kulik), 1979 zum zweiten Mal (Aufstellung: Kneib; Ringels, Vogts, Schäffer, Hannes, Wohlers, Kulik, Schäfer, Nielsen, Simonsen, Lienen; dazu Gores, Köppel und Danner), dazwischen scheiterte die Mannschaft 1977 im Europapokal der Landesmeister erst im Finale gegen den FC Liverpool (1:3). Doch schon war abzusehen, daß sich die große Zeit des Vereins dem Ende zuneigte.

Udo Lattek ging zum FC Barcelona, später dann zum Konkurrenten der 70er Jahre, dem FC Bayern München.

Dem Trainerwechsel folgte ein Spielerausverkauf. Das Stadion am Bökelberg ist – obwohl oft ausverkauft – einfach zu klein, um genügend Einnahmen zu garantieren. Darüber hinaus schafft die Nähe zu den vielen Städten des bevölkerungsreichen Ruhrgebietes Konkurrenz. Immer wieder müssen gute und herausragende Spieler verkauft werden, die Erwartungen der Fans orientieren sich aber immer noch an den großen Erfolgen der Fohlen-Elf. Mit dieser Erwartungshaltung hatte auch Jupp Heynckes zu kämpfen, als er 1979 die Trainingsarbeit von Udo Lattek übernahm. Acht Jahre wirkte Heynckes am Bökelberg als Trainer, hielt sich mit dem Verein dank eminent großen Fleißes immer im Mittelfeld der Liga, erreichte auch schon mal den dritten Platz, ein Titel aber blieb ihm verwehrt. Und mit diesem Ruf des letztlich erfolglosen Trainers wechselte er 1987 zu Bayern München und trat dort die schwere Nachfolge von Udo Lattek an.

Ein moderner Zweckbau: das Mönchengladbacher Klubhaus.

Das Stadion Bökelberg wurde wegen finanzieller Schwierigkeiten 1955 an die Stadt Mönchengladbach verkauft.

Wie es künftig weitergeht mit Borussia Mönchengladbach, ist schwer zu sagen. Heute trainiert Wolf Werner, langjähriger Assistent von Heynckes, die Mannschaft. Bieder, wie manche sagen, und mit mäßigem Erfolg. Immerhin scheint der Verein über genügend sportliche Substanz zu verfügen, daß er nicht in die Niederungen der Zweiten Liga absteigen muß. Ein Abstieg allerdings könnte bei der örtlichen Konkurrenz für den Verein zugleich der Untergang sein.

Die heutige Organisation

Der »Verein für Leibesübungen Borussia Mönchengladbach« besitzt nicht nur die Spielerverträge. Auch das Ende der 60er Jahre erbaute Klubhaus in der Nähe des Bökelbergstadions ist Eigentum des Vereins. Die Stärke des Vereins basiert auf einer ausgezeichneten Jugendarbeit und einem eingespielten Führungsduo, bestehend aus dem Präsidenten Helmuth Beyer und dem Manager Helmut Grashoff.

Eintracht Frankfurt

Gründung
1899

Anschrift
Eintracht Frankfurt,
Am Erlenbruch 25,
Sportplatz am Riederwald,
6000 Frankfurt 60, BRD

Vereinseigentum
Nur Verträge der Spieler

Vereinsfarben
Rot-Schwarz

Spielkleidung
Rot-schwarz-gestreifte Hemden, schwarze Hosen, weiß-rot-gestreifte oder schwarz-rot-gestreifte Stutzen

Stadion
Waldstadion, 61 146

Die Erfolge

Landesmeister
1959

Pokal
1974, 75, 81, 88

UEFA-Pokal
1980

Blick in das umgebaute Frankfurter Waldstadion, das jetzt 61 146 Besuchern Platz bietet und über 30 546 Sitzplätze verfügt. Kleines Bild: Das Stadion aus der Vogelperspektive.

Eintracht Frankfurt

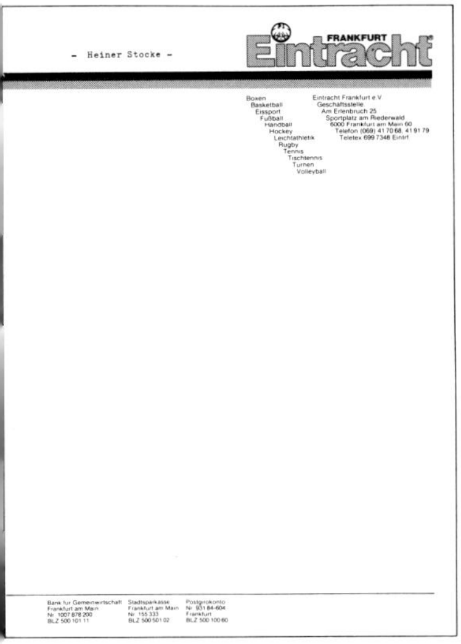
- Heiner Stocke -

FRANKFURT Eintracht

Boxen
Basketball
Eissport
Fußball
Handball
Hockey
Leichtathletik
Rugby
Tennis
Tischtennis
Turnen
Volleyball

Eintracht Frankfurt e.V.
Geschäftsstelle
Am Erlenbruch 25
Sportplatz am Riederwald
6000 Frankfurt am Main 60
Telefon (069) 41 70 68, 41 91 79
Teletex 699 7348 Eintrf

Bank für Gemeinwirtschaft
Frankfurt am Main
Nr. 1007 878 200
BLZ 500 101 11

Stadtsparkasse
Frankfurt am Main
Nr. 155 333
BLZ 500 501 02

Postgirokonto
Nr. 931 84-604
Frankfurt
BLZ 500 100 60

Eintracht Frankfurt

Auf der »Hundswiese« stand die Wiege des Frankfurter Fußballs. Hier kickte auch Walther Bensemann, einer der großen Pioniere dieses Sports, der sich später einen Namen machte als »Vater des deutschen Sportjournalismus« und Herausgeber des »Kicker«. Auf dieser Hundswiese also kickten junge Frankfurter um die Jahrhundertwende; und dort wurden zwei vitale Vereine gegründet, die »Kickers« und die »Victoria«, die sich 1911 zum »Frankfurter Fußballverein« zusammenschlossen. Der FFV hatte einen hervorragenden Spieler, den jungen Fritz Becker, in seinen Reihen, der 1908 Halbstürmer jener deutschen Nationalelf gewesen war, die das erste Länderspiel der DFB-Geschichte 3:5 gegen die Schweiz verloren hatte.

Nach verschiedenen Fusionen und Abtrennungen bildete der Klub 1926 einen Verein mit mehr als 5000 Mitgliedern für verschiedene Sportarten, Leichtathletik, Rugby und Cricket zum Beispiel, unter dem heute noch gültigen Namen »Sportgemeinde Eintracht Frankfurt von 1899 e.V.«. In den 20er und 30er Jahren war das Fußballteam in der Region bestimmend, hatte aber im Lokalkonkurrenten FSV einen hartnäkkigen Gegner. 1932 erreichte die Eintracht mit dem erst 28jährigen Trainer Paul Osswald, der die Hessen 28 Jahre später sogar ins Europacupfinale bringen sollte, das Endspiel um die Deutsche Meisterschaft in Nürnberg, unterlag aber dem FC Bayern München 0:2. Aus der phantasievoll und elegant aufspielenden Elf ragten die Abwehrrecken Schütz und Stubb hervor, das Verteidigerpaar der Nationalmannschaft, und vor allem Außenläufer Rudi Gramlich, der Kapitän der DFB-Auswahl, der später Eintracht-Präsident wurde.

Erst in den 50er Jahren erreichte man eine ähnliche Spielstärke, zu der vor allem ausländische Asse wie Mittelläufer Horvat aus Jugoslawien und Regisseur Sztani (Ungarn) sowie Eigengewächse wie Rechtsaußen Richard Kress (kam aus Fulda) oder der Mann mit der Nummer 10, Alfred Pfaff, beitrugen. Pfaff hatte in seiner besten Zeit das Pech, in dem Kaiserslauterer Fritz Walter einen noch besseren Spielmacher vor sich zu haben, sonst wäre ihm vermutlich ein Stammplatz in der Nationalelf sicher gewesen.

1959 kamen die Frankfurter ins Finale um die deutsche Meisterschaft gegen den Ortsrivalen Kickers Offenbach und siegten vor 75000 Zuschauern in Berlin mit 5:3 Toren nach Verlängerung. Internationales Renommee errangen die Hessen im Europapokal der Landesmeister durch zwei sensationelle Siege über die Glasgow Rangers (6:1, 6:3) und den Einzug ins Endspiel gegen den berühmtesten Klub der Welt, gegen Real Madrid. Zwar ging die Eintracht in dieser Partie durch Kress 1:0 in Führung, anschließend aber auch im Wirbel von Puskas, di Stefano und Gento unter. Am Ende

Das Verwaltungsgebäude des Vereins im Riederwaldstadion, das von der Stadt Frankfurt gemietet ist. Hier absolvieren die Amateure des Vereins ihre Spiele.

hatte sie 3:7 verloren, doch ganz Europa schwärmte von diesem Team, das einem überlegenen Gegner mit technischen Mitteln beizukommen versucht hatte statt mit Härte. Das Finale vom Glasgower Hampden Park am 3. Juni 1960 gilt noch heute als eine der faszinierendsten Europacup-Begegnungen überhaupt. Bei diesem Spiel herrschte in den Lokalen, wo ein Fernsehapparat aufgestellt war (Pantoffel-Kino war damals noch die große Ausnahme!), trotz der Überlegenheit von Real Madrid eine Bombenstimmung.
Mit dem Start in die Bundesliga verschwand das regionale Gepräge, die verschiedenen Stile der verschiedenen Vereine glichen sich an. Es dauerte lange, bis sich die Eintracht an den verschärften Konkurrenzkampf der Profiliga gewöhnt hatte. Dies änderte sich, als außergewöhnliche Spieler zum Verein kamen, Jürgen Grabowski und Bernd Hölzenbein etwa, die 1974 in München mit der deutschen Mannschaft Weltmeister wurden. Zwar hat die Eintracht nie mehr den Meistertitel gewonnen, doch immerhin vier Pokalsiege gelandet.
Der bisher größte Erfolg der Vereinsgeschichte aber stellte sich im Mai 1980 in den Endspielen des UEFA-Cups gegen Borussia Mönchengladbach ein. Nach einem 2:3 am Bökelberg reichte im Waldstadion ein 1:0. Die Eintracht trat mit folgender Aufstellung an: Pahl – Neuberger, Pezzey, Körbel, Ehrmanntraut – Nickel, Lorant, Borchers, Hölzenbein – Bum Kun Cha, Karger.
Als Spitzenkräfte wie Grabowski und Hölzenbein aus Altersgründen ihre Karriere beendeten, begann der Abstieg der Eintracht, die später auch junge, hoffnungsvolle Leute wie Thomas Berthold (zu Hellas Verona) und Ralf Falkenmayer (zu Bayer Leverkusen) abgeben mußte. Dafür wurde 1987 der ungarische Weltstar Lajos Detari für eine Ablösesumme von 3,6 Millionen Mark verpflichtet. Er blieb allerdings nur ein Jahr und ging 1988 für 15 Millionen Ablöse zu Olympiakos Piräus.

Die heutige Organisation

Obwohl die Sportgemeinde Eintracht Frankfurt keine lokale Konkurrenz mehr und deshalb ein großes Zuschauerpotential hat, befindet sich der Verein wegen seiner unzeitgemäßen Organisation und zu teuren Amateurabteilungen in der Krise.
Der Versuch der Profifußball-Abteilung, sich unabhängig zu machen, um die erzielten Gewinne wieder investieren zu können, wurde von der Mehrheit der Mitglieder abgelehnt.
Der Klub mit 5350 Mitgliedern unterhält Abteilungen für Basketball, Boxen, Eissport, Fußball, Handball, Hockey, Leichtathletik, Rugby, Tennis, Tischtennis, Turnen und Volleyball.

FC Bayern München

Der erfolgreichste deutsche Fußballverein entstand aus einem Streit heraus. Der traditionelle Konflikt zwischen Bayern und Preußen beherrschte nämlich auch den Münchner Sportklub »MTV 1879«, dessen Mitglieder folglich zwei Fraktionen bildeten. Die eine wurde von dem Berliner Franz John geführt. Seine Leute ärgerten sich anläßlich einer Versammlung am 29. Februar 1900 wieder einmal sehr und begaben sich ins nahegelegene Wirtshaus »Gisela«, wo sie umgehend den »Fußball-Club Bayern München« gründeten. Gleich in ihrem ersten Spiel übrigens trafen sie ausgerechnet auf den MTV und gewannen mit 7:1 Toren. Der erste Trainer war ein Engländer namens Taylor, der die Spieler zwang, während des Konditionstrainings zu singen, was angeblich die Kraft der Lungen stärken sollte.

Bei der Bevölkerung erfreute sich der FC Bayern zunächst nur geringer Beliebtheit, weil man von den Spielern bis zum Ersten Weltkrieg mindestens die Mittlere Reife verlangte. Deshalb dauerte es ziemlich lange, bis der Verein ein bemerkenswertes Niveau erreichte.

Nach dem Gewinn der Süddeutschen Meisterschaft 1926 und 1928 zog die Mannschaft am 12. Juni 1932 sogar erstmals in das Endspiel um die Deutsche Meisterschaft ein. Angeführt von den Verteidigern Haringer und Heidkamp, dem Mittelläufer Goldbrunner und Mittelstürmer Rohr besiegten die Münchner Eintracht Frankfurt in Nürnberg mit 2:0 Toren.

Der Grund, weshalb der Meister beinahe ebenso schnell wieder auf Mittelmaß zurücksank, lag vermutlich darin, daß viele Vereinsmitglieder keine Sympathien für die nationalsozialistische Partei hegten. Der Präsident Kurt Landauer mußte sogar in die Schweiz fliehen.

In den Annalen des deutschen Fußballs findet sich der FC Bayern erst 1957 an prominenter Stelle wieder, als gegen Fortuna Düsseldorf durch ein 1:0 der Gewinn des DFB-Pokals gelang.

Mangelnde Erfolge verhinderten 1963 die Aufnahme des Klubs in die neugegründete Bundesliga. Allerdings war 1962 der Bauunternehmer Wilhelm Neudecker zum Präsidenten gewählt worden, der eine radikale Veränderung und Professionalisierung des Klubs einleitete. Eine große Hilfe stand ihm in Manager Robert Schwan zur Seite, und auch der 1963 verpflichtete Trainer Zlatko Cajkovski, einst in Jugoslawien ein Außenläufer der Weltklasse, trug seinen Teil dazu bei, daß die Bayern im folgenden Jahrzehnt zu einem der weltbesten Teams wurden. Cajkovski hatte neben seiner Fähigkeit, größte Begeisterung und Spielfreude zu wecken, das Glück, daß ihm einige fußballerische »Juwele« förmlich in den Schoß fielen: Der Torhüter Josef »Sepp« Maier (insgesamt 95 Länderspiele), Libero Franz Beckenbauer (103 Länderspiele), der zum erfolgreichsten Fußballer seiner Epoche

FC Bayern München

Gründung
1900

Anschrift
FC Bayern München,
Säbener Straße 51,
8000 München 90, BRD

Vereinseigentum
Klubhaus, Spielerhotel und Restaurant an der Säbener Straße mit 7 Spielplätzen

Vereinsfarben
Rot-Weiß

Spielkleidung
Weiße oder rote Hemden, weiße oder rote Hosen, weiße oder rote Stutzen

Stadion
Olympiastadion, 77 573

Die Erfolge

Landesmeister
1932, 69, 72, 73, 74, 80, 81, 85, 86, 87, 89

Pokal
1957, 66, 67, 69, 71, 82, 84, 86

Europapokal der Meister
1974, 75, 76

Europapokal der Pokalsieger
1967

Weltcup für Vereinsmannschaften (inoffiziell)
1976

Die elegante Verwaltungs- und Trainingsanlage des FC Bayern an der Säbener Straße.

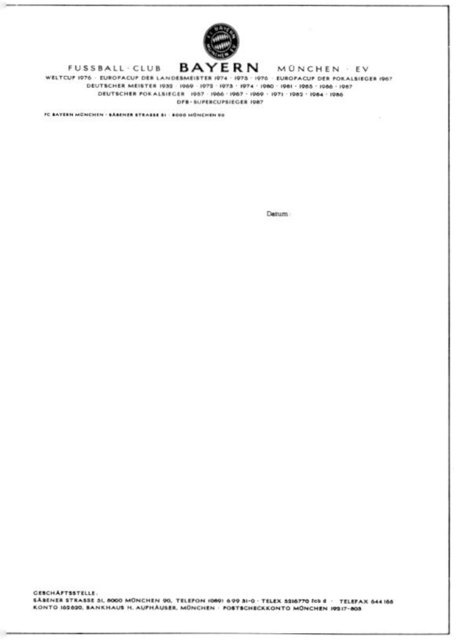
FUSSBALL · CLUB BAYERN MÜNCHEN · EV
WELTCUP 1976 · EUROPACUP DER LANDESMEISTER 1974 · 1975 · 1976 · EUROPACUP DER POKALSIEGER 1967
DEUTSCHER MEISTER 1932 · 1969 · 1972 · 1973 · 1974 · 1980 · 1981 · 1985 · 1986 · 1987
DEUTSCHER POKALSIEGER 1957 · 1966 · 1967 · 1969 · 1971 · 1982 · 1984 · 1986
DFB-SUPERCUPSIEGER 1987

FC BAYERN MÜNCHEN · SÄBENER STRASSE 51 · 8000 MÜNCHEN 90

Datum:

GESCHÄFTSSTELLE:
SÄBENER STRASSE 51, 8000 MÜNCHEN 90, TELEFON (089) 6 99 31-0 · TELEX 5216770 fcb d · TELEFAX 644 165
KONTO 162620, BANKHAUS H. AUFHÄUSER, MÜNCHEN · POSTSCHECKKONTO MÜNCHEN 19217-803

überhaupt wurde, und Mittelstürmer Gerd Müller (in 62 Länderspielen 68 Tore), der mehr Treffer erzielte als jeder andere Stürmer bis zum heutigen Tag. Die drei bildeten eine Achse, mit der der FC Bayern bestens fuhr. Um sie herum kamen und gingen Spieler, von denen viele es sogar bis in die Nationalelf brachten, das Rückgrat der Elf aber bildete das glorreiche Trio.

Nach dem Aufstieg 1965 belegte die junge Mannschaft sofort einen respektablen dritten Rang in der Bundesliga und gewann 1966 den DFB-Pokal durch ein 4:2 über den Meidericher SV. Dieser Erfolg wurde im folgenden Jahr mit einem 4:0 gegen den Hamburger SV wiederholt, auf internationaler Ebene jedoch noch übertroffen. Durch ein Tor des Mittelfeldspielers Franz »Bulle« Roth bezwangen die Bayern im Endspiel um den Europacup der Pokalsieger nämlich die berühmten Glasgow Rangers; doch dies war nur eine zarte Andeutung jener beherrschenden Rolle, die der Verein später einnahm.

Die Zeit von 1966 bis 1976 kann man in vier Abschnitte einteilen, festgemacht an die Trainer:
1. Unter Cajkovski wurde ein nahezu bedingungslos offensiver Fußball gespielt, der immerhin zu zwei Pokalsiegen und einem Europacup-Erfolg führte.
2. Zur Meisterschaft reichte es aber erst mit dem Trainer Branko Zebec, der die Mannschaft von 1968 bis 1970 betreute. Zebec galt als genialer Taktiker, der vor allem die Abwehr der Bayern stabilisierte. 1969 erreichte er so den Titel und gleichzeitig durch ein 2:1 gegen Schalke 04 den Pokal, somit das begehrte »Double«.
3. Die bis heute ertragreichste Periode im deutschen Fußball begann ab 1970 mit dem Trainer Udo Lattek, der kaum Mühe hatte, eine reife, selbständige, in sich geschlossene Mannschaft zu ungeahnten Gipfeln zu führen: Dreimal von 1972 ab wurde souverän der Meistertitel in Serie gewonnen, und 1974 kam es endlich und erwartet auch zum internationalen Durchbruch. Nach dem 1:1-Ausgleich in der 120. Minute durch den Vorstopper Georg Schwarzenbeck, der den brillanten Beckenbauer wie stets in idealer Weise ergänzte, kanzelten die Bayern Atletico Madrid, den Gegner im Endspiel um den Europacup der Landesmeister, in der Neuauflage mit 4:0 Toren (je zwei durch Müller und Hoeneß) förmlich ab.
Wenige Wochen später (am 7. Juli) wurden sechs Mitglieder dieses großen Teams in ihrer Heimatstadt durch ein 2:1 über die Niederlande auch Weltmeister mit der Nationalauswahl: Maier, Beckenbauer, Schwarzenbeck, Hoeneß und die beiden Torschützen Breitner und Müller.
4. Dieser nicht abreißen wollende Erfolgsfilm hatte sie satt gemacht; für Dettmar Cramer, der auf Lattek folgte, war es schwer, die Stars stets aufs neue zu motivieren. In der Bundesliga gelang dies nicht immer, wohl aber in den Europacup-Finals, die der FC Bayern noch zweimal (1975 gegen Leeds United 2:0 und 1976 gegen AS St. Etienne 1:0) siegreich bestritt. Außerdem gewann die Mannschaft 1976 gegen Belo Horizonte (2:0, 0:0) den inoffiziellen Weltpokal für Vereinsmannschaften, woran schon der neue Star Karl-Heinz Rummenigge nicht unwesentlichen Anteil hatte. Doch als 1977 Beckenbauer wegen Steuer- und privaten Problemen zu Cosmos New York wechselte, war die alte Herrlichkeit vorerst beendet. Dem ungarischen Trainer Gyula Lorant gelang es nicht, den Fall des Vereins (1978 12. Platz) zu bremsen.
Dies schaffte hingegen sein Assistent Pal Csernai als neuer Cheftrainer, der die Autorität des von Real Madrid über Eintracht Braunschweig zurückgekehrten Paul Breitner uneingeschränkt anerkannte. Der einstige Rebell und der harmoniebedürftige Rummenigge führten das Team gemein-

sam zu zwei Meistertiteln (1980 und 1981) und ins Finale des Landesmeisterpokals (1981 0:1 gegen Aston Villa) und beinahe zu altem Glanz.
Am 1. Juli 1983 kam auch Udo Lattek wieder zu seinem alten Klub zurück, der dänische Klassefußballer Sören Lerby hatte inzwischen den alternden Breitner ersetzt. Rummenigge allerdings wurde 1984 an Internazionale Mailand abgegeben. Die befürchtete Schwächung des FC Bayern blieb aus, der harte Konkurrenzkampf der jungen Spieler untereinander hob sogar noch das Niveau.
In der Bundesrepublik beherrschten die Münchner den Spielermarkt (Matthäus kam von Mönchengladbach) und die Bundesliga. 1985, 1986 und 1987 holten sie den Meistertitel, 1984 und 1986 obendrein den DFB-Pokal. Eigentlich blieb Lattek nur ein Ziel versagt, den Europacup holte er mit dieser Mannschaft nicht. Im Mai 1987 scheiterten die Bayern nach einer 1:0-Führung noch mit 1:2 Toren am FC Porto, eine Niederlage, die aufgrund der Passivität in der zweiten Halbzeit durchaus verdient war.
Danach verließ Lattek den Verein, auch der hochgewachsene Mittelstürmer Dieter Hoeneß hörte auf. Und der neue Trainer, der frühere Mönchengladbacher Nationalspieler Jupp Heynckes, stand vor dem Problem, den Umbau der Mannschaft zu forcieren. Obwohl zum Beispiel der walisische Stürmer Mark Hughes vom FC Barcelona ausgeliehen wurde, gewannen die Bayern erstmals seit vielen Jahren keinen Titel. Desungeachtet verfolgt Manager Uli Hoeneß weiterhin sein Ziel, den FC Bayern zum stärksten Klub Europas in den 90er Jahren zu machen.

Die heutige Organisation

Der Fußball-Club Bayern München e. V., dem das beachtliche Trainingsgelände an der Säbener Straße gehört, ist mit 11000 Mitgliedern der größte in der Bundesrepublik. Man kann Fußball, Handball, Tischtennis, Gymnastik, Basketball, Schach und Kegeln betreiben.
Die wirtschaftliche Situation ist dank des Geschicks von Manager Uli Hoeneß, der seine Erfahrungen als Spieler in den großen Jahren des Klubs sammelte, außerordentlich gut. Ausschlaggebend dafür war der Verkauf von Karl-Heinz Rummenigge, dessen Wechsel 1984 zu Inter Mailand eine Ablösesumme von etwa zwölf Millionen Mark brachte. Seitdem hat der Verein alle Möglichkeiten, sich auf dem Transfermarkt in geeigneter Weise zu verstärken. Durch den Verkauf von Lothar Matthäus, ebenfalls an Inter, erhielt der Klub noch einmal mehr als sieben Millionen Mark. Das sind finanzielle Größenordnungen, von denen andere Vereine nur neidvoll träumen können.

FC Bayern München

Das Olympia-Stadion in München

1. FC Kaiserslautern

Der jüngere Leser wird überrascht sein, unter den berühmtesten Fußballklubs der Welt den 1. FC Kaiserslautern zu finden. Aber dieser im heutigen Liga-Alltag relativ unbedeutende Verein hat Fußballgeschichte geschrieben. Vor allem mit einer Reihe von Spielern, die 1954 maßgeblich am sensationellen Gewinn der Weltmeisterschaft durch die deutsche Nationalmannschaft beteiligt waren. Doch bis Kohlmeyer, Liebrich, Eckel und die Brüder Fritz und Ottmar Walter für Furore sorgten und dem in roten Trikots im Stadion am Betzenberg spielenden 1. FC Kaiserslautern den Beinamen »die roten Teufel vom Betzenberg« gaben, fristete der 1. FCK lange Zeit ein unauffälliges Dasein in der Oberliga Südwest.

Der Verein entstand 1929 aus der Fusion des FVK, des Fußball-Vereins Kaiserslautern, und des SC Phönix. Vorausgegangen waren eine Reihe anderer Zusammenschlüsse. Es existierten, wie so oft in einer kleinen Stadt, zu viele Vereine, als daß sich eine starke Mannschaft hätte bilden können. 1932 bekam der FVK/Phönix seinen endgültigen Namen, mit einem gewissen Anspruch auf die zu erwartende Güte des Klubs: 1. FC Kaiserslautern.

Der neue Verein wurde tatsächlich der beste der damals etwa 25000 Einwohner zählenden Stadt. 1932 qualifizierte sich der 1. FCK erstmals für die Oberliga Südwest, schaffte dort 1934 den zweiten Platz, was zur Teilnahme für die Endrunde um die deutsche Meisterschaft berechtigte. Doch noch war die Konkurrenz, in diesem Jahr bestehend aus dem 1. FC Nürnberg, Bayern München und der SpVgg Fürth, zu groß.

Vier Jahre später tauchte erstmals ein junger Mann auf, der später zu Weltruhm kam, schon damals, 17jährig, einen exzellenten Fußball spielte und sein Talent als umsichtiger Mittelfeldregisseur unter Beweis stellte: Fritz Walter.

Doch es war die Zeit des großdeutschen Wahns; am 1. September 1939 hatte Hitler das Inferno des Zweiten Weltkrieges begonnen. Wie so vielen jungen Menschen wurden auch Fritz Walter wertvolle Jahre seiner Jugend gestohlen.

Der Klub aber erholte sich schnell nach dem Kriegsende, 1947 belegte er in der Oberliga Südwest, Gruppe Nord, den ersten Rang, desgleichen in den drei folgenden Jahren. Die große Zeit der »roten Teufel« begann. Zwischen 1951 und 1957 holte sich der 1. FCK siebenmal die Oberligameisterschaft und stand zwischen 1948 und 1955 fünfmal im Endspiel um die deutsche Meisterschaft. 1951 (2:1 gegen Preußen Münster) und 1953 (4:1 gegen den VfB Stuttgart) reichte es gar zum Titelgewinn.

Den größten Erfolg jedoch feierte der Verein sozusagen auf internationaler Ebene. Als Deutschland am 4. Juli 1954 im Wankdorfstadion in Bern durch einen 3:2-Sieg über Ungarn zum erstenmal Weltmeister wurde, waren fünf Spieler vom 1.

1. FC Kaiserslautern

Gründung
1900

Anschrift
1. FC Kaiserslautern,
Postfach 2427,
Stadion Betzenberg,
6750 Kaiserslautern, BRD

Vereinseigentum
Fritz-Walter-Stadion
Betzenberg

Vereinsfarben
Rot-Weiß

Spielkleidung
Weiße Hemden mit roten Ärmeln, rote Hosen, rote Stutzen

Stadion
Fritz-Walter-Stadion
Betzenberg, 38500

Die Erfolge

Landesmeister
1951, 53

1. FUSSBALL-CLUB KAISERSLAUTERN E. V.

GESCHÄFTSSTELLE 6750 KAISERSLAUTERN · STADION BETZENBERG, NORDTRIBÜNE · POSTFACH 3427

FUSSBALL · HANDBALL · LEICHTATHLETIK · BOXEN · HOCKEY · BASKETBALL

1. FUSSBALLCLUB KAISERSLAUTERN E. V. · POSTFACH 3427

DEUTSCHER FUSSBALLMEISTER 1951 und 1953

STADION BETZENBERG

GESCHÄFTSSTELLE

STADION BETZENBERG – NORDTRIBÜNE

NEUE TELEFON-NR

1 20 05

DATUM

FC Kaiserslautern dabei: Werner Kohlmeyer, Horst Eckel, Werner Liebrich, Ottmar und Fritz Walter. Gerade mit Fritz Walter stieg und fiel die Vereinsmannschaft. Unter seiner Mitwirkung gewann der 1. FC Kaiserslautern 1956 nochmals die Meisterschaft in der Oberliga Südwest, fiel dann aber zurück. 1960 beendete Walter mit 39 Jahren seine großartige, allerdings durch den Krieg bedingt, viel zu kurze Laufbahn. 1963 wurde die Bundesliga gebildet, womit auch die offizielle Einführung des Profifußballs vollzogen war. Der 1. FC Kaiserslautern, Bundesligist einer Kleinstadt und ohne große Unterstützung der ortsansässigen Industrie, war zu finanzschwach, um sich wesentlich verstärken zu können. Zwar hielt er sich in der obersten Liga, doch mehr als Plätze im unteren Drittel der Tabelle erreichte man nicht. Einen kurzen Aufschwung erlebte der Verein durch die gediegene Arbeit der Trainer Dietrich Weise und Erich Ribbeck und eine geschickte Einkaufspolitik. Die schwedischen Nationalspieler Roland Sandberg, Ronnie Hellström und Benny Wendt halfen, den 1. FCK zwischen 1979 und 1983 wieder zu einem Anwärter auf die vorderen Plätze zu machen. Zudem verfügte der Verein in Hans-Peter Briegel über einen Verteidiger mit außergewöhnlicher Kraft und Ausdauer. Wenn auch der große Wurf ausblieb, bis 1983 errang Kaiserslautern mehrmals einen der ersten fünf Ränge und war somit berechtigt, am UEFA-Pokal teilzunehmen. Wie wichtig diese Spiele für die finanzielle Gesundung des Vereins waren, wurde 1983 deutlich. Die Pfälzer kamen nur auf den 12. Platz, internationale Spiele blieben aus, am Ende hatte man ein Defizit von einer Million Mark. Hans-Peter Briegel, Nationalspieler, mußte an Hellas Verona verkauft werden. Der Trend setzte sich fort. 1986 wechselte der damals letzte verbliebene Nationalspieler, Andreas Brehme, zu Bayern München, häufige Trainerwechsel taten ein übriges, den Verein nicht zu einer vernünftigen Aufbauarbeit kommen zu lassen. Wolfram Wuttke, Antreiber der Mannschaft von 1988, war zwar einer der technisch versiertesten Spieler der Liga, aber er allein vermag nicht zu verhindern, daß der ruhmreiche 1. FC Kaiserslautern einer wenig erfreulichen Zukunft entgegensieht.

Fritz-Walter-Stadion, das einzige Fußballstadion der Bundesrepublik, das sich in Vereinsbesitz befindet.

Die heutige Organisation

Der »Erste Fußball-Club Kaiserslautern e. V.« besitzt das Stadion auf dem Betzenberg mit dem umliegenden Grund. 1986 wurde das Stadion nach dem Umbau zu Ehren des Ehrenspielführers der Nationalmannschaft in »Fritz-Walter-Stadion« umbenannt. Im strukturschwachen Südwesten der Bundesrepublik fehlt es an lokaler Konkurrenz, was für die Talentförderung ein Nachteil ist, dem Zuschauerschnitt allerdings zuträglich. Er ist mit 20000 relativ hoch.

1. FC Köln

Fast alle großen westdeutschen Fußballvereine können auf eine beachtliche Tradition zurückblicken. Die meisten haben ihre Anfänge um die Jahrhundertwende genommen. So betrachtet bildet der 1. FC Köln eine Ausnahme, denn er wurde erst am 13. Februar 1948 gegründet. Das lag daran, daß um diese Zeit in Köln ein Klub fehlte, mit dem über die Stadtgrenzen hinaus Staat zu machen war, und daß der Zweite Weltkrieg ungeheuer viele Opfer gefordert hatte; so konnten die meisten Mannschaften nicht mehr komplett antreten. Also lag es nahe, sich zusammenzuschließen.

Einer der Fusionsbefürworter war Franz Kremer gewesen, der den »Kölner Ballspielclub von 1901« und »Sülz 07« vereinte. Der Mann, dessen Traum schon damals der deutsche Meistertitel war, wurde Präsident des neuen 1. FC Köln. Schon 1950 qualifizierte sich der neue Verein für die Oberliga West, die höchste damalige Klasse, wurde 1954 bereits westdeutscher Meister und erreichte im selben Jahr das DFB-Pokalfinale, das gegen den VfB Stuttgart allerdings 0:1 verlorenging.

Zu Beginn der 60er Jahre hatte Kremer das ihm vorschwebende Team zusammengestellt, von 1960 bis 1963 gewann der FC in Serie den westdeutschen Titel. Nach dem ersten Liga-Erfolg spielte sich die Elf um Kapitän Hans Schäfer, der 1954 in der deutschen Weltmeistermannschaft gestanden war, und um den Weltklasseverteidiger Karl-Heinz Schnellinger ins Endspiel um die »Deutsche«, zog jedoch gegen Uwe Seelers Hamburger SV den kürzeren.

Mit dem neuen Trainer Zlatko Cajkovski, dem einstigen jugoslawischen Weltklasse-Außenläufer, der selbst drei Jahre für den 1. FC gekickt hatte, gelang 1962 endlich der erste Titel durch ein glanzvolles 4:0 (Tore durch Habig 2, Schäfer und Pott) gegen den 1. FC Nürnberg.

Die Ambitionen im Europapokal fanden in der ersten Runde gegen den FC Dundee ein schnelles Ende. Torhüter Ewert verletzte sich in der ersten Hälfte, und da ein Austausch zu dieser Zeit noch nicht möglich war, gingen die Rheinländer 1:8 ein. Im Rückspiel führten sie zur Pause zwar 4:0, doch dabei blieb es schließlich.

Durch die 1:3-Niederlage im Meisterschaftsfinale 1963 gegen den westdeutschen Rivalen Borussia Dortmund erhielt der 1. FC Köln den Spitznamen »launische Diva vom Rhein«. Gerade in diese Partie waren die Spieler um Hans Schäfer als haushohe Favoriten gegangen, als überlegen in allen Belangen betrachtet. Die zuvor so brillante Form jedoch war wie verschwunden, der FC kam mit den kämpfenden Westfalen nicht zurecht.

Die Einführung der Bundesliga 1964 war vor allem das Werk von Franz Kremer, der als erster im bundesdeutschen Fuß-

1. FC Köln

Gründung
1948

Anschrift
1. FC Köln,
Postfach 100 768,
5000 Köln 1, BRD

Vereinseigentum
Sportpark Geißbockheim

Vereinsfarben
Rot-weiß

Spielkleidung
Weiße oder rote Hemden,
weiße Hosen, weiße oder
rote Stutzen

Stadion
Müngersdorfer Stadion,
61 188

Die Erfolge

Landesmeister
1962, 64, 78

Pokal
1968, 77, 78, 83

Die erfolgreiche Mannschaft von 1977: Oben 1. Reihe von links: Weber, Elkjaer-Larsen, Kößling, Pape, Konopka, Simmet, Flohe; 2. Reihe von links: Müller, Gerber, Neumann, Willmer, Schmitz, Löhr; 3. Reihe von links: Rohde, Hein, Cullmann, Zimmermann, Prestin, Strack; unten von links: Nicot, Glowacz, Schumacher, Ehrmann, Schwabe, van Gool.

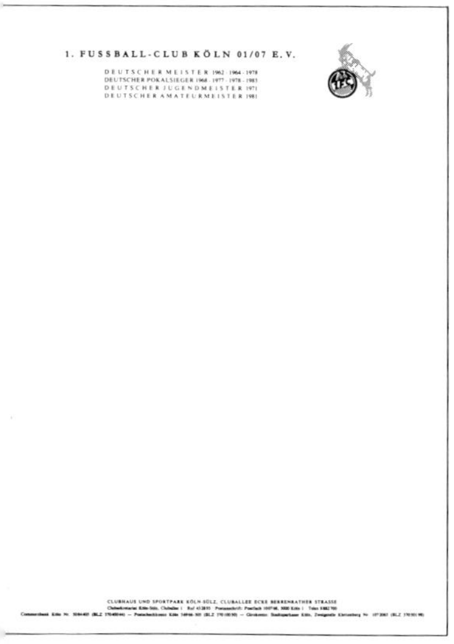
1. FUSSBALL-CLUB KÖLN 01/07 E.V.
DEUTSCHER MEISTER 1962 · 1964 · 1978
DEUTSCHER POKALSIEGER 1968 · 1977 · 1978 · 1983
DEUTSCHER JUGENDMEISTER 1971
DEUTSCHER AMATEURMEISTER 1981
CLUBHAUS UND SPORTPARK KÖLN-SÜLZ, CLUBALLEE ECKE BERRENRATHER STRASSE

ball professionell dachte. So war natürlich seine Mannschaft als einzige auf die neue Liga vorbereitet. Und sie hatte die richtige Mischung aus älteren und jungen Spielern; neben Torhüter Ewert, dem Stopper Leo Wilden und Schäfer trumpften 19jährige wie Wolfgang Weber und Wolfgang Overath keck auf. Am Ende der ersten Bundesligasaison hatten die Kölner einen Alleingang hingelegt und überlegen mit sechs Toren Vorsprung den Titel geholt.
Und möglicherweise hätten sie im folgenden Europacup für eine Riesenüberraschung gesorgt, wenn nicht erst das Pech im Form eines Losentscheides nach 0:0, 0:0 und 2:2 n. V. die Kölner gegen den FC Liverpool eliminiert hätte. Denkwürdig war jenes Spiel in Rotterdam auch, weil der Außenläufer Weber trotz eines Wadenbeinbruches bis zum Schlußpfiff durchhielt. Halb Europa hatte den unglaublichen Kampf einer großartigen Elf am Fernsehschirm gesehen, und der 1. FC Köln besitzt deshalb noch heute einen hervorragenden internationalen Ruf. Einige der routinierten Kräfte traten

nun ab, die Mannschaft nahm zwar weiterhin einen guten Platz in der Bundesliga ein, zur absoluten Spitze aber führte der Weg erst wieder, nachdem 1976 der Trainer Hennes Weisweiler (vorher Mönchengladbach und Barcelona) an den Rhein gekommen war. Dessen erster Erfolg an der neuen Wirkungsstätte war 1977 der Sieg im DFB-Pokal (1:1 n. V. und 1:0) gegen Hertha BSC Berlin.
Weisweiler griff energisch ein gegen das, was der Volksmund den »Kölschen Klüngel« nennt. Sein erstes Opfer war Wolfgang Overath, der Kapitän und Weltmeister von 1974, den er kurzerhand auf die Ersatzbank setzte. Der FC spielte nun ein wenig schneller und effektiver dank des neuen Regisseurs und Antreibers Heinz Flohe, der gemeinsam mit Herbert Neumann und Bernd Cullmann ein Mittelfeld europäischer Klasse bildete. Im Angriff waren der Belgier Roger van Gool und Dieter Müller ausgesprochen torgefährlich, die Abwehr galt als krisensicher. Die Folge: 1978 gewann der 1. FC Köln aufgrund des besseren Torverhältnisses den deutschen Meistertitel vor Borussia Mönchengladbach und siegte auch im Pokalfinale 2:0 gegen Fortuna Düsseldorf.
Als der Vorstand bei Vertragsgesprächen mit Weisweiler zögerte, verließ der im März den Klub und ging zu Cosmos New York. Zwar blieb der von ihm geförderte Dribbelkönig Pierre Littbarski am Rhein, doch der 19jährige Weltklasse-Mittelfeldakteur Bernd Schuster verließ wegen Differenzen mit Weisweilers Nachfolger Heddergott bald den Klub. Die 3,6 Millionen Mark Ablösesumme, die der FC Barcelona für Schuster aufbrachte, sind nur auf den ersten Blick ein gutes Geschäft gewesen. Tatsächlich aber fehlte der Mann, der den Kölnern auf lange Sicht eine dominierende Rolle hätte sichern können.
So blieb herausragendes Ereignis das Erreichen des UEFA-Cup-Endspiels 1986 gegen Real Madrid, das die Spanier sicher (5:1, 2:2) gewannen.
Erst jetzt, in der Saison 1987/88, hat der 1. FC Köln zu alter Stärke zurückgefunden. Das lag zu einem wesentlichen Teil an dem Wirbel, den der berühmte Trainer Udo Lattek kurzzeitig als Sportdirektor entfachte, und an einigen sportlichen Verstärkungen. Nationalmannschaftsvorstopper Jürgen Kohler stabilisierte die Abwehr, das Mittelfeld gewann durch den von Racing Paris zurückgeholten Pierre Littbarski erheblich an Niveau, und im Angriff entwickelte der junge Däne Flemming Povlsen, der von Real Madrids »Dependance« Castilla gekommen war, eminente Gefährlichkeit. Im Tor ist Toni Schumacher, der wegen seines provokanten Buches »Anpfiff« hatte gehen müssen, durch Bodo Illgner hervorragend ersetzt, und der junge Thomas Hässler sowie Veteran Morten Olsen, der dänische Rekordnationalspieler, bewährten sich prächtig.

Das Geißbockheim (Vereinshaus), Klubheim des 1. FC Köln.

Die heutige Organisation

Der 1. FC Köln e. V. besitzt den »Sportpark des 1. FC Köln«, der in einem schönen Waldstück im Südwesten der Stadt liegt. Dazu gehören sechs Rasenplätze, ein Aschen- und ein Kunstrasenplatz.
Hinter dem »Geißbock-Heim«, dem Klubhaus, liegt das »Franz-Kremer-Stadion«, das 7000 Zuschauern Platz bietet. Dort werden die Spiele der Amateurmannschaften ausgetragen.
Der 1. FC, in dem neben Fußball auch Handball, Tischtennis und Schach betrieben wird, ist bekannt für seine gute Jugendarbeit, die ihn im Rheinland neben Bayer Leverkusen auszeichnet.
Der FC gilt als einer der bestgeführten Vereine der Bundesliga und hat einen großen Vorteil in der wirtschaftlichen Kraft Kölns und der geographisch attraktiven Lage im Zentrum Europas.

18 junge Nürnberger, die im Jahr zuvor die Schule verlassen hatten, wo sie miteinander Fußball zu spielen pflegten, trafen sich am 4. Mai 1900 in der Wirtschaft »Zur Burenhütte«. Ziel der Zusammenkunft war es, diese Tradition fortzusetzen; und so gründeten sie an diesem Abend einfach einen Fußballverein, den sie »Erster Fußball-Club Nürnberg« nannten. Ursprünglich wurde im selben Maß Rugby betrieben, doch setzte sich das Spiel mit dem runden Lederball schnell durch.

Den ersten offiziellen Wettkampf bestritt die Mannschaft des 1. FC Nürnberg am 29. September 1901 und gewann gegen den 1. FC Bamberg klar mit 5:1 Toren. Das Hochgefühl bekam wenig später einen gehörigen Dämpfer, als die Franken eine Herausforderung des FC Bayern München annahmen und 0:6 verloren.

Eine merkliche Steigerung des Spielniveaus stellte sich ein, als ein gewisser Fritz Servas von einem der führenden deutschen Klubs, von Britannia Berlin, nach Nürnberg kam. Er hatte die Grundlagen einer feinen Technik bei einem Aufenthalt in Ungarn vermittelt bekommen, die er nun an die kraftvollen Kicker des 1. FC Nürnberg weitergab.

Die Synthese aus Spielkunst und Athletik machte dem Verein schnell einen Namen, doch die Phase des Aufstrebens wurde unterbrochen durch den Ersten Weltkrieg. Nach dessen Ende wurden 1920 die Spiele um die Deutsche Meisterschaft wieder aufgenommen; im Finale trafen zwei fränkische Rivalen, 1. FC Nürnberg und SpVgg Fürth, aufeinander, deren erbitterter Zweikampf den Fußball hierzulande ein Jahrzehnt lang beherrschte.

Der »Club«, wie man ihn fast selbstverständlich nannte, gewann die Partie 2:0, vor allem dank zweier herausragender Persönlichkeiten. Im Tor stand Heiner Stuhlfauth, der 21 Länderspiele für den Deutschen Fußball-Bund bestritt, ein Hüne, der seinen Strafraum souverän beherrschte und den Ball energisch mit seinen bratpfannengroßen Händen packte. Stuhlfauth war kein Mann der Show, sondern ein sachlicher, rauher Typ, der brenzlige Situationen schon im Keim erstickte. Überdies galt er als Gentleman und wirkliches Vorbild für die Jugend. Der zweite »Star« war der Mittelläufer Hans Kalb, auch er ein Riese mit 90 Kilo. Der studierte Zahnmediziner war eigentlich sehr langsam und unbeweglich, machte dies jedoch durch ein außergewöhnliches Ballgefühl und größte Präzision im Abspiel wett, so daß man ihn auf seiner Position, der heute jene eines Spielmachers gleichkommt, mit den Weltbesten gleichsetzte, dem Tschechoslowaken Kada von Sparta Prag und dem Ungarn Orth von MTK Budapest: Die Prager übrigens galten als stärkstes Team Europas, verloren gegen die Nürnberger im Jahr 1922 jedoch 2:3 und 0:3. Dank Kalb und Stuhlfauth gewannen die

1. FC Nürnberg

Gründung
1900

Anschrift
1. FC Nürnberg,
Valznerweiherstraße 200,
8500 Nürnberg, BRD

Vereinseigentum
Sportpark Neuer Zabo

Vereinsfarben
Rot-Weiß

Spielkleidung
Rote oder weiße Hemden, rote oder weiße Hosen, rote oder weiße Stutzen

Stadion
Städtisches Stadion, 56 000

Die Erfolge

Landesmeister
1920, 21, 24, 25, 27, 36, 48, 61, 68

Pokal
1935, 39, 62

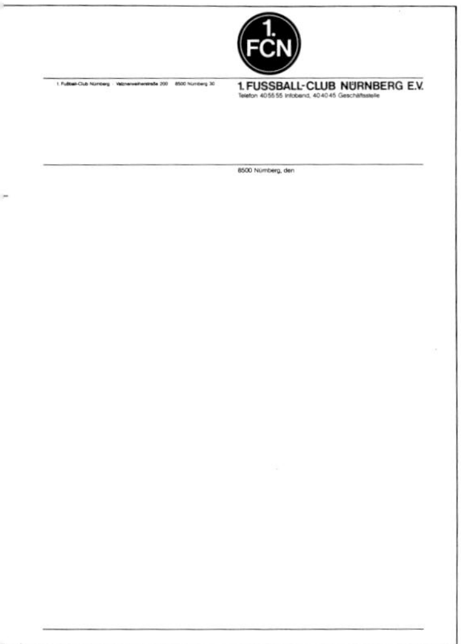

fränkischen Fußballer bis 1936 insgesamt sechsmal den deutschen Meistertitel.

Fast nahtlos setzte der 1. FCN, dessen Mannschaft im Zweiten Weltkrieg zunächst in alle Winde zerstreut worden war und dessen Zabo-Stadion in Schutt und Asche lag, die Erfolgsserie trotz aller Schicksalsschläge gleich fort. 1948 gewann der Club im Meisterschaftsendspiel gegen den 1. FC Kaiserslautern, in dessen Reihen der große Fritz Walter glänzte, mit 2:1 Toren. Überragender Nürnberger war Max Morlock gewesen, der sechs Jahre später ein Tor zum 3:2-Sieg der deutschen Mannschaft im WM-Finale gegen Ungarn beisteuerte.

1961 holte sich der inzwischen 35jährige Morlock durch ein 3:0 gegen Borussia Dortmund seinen zweiten Titel mit einer jungen, vielversprechenden Mannschaft, die international allerdings noch etwas unreif war, wie das 3:1 und 0:6 gegen Titelverteidiger Benfica Lissabon im Europacup der Landesmeister zeigte.

Die Schaffung der Bundesliga und die ökonomische Neuordnung stellte den deutschen Fußball nahezu auf den Kopf. Vereine aus den Ballungszentren der Wirtschaft setzten sich zusehends durch, der 1. FC Nürnberg konnte zunächst auf dem Spieler- und Trainermarkt nicht ganz mithalten. Abgesehen vom Jahre 1968, als der berühmte Trainer Max Merkel das Team noch einmal zur Meisterschaft trieb, es gleichzeitig aber auch so überforderte, daß umgehend der Abstieg erfolgte, ein in der deutschen Fußballgeschichte einmaliger Vorgang. Von da an pendelten die Nürnberger ständig zwischen erster und zweiter Liga. Erst seit der Saison 1985/86 scheint sich unter dem Trainer Heinz Höher ein Aufwärtstrend zu stabilisieren. Die Nachwuchskicker Stefan Reuter, Manfred Schwabl und Dieter Eckstein haben sogar einen Platz im Kader von DFB-Teamchef Franz Beckenbauer erobert. Allerdings mußten die Nürnberger ihre besten Akteure Reuter und Grahammer an den reichen Nachbarn Bayern München abgeben.

Totale Umbau- und Modernisierungsarbeiten kennzeichnen zur Zeit das Nürnberger Stadion.

Die heutige Organisation

Der 1. Fußball-Club VfL Nürnberg,wie er vollständig heißt, besitzt den Sportpark Zabo, der heute etwa zehn Millionen Mark wert sein dürfte. In Planung ist ein Freizeitgelände mit Hotel, das der Präsident Gerd Schmelzer errichten will. Inzwischen ist grünes Licht für das Vorhaben gegeben worden.

Besonderen Wert legt man auf die Jugendarbeit. Der 1. FCN versteht sich als der Verein Frankens, und holt vornehmlich Spieler aus dem Regierungsbezirk, die eine soziale Bindung an die Region und den 1. FC Nürnberg haben.

FC Schalke 04

Bis in die 60er Jahre dieses Jahrhunderts nannte man Gelsenkirchen die »Stadt der 1000 Lichter«. Die Bezeichnung stammt aus den Blütezeiten der Kohlegewinnung, als sich morgens und abends das Licht unzähliger Hochöfen über die Häuser ausbreitete.
Schalke ist ein Viertel Gelsenkirchens, in der eigentlich alle Grubenarbeiter von Beruf waren oder zumindest einen solchen in der näheren Verwandtschaft hatte, Schalke war ein klassisches Arbeiterviertel. Ein paar Jugendliche spielten in der Hauergasse Tag für Tag Fußball, ein Sport, den sie den proletarischen Kollegen aus England abgeschaut hatten. Ihr Anführer war ein Junge namens Willy Gies, unter dessen Leitung man sich am 4. Mai 1904 in der Gaststätte von Ernst Dettmer versammelte und den »Sportclub Westfalia Schalke« gründete. Von Anfang an wurde übrigens in königsblauen Trikots gespielt, weil, wie die Legende sagt, die Spieler, wenn sie von ihrer Arbeit aus den dunklen Grubengängen ans Tageslicht kamen, zuerst den blauen Himmel sahen.
Erst nach einem Zusammenschluß mit dem »Gymnastikverein Schalke 77«, der bereits Mitglied im Westdeutschen Spielverband war, durfte man sich dem übergeordneten WSV anschließen und ab 1913 in einer Liga mitspielen.
Den Nachholbedarf glich der Verein schnell aus, nach dem Ersten Weltkrieg entwickelte sich Schalke schneller als vergleichbare Klubs. Das lag vor allem an den Brüdern Ballmann, die aus englischer Gefangenschaft einen völlig neuen Spielstil, nach schottischem Muster mit kurzen Flachpässen, mitgebracht hatten.
1926, zwei Jahre nach der Trennung von Schalke 77 und der Umbenennung in Schalke 04, fand die Mannschaft durch die Qualifikation für die Ruhrliga den Anschluß an die deutsche Fußball-Elite. Dominierende Kräfte dieser Elf waren Ernst Kuzorra und sein späterer Schwager Fritz Szepan, die den »Schalker Kreisel« so meisterhaft inszenierten. Zwischenzeitlich allerdings waren sie gesperrt wie ihr gesamter Klub, weil man ihnen Verfehlungen gegen den Amateurstatus nachgewiesen hatte. Was ihren Sturmlauf an die Spitze nicht aufhalten konnte.
Sechsmal wurden die Schalker Ende der 20er Jahre Westdeutscher Meister. In der von den Nazis eingerichteten Gauliga belegten sie von 1934 bis 1944 stets den ersten Rang. Die Stellung der Gelsenkirchener im Fußball war so überragend, daß sie von 1933 bis 1942 neun der zehn möglichen Endspiele um die deutsche Meisterschaft erreichten; sechs davon gewannen sie. 1934 kam als neuer Trainer »Bumbes« Schmidt, ein früherer Spitzenspieler des 1. FC Nürnberg. »Er hatte genau das, was uns fehlte, nämlich Ehrgeiz«, erzählte Kuzorra später. Unter Schmidt entstand der sagenhafte

FC Schalke 04

Gründung
1904

Anschrift
FC Schalke 04,
Parkstadion,
Postfach 100 711,
4650 Gelsenkirchen, BRD

Vereinseigentum
Verträge der Spieler

Vereinsfarben
Blau-Weiß

Spielkleidung
Blaue Hemden, weiße Hosen, blau-weiß-gestreifte Stutzen

Stadion
Parkstadion, 70 000

Die Erfolge

Landesmeister
1934, 35, 37, 39, 40, 42, 58

Pokal
1937, 72

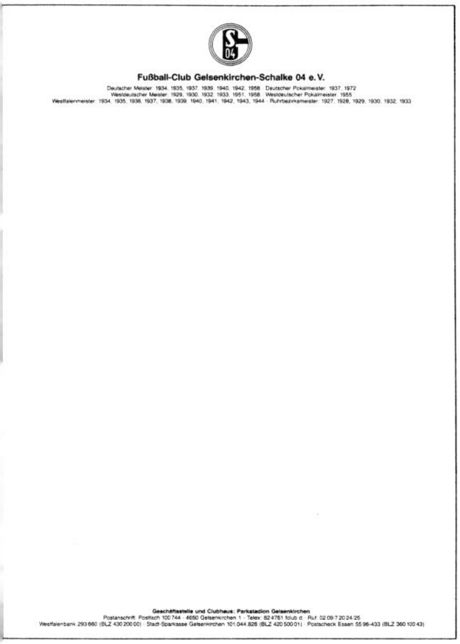
Fußball-Club Gelsenkirchen-Schalke 04 e.V.
Deutscher Meister: 1934, 1935, 1937, 1939, 1940, 1942, 1958 · Deutscher Pokalmeister: 1937, 1972
Westdeutscher Meister: 1929, 1930, 1932, 1933, 1951, 1958 · Westdeutscher Pokalmeister: 1955
Westfalenmeister: 1934, 1935, 1936, 1937, 1938, 1939, 1940, 1941, 1942, 1943, 1944 · Ruhrbezirksmeister: 1927, 1928, 1929, 1930, 1932, 1933

Geschäftsstelle und Clubhaus: Parkstadion Gelsenkirchen
Postanschrift: Postfach 100 744 · 4650 Gelsenkirchen 1 · Telex: 82 4761 fclub d · Ruf: 02 09/7 20 24/25
Westfalenbank 293 660 (BLZ 430 200 00) · Stadt-Sparkasse Gelsenkirchen 101.044.826 (BLZ 420 500 01) · Postscheck Essen 55 96-433 (BLZ 360 100 43)

»Kreisel«, eine Mischung aus der schottischen Schule mit kurzen Pässen, aus dem Wiener Stil mit seiner großen Eleganz und aus Anklängen des rationellen, kraftvollen deutschen Fußballs. Oft lief der Ball dabei minutenlang durch die Reihen der mit Nationalspielern bestückten Schalker Elf, daß der Gegner häufig total den Überblick verlor, wie etwa 1939 nach der Annektierung Österreichs Admira Wien, das im Finale um die deutsche Meisterschaft 0:9 unter die Räder kam. Kuzorra schwärmte von den guten, alten Zeiten: »Wir spielten die meisten damals bekannten Stile nach. Besonders stark waren wir durch unsere Technik der schnellen Pässe, durch die wir den Gegner ins Leere laufen ließen. Wenn er schließlich erschöpft war, schlugen wir blitzschnell zu. Wir hatten auf allen Posten Techniker, und es ist nicht vermessen zu behaupten, daß wir unserer Zeit um zehn Jahre voraus waren.«

Der Zweite Weltkrieg rieb auch die Schalker Mannschaft auf, die zu den besten Europas gehört hatte, Gelsenkirchen war fast vollständig zerbombt.

Der Aufbau einer neuen Mannschaft trug 1955 mit dem Erreichen des DFB-Pokalendspiels erste Früchte, wenngleich dies gegen den Karlsruher SC 2:3 verlorenging.

Modernes Verwaltungsgebäude von Schalke 04. Es befindet sich außerhalb des Parkstadions.

Drei Jahre später, am 18. Mai 1958, gewann der FC Schalke 04 seine siebte und bis heute letzte Meisterschaft. Der österreichische Trainer Eddi Frühwirth hatte ein starkes Team aufgebaut, in welchem der Stopper und Taktiker Otto Laszig, die beiden Außenstürmer Willi Koslowski und Berni Klodt sowie Mittelstürmer Günther Siebert, der heutige Präsident, herausragende Rollen spielten.

Mit den fünf Nationalspielern Hans Nowak, Willi Schulz, Günther Herrmann, Willi Koslowski und Reinhard Libuda schien Schalke bestens gerüstet für die Bundesliga, die 1963 eingeführt wurde. Doch schon 1965 wäre die Mannschaft in die Zweite Liga abgerutscht, hätte man Hertha BSC Berlin wegen wirtschaftlicher Verfehlungen nicht zum Zwangsabstieg verurteilt. Als der DFB diese Entscheidung traf, hatten die besten Kicker jedoch Schalke schon verlassen und sich anderen Klubs angeschlossen. Das mangelnde Spielniveau zog finanzielle Probleme nach sich, die vereinseigene Glückauf-Kampfbahn mußte verkauft werden, Schalke kämpfte drei Jahre lang gegen den Abstieg.

Anfang der 70er Jahre war diese Krise überwunden und eine neue, intakte Mannschaft entstanden. Mit Spielern wie dem reaktionsschnellen Schlußmann Nigbur, den Abwehrrecken Rüssmann und Fichtel, den Mittelfeldakteuren van Haaren und Lütkebohmert sowie den Stürmern Libuda und Klaus Fischer war das Team aus dem Ruhrgebiet auf dem besten Weg, den führenden Klubs Bayern München und Borussia Mönchengladbach Paroli zu bieten.

FC Schalke 04

Erst wenige Wochen vor dem Ende der Saison 1970/71 schwanden die bis dahin guten Chancen der Gelsenkirchener auf den Titel, aber am 17. April 1971 entschied sich wesentlich mehr; das Schicksal eines gesamten Vereins nämlich. Schalke unterlag – desinteressiert wirkend – der abstiegsgefährdeten Arminia aus Bielefeld 0:1 und die eigenen Anhänger hatten die Sachlage erkannt: »Schieber, Schieber«, riefen sie, nicht ahnend, wie recht sie hatten. Ein paar Wochen später enthüllte der damalige Offenbacher Präsident Canellas einen Bestechungssumpf, der als »Bundesligaskandal« in die Geschichte des Deutschen Fußball-Bundes (DFB) einging und fast alle Vereine der höchsten Klasse betraf.
Zunächst aber war Schalke 04 nur wenig betroffen von diesen Ereignissen, 1972 wurde das Ruhrgebiet-Team sogar

Alte Glückauf-Kampfbahn, die jetzt von den Amateuren und Junioren Schalkes benützt wird. In den 30er Jahren war es das Mekka des deutschen Fußballs.

noch Zweiter hinter dem FC Bayern und überlegener Pokalsieger durch ein 5:0 gegen den 1. FC Kaiserslautern.
Im Herbst, nur wenige Monate danach, aber hatten die gerichtlichen Mühlen des DFB zu Ende gemahlen, 14 Schalker Spieler wurden bestraft, zum Teil auf Lebenszeit gesperrt, Asse wie Rüssmann und Fischer mußten wegen der Unterbrechung ihrer Karriere und des angeschlagenen Rufes jahrelang auf einen Einsatz in der Nationalmannschaft warten.
Vom Team der Zukunft war nur ein Scherbenhaufen übriggeblieben, wirtschaftlich lag Schalke darnieder, weil alle Gelder in die diversen Prozesse flossen. Als man 1974 aus der alten Glückauf-Kampfbahn in das für die Weltmeisterschaft errichtete Parkstadion zog, kehrten etliche der zwischenzeitlich abgewanderten Fußballer zurück, so daß die Gelsenkirchener 1977 sogar noch einmal Liga-Zweiter hinter Mönchengladbach wurden. Doch die miserable finanzielle Situation, Nachwirkung des Skandals, zwang den Verein, seine besten Leute zu verkaufen, die Nationalspieler Rüssmann, Fischer und Abramczik gingen zu anderen Klubs. Schalke stieg 1981 ab und hat sich seitdem in der Bundesliga nicht mehr richtig etablieren können. Daran hat auch der vom 1. FC Köln gekommene ehemalige Nationaltorhüter Harald Schumacher nichts änders können; und auch der brillante junge Spielmacher Olaf Thon nicht, dessen Verkauf allerdings die wirtschaftliche Basis für die kommenden Jahre legen soll.

Die heutige Organisation

Der Fußball-Club Gelsenkirchen Schalke 04 e. V. hatte vor der Saison 1987/88 keinen eigenen Besitz, dafür aber eine Schuldenlast von 3,6 Millionen Mark. Der Verein mit 5500 Mitgliedern, die neben Fußball auch Handball, Leichtathletik, Tischtennis und Basketball betreiben können, leidet stark unter den wirtschaftlichen Problemen des Ruhrgebietes. Die Massenarbeitslosigkeit der gesamten Region betrifft dort alle Vereine sehr stark. Zwar wachsen gerade hier im Ballungsraum der Industrie viele Talente nach, doch die maroden Klubs können deren Abwanderung nicht verhindern. Der FC Schalke 04 dürfte nur mit äußerster Mühe seine künftigen Probleme lösen können.

Hamburger Sport-Verein

Gerne behauptet man in Hamburg, daß der dortige HSV der älteste deutsche Fußballverein sei. Dem offiziellen Gründungsdatum nach dürfte dies auch stimmen, doch an diesem 29. September 1887 wurde der Sportclub Germania aus der Taufe gehoben, der auch Fußball in seinem breiten Angebot hatte. Das war beinahe logisch, denn zu diesem Sport hatten die Hansestädter durchaus eine enge Beziehung. Die insgesamt aufstrebende deutsche Industrie und die Lage der Stadt machten sie zu einem der vier größten Handelshäfen der Welt. Vor allem die Beziehungen zum britischen Imperium waren gut, und so kam der Fußball direkt vom Mutterland dieses Sports an die Alster. Dem SC Germania gehörten von Anfang an auch Engländer, Niederländer und Spanier an. Andere bekannte Klubs in der Stadt waren der Hamburger FC, den Schüler des Wilhelmsgymnasiums bildeten, und der FC Falke, der wesentlich aus Eppendorfer Realschülern bestand. Alle drei Vereine spielten friedlich nebeneinander und waren auf regionaler Ebene aktiv, mit unterschiedlichem Erfolg natürlich. Das änderte sich mit dem Ersten Weltkrieg, der auch in den Fußballklubs grausame Verluste auslöste. Die drei Hamburger Vereine waren nach dem weltweiten Massaker jedenfalls nicht mehr in der Lage, den Spielbetrieb aufrechtzuerhalten und mußten gezwungenermaßen fusionieren. Bereits 1920, ein Jahr nach der Neugründung des Hamburger Sportvereins, kickten dort 60 Mannschaften. Als Vereinsfarben hatte man Weiß und Rot gewählt, die Farben der Stadt. Am 3. August 1919 gewann der HSV sein erstes Wettspiel gegen den Stettiner SC 4:1. Und schon drei Jahre später kämpften die Norddeutschen gegen den 1. FC Nürnberg um den deutschen Meistertitel. Es wurde das merkwürdigste Finale der DFB-Geschichte. Trotz jeweiliger Verlängerung konnte weder in der ersten Partie in Berlin (2:2) noch beim zweiten Mal in Leipzig (1:1) ein Sieger ermittelt werden. Einer besonderen Regelung zufolge wurde der HSV zum neuen Titelträger ernannt. Dieser Beschluß wurde schließlich wieder aufgehoben, bis der HSV darauf verzichtete, so daß 1922 kein Meister in den Annalen steht. Dafür aber hielt sich der Klub im Jahr darauf schadlos, als Union Oberschöneweide im Endspiel deutlich 3:0 bezwungen wurde. Gespielt wurde damals schon am Rothenbaum, dem ehemaligen Platz des Hamburger FC. 1928, im Jahr der zweiten Meisterschaft (5:2 gegen Hertha BSC) kaufte der Verein das Wirtshaus Lindenhof dazu und ein daran angrenzendes 130 000 m^2 großes Gelände, den Ochsenzoll. Bis heute befindet sich dort das Zentrum der Fußballabteilung. Obwohl viele internationale Kontakte in den 20er und zu Beginn der 30er Jahre für die spieltechnische Entwicklung wichtig waren, stagnierte der Verein nach dem zweiten Titel bis nach dem Zweiten Weltkrieg.

Hamburger Sport-Verein

Gründung
1887

Anschrift
HSV, Hamburger Sport-Verein, Rothenbaumchaussee 125, 2000 Hamburg 13, BRD

Vereinseigentum
3 Miethäuser in Hamburg

Vereinsfarben
Blau-Weiß-Schwarz

Spielkleidung
Weiße Hemden, rote Hosen, blau-schwarz-weiß-gestreifte oder einfarbig weiße Stutzen

Stadion
Volksparkstadion, 61418

Die Erfolge

Landesmeister
1922 (verzichtet), 23, 28, 60, 79, 82, 83

Pokal
1963, 76, 87

Europapokal der Meister
1983

Europapokal der Pokalsieger
1977

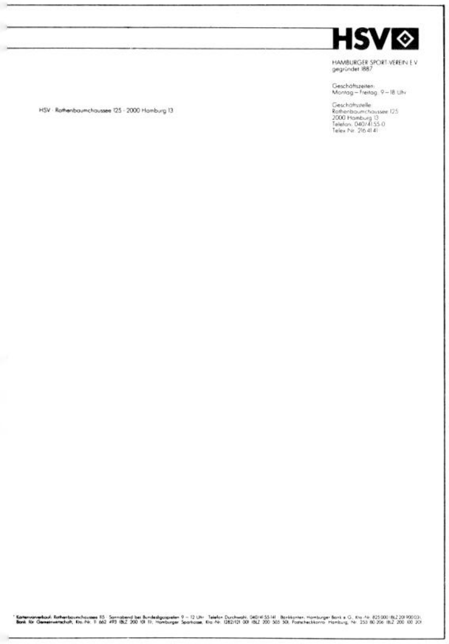
HSV
HAMBURGER SPORT-VEREIN E.V.
gegründet 1887
Geschäftszeiten:
Montag – Freitag: 9 – 18 Uhr
Geschäftsstelle:
Rothenbaumchaussee 125
2000 Hamburg 13
Telefon: 040/4155-0
Telex Nr. 2164141
HSV · Rothenbaumchaussee 125 · 2000 Hamburg 13

HSV Sieger im Europapokal der Meister 1983.
Hintere Reihe von links: Felix Magath, Lars Bastrup, Wolfgang Rolff, Ditmar Jakobs, Manfred Kaltz, Horst Hrubesch;
vordere Reihe von links: Bernd Wehmeyer, Holger Hieronymus, Jürgen Groh, Jürgen Milewski, Uli Stein.
Trainer: Ernst Happel.

Hamburg lag in Schutt und Asche, der HSV mußte ganz von vorne anfangen. Aber schon zu Anfang der 50er Jahre arbeitete draußen in Ochsenzoll ein fußballverrückter Trainer namens Günther Mahlmann mit vielversprechenden Talenten zusammen und versuchte, ein außerordentliches Team zu formen. Ein glücklicher Umstand wollte es, daß Josef (»Jupp«) Posipal, ein junger Mann, der 1949 mit seinen Eltern aus Rumänien eingewandert war, sich dem HSV anschloß. Er wurde zur zentralen Gestalt des Neuaufbaus, später auch in der Nationalmannschaft, mit der er 1954 Weltmeister wurde. Als Mittelläufer stand er 1953 auch in der sogenannten Weltelf, die in Wembley gegen England 4:4 spielte.

Nach der WM im übrigen, die den Deutschen einen 3:2-Endspieltriumph über Ungarn gebracht hatte, folgte schnelle Ernüchterung in Form etlicher Niederlagen gegen keineswegs überragende Gegner. Beim 1:3 gegen Frankreich in Hannover (16. Oktober 1954) wurde ein 17jähriger Mittelstürmer eingewechselt, der eben erst beim UEFA-Jugendturnier durch jede Menge Tore aufgefallen war. Die Niederlage konnte er an der Seite seines nur wenig älteren HSV-Kollegen Klaus Stürmer, 1971 viel zu früh an Hodenkrebs starb, nicht verhindern, und doch war der Auftritt im Niedersachsenstadion der Beginn einer glanzvollen Karriere. Uwe Seeler, der untersetzte Fallrückzieher- und Kopfballspezialist, wurde zur Symbolfigur des deutschen Fußballs und des neuen deutschen Wirtschaftswunders. Sein Name stand für Fleiß und Treue. Als ihn einmal ein lukratives Angebot Inter Mailands lockte, appellierte Professor Thielicke, ein Theologe, an die Heimatverbundenheit Seelers und an seine Funktion als Vorbild für die Jugend. »Uns Uwe« blieb standhaft und im Lande, wo er sich freilich ebenfalls redlich zu nähren wußte. 1957 nämlich erreichte der HSV erstmals nach 29 Jahren wieder das deutsche Endspiel, unterlag jedoch der blendend aufspielenden Borussia Dortmund 1:4, während im nächsten Jahr auch Schalke 04 noch etwas zu stark war: 1958 gab es eine 0:3-Schlappe im Finale um den Titel. Doch die Hamburger waren wieder Spitze, was sich 1960 im Endspiel gegen den 1. FC Köln (3:2) noch deutlicher zeigte. Uwe Seeler (zwei Tore) profitierte von der Zuarbeit des kongenialen Linksaußen Charly Dörfel (ein Tor) und von den Pässen des intellektuellen Außenläufers Jürgen Werner.

Auch international schien der Aufstieg des HSV unaufhaltsam. Nach einem 0:1 beim FC Barcelona waren die Hanseaten schon so gut wie im Finale des Europapokals, als 15 Sekunden vor dem Abpfiff der Ungar Sandor Koscis (»Goldköpfchen«) den Anschlußtreffer per Kopf und somit eine Entscheidungspartie erzwang, die den Spaniern ein glückliches

1:0 bescherte. Bei der Einführung der Bundesliga 1963 war die HSV-Mannschaft schon wieder deutlich überaltert. Der Klub benötigte fast 20 Jahre, um den Umbruch zu vollziehen. Den einzig nennenswerten Erfolg errang er 1967, als zwar das Finale um den DFB-Pokal gegen Bayern München 0:4 verlorenging, der HSV aber dennoch am Europacup teilnehmen durfte, weil die Münchner den Meisterpokal bevorzugten. Die Hamburger schlugen sich sogar bis ins Cup-Endspiel durch, wo sie jedoch 0:2 gegen den AC Mailand unterlagen.
Mitte der 70er Jahre wurde der gesamte Verein radikal modernisiert und einer Professionalisierung unterzogen. Besonders der Manager Dr. Peter Krohn setzte mit äußerst ungewöhnlichen Ideen Akzente. Der Erfolg stellte sich sehr schnell ein. Unter Trainer Kuno Klötzer zog der HSV ins Finale des Europacups der Pokalsieger ein, wo durch Tore der überragenden Spieler Georg Volkert und Felix Magath ein 2:0 über den RSC Anderlecht gelang. Gleich danach wurde ein internationaler Superstar an die Elbe geholt, der Engländer Kevin Keegan vom FC Liverpool. Der kleine Stürmer, auf der Insel »mighty mouse« genannt, kostete die für die damaligen Verhältnisse ungeheure Summe von 2,5 Millionen Mark. Keegan wurde nach einer mittelmäßigen ersten Saison bereits als Fehleinkauf bezeichnet, doch danach hatte der Brite die Anpassungsschwierigkeiten überwunden und wurde zu einer der ganz großen Persönlichkeiten der Bundesliga-Geschichte.
1978 verpflichtete der Verein den jugoslawischen Trainer Branko Zebec, der schon mit Bayern München Deutscher Meister geworden war. Zebec vertraute als erster in der Bundesliga auf die Raum- statt auf die Manndeckung. Das kam vor allem auch dem Rechtsverteidiger Mafred Kaltz zugute, dessen Vorstöße zu einem Markenzeichen des internationalen Fußball wurden. Kaltz (»Mister HSV«) ist bis heute auf weit mehr als 500 Bundesligabegegnungen gekommen. Im Angriff erhielt Keegan wertvolle Unterstützung durch den Mittelstürmer Horst Hrubesch von Rot-Weiß Essen. Die beiden bildeten ein eminent gefährliches Duo, das die gesamte Bundesliga in Angst und Schrecken versetzte. Nach der Meisterschaft 1979 stießen die Hamburger sogar ins Endspiel um den Europapokal vor, mußten sich aber von Nottingham Forest denkbar unglücklich 0:1 geschlagen geben. Zwei Jahre noch blieb Zebec Trainer, ehe auch der neue Manager Günter Netzer nicht verhindern konnte, daß die Alkoholkrankheit des Trainers so schwerwiegend wurde, daß der gehen mußte.
Der neue Mann, der Österreicher Ernst Happel, setzte weit mehr auf Offensive. Mit dem Libero Franz Beckenbauer, der von Cosmos New York gekommen war, aber weite Strecken der Saison wegen Verletzungen aussetzen mußte, holte sich

Mehrstöckiges Wohnhaus an der Rothenbaumchaussee im Besitz vom HSV. Hier hatte der Verein früher seine Verwaltung.

das Team 1982 erneut den Meistertitel. Dies wiederholte die Mannschaft im kommenden Jahr, überbot diesen Erfolg aber noch durch ein 1:0 im Endspiel um den Europacup der Landesmeister am 25. Mai 1983 in Athen über Juventus Turin. Für die Experten stand der Sieger schon zuvor fest, das konnten nur die Italiener sein, in deren Reihen nicht nur fünf Akteure aus der italienischen Weltmeisterauswahl von 1982 standen, sondern auch noch der Franzose Michel Platini, der Superstar in der Dirigentenrolle. Doch das Aufgebot der Fußballgrößen nutzte nichts, Happels Taktik hingegen ging auf. Den dänischen Linksaußen Lars Bastrup ließ er rechts spielen, der Verteidiger Gentile folgte ihm auf Schritt und Tritt und stand so dem offensivstarken Kollegen Cabrini im Weg. Damit hatten der HSV und speziell Spielmacher Magath den notwendigen Raum, um das Spiel zur vollen Entfaltung zu bringen. Magaths Tor in der 9. Minute war der einzige Treffer, der seinen Verein aber an die absolute Spitze aller europäischen Vereinsteams katapultierte.
Bei der Verteidigung des Pokals scheiterte man schon in der zweiten Runde an Dinamo Bukarest. Es war nicht der letzte Mißerfolg, auch die Partie um den inoffiziellen Weltcup ging gegen Gremio Porto Alegre aus Brasilien 1:2 verloren. 1984 verpaßte der HSV den nationalen Titel, wichtige Spieler verließen den Klub, andererseits wurde der Altersschnitt zu hoch. Felix Magath schließlich lößte Netzer auf dem Managerposten ab, Happel ging später zum FC Tirol in seine alte Heimat zurück. Der neue Trainer Josip Skoblar, früher Bundesligaspieler bei Hannover 96, mußte schon nach kurzer Zeit gehen. Für ihn kam der ehemalige Stürmer Willi Reimann, der jedoch zunächst auch keinen Erfolg mitbrachte. Und Magath mußte einsehen, daß ein guter Fußballer nicht unbedingt auch ein guter Manager ist. Seinen Posten übernahm 1988 Erich Ribbeck, der als Trainer von Bayer Leverkusen kurz zuvor den UEFA-Cup gewonnen hatte.

Die heutige Organisation

Der Hamburger Sportverein e. V. ist ein reicher Klub. Neben mehreren Mietwohnungen und einem Restaurant besitzt der Verein die Anlage Ochsenzoll, bestehend aus 130000 m^2 Grund mit zahlreichen Fußballfeldern und einem medizinischen Zentrum. 16 Sportarten stehen auf der Angebotsliste, sie werden zu 95 Prozent finanziert aus den Einnahmen der Fußball-Profiabteilung. Doch das Hamburger Publikum ist verwöhnt. Steht der HSV oben, strömen schon mal fast 40000 Zuschauer im Schnitt ins Volksparkstadion, hat er keine Meisterschaftschancen, kommen nur 16000. Für die Prosperität des Klubs also sind baldige Erfolge dringend nötig.

VfB Stuttgart

Acht junge Leute trafen sich am 9. September 1893 im Wirtshaus »Zum Becher« in der Stuttgarter Kernstraße 8, um einen Sportklub zu gründen. Sie nannten ihn »Stuttgarter Fußballverein von 1893«. Und sie spielten auf dem nahegelegenen Wasen, einer großen Rasenfläche unweit des Neckar-Ufers. Dort trafen sie auf ein paar Schüler der Realschule und des Cannstätter Gymnasiums, die den »Kronenklub Cannstatt« gegründet hatten.
Nun hatten es Fußballer um die Jahrhundertwende ausgesprochen schwer, die zuständigen Stellen verboten das Ballspiel auf dem Wasen, und den Buben wurden sogar Schulverweise angedroht.
Nach dem Motto »Einigkeit macht stark« beschlossen die Jungen am 12. April 1912 die Zusammenführung beider Klubs in einen, den sie »Verein für Bewegungsspiele Stuttgart 1893 e.V.« nannten. Dank wohlhabender Mitglieder gelang es nach dem Ersten Weltkrieg, ein eigenes Stadion zu bauen, in dem 15000 Zuschauer Platz hatten.
Der VfB war ein moderner Verein, fremden Einflüssen durchaus offen gegenüberstehend. 1924 stellte man den ehemaligen englischen Nationalspieler Tom Henney von Manchester City als Trainer ein, später den Ungarn Dr. Ludwig Kovacs, der bei MTK Budapest aktiv gewesen war und Erfahrungen in Polen und Italien gesammelt hatte. Der Brite entwickelte Schnelligkeit und Kraft seiner Spieler, der Ungar legte Wert auf eine ausgefeilte Technik und auf die Jugend seiner Spieler. 1926 gewannen die Stuttgarter folglich erstmals die Ligameisterschaft von Baden-Württemberg, die regionale Gegnerschaft war den VfB-Kickern seitdem kaum mehr gewachsen.
Bei den Bürgern der Stadt war der Verein sehr beliebt, zu einem Freundschaftsspiel gegen Slavia Prag zum Beispiel, einen der führenden Klubs Europas, kamen am 3. Mai 1930, einem gewöhnlichen Werktag, 9000 Menschen und bejubelten einen 2:1-Sieg.
Drei Jahre danach wurde die »Adolf-Hitler-Kampfbahn« gebaut, sozusagen ein Vorläufer des heutigen Neckar-Stadions. Und am 23. Juni 1935 stand der VfB erstmals in einem Endspiel um die Deutsche Fußballmeisterschaft, das gegen die berühmten Schalker um Fritz Szepan und Ernst Kuzorra 4:6 verlorenging.
Gleich nach dem Zweiten Weltkrieg reihten sich die Schwaben wieder in den Kreis der besten Klubs ein und wurden 1946 umgehend Süddeutscher Meister.
Unter dem ehrgeizigen, harten Trainer Georg Wurzer qualifizierte sich der VfB 1950 für das Finale um die Deutsche Meisterschaft, das am 25. 7. 1950 im Berliner Olympiastadion stattfand; Gegner waren die Kickers aus Offenbach. Die Stuttgarter hatten ihre stärksten Kräfte in Torhüter Otto

VfB Stuttgart

Gründung
1893

Anschrift
VfB Stuttgart,
Mercedesstraße 109,
Postfach 501142,
7000 Stuttgart 50, BRD

Vereinseigentum
Klubhaus an der Mercedesstraße, Zehnfamilienhaus in Badgastein

Vereinsfarben
Weiß-Rot

Spielkleidung
Weiß-rote Hemden, weiße Hosen, weiß-rote Stutzen

Stadion
Neckarstadion, 70705

Die Erfolge

Landesmeister
1950, 52, 84

Pokal
1954, 58

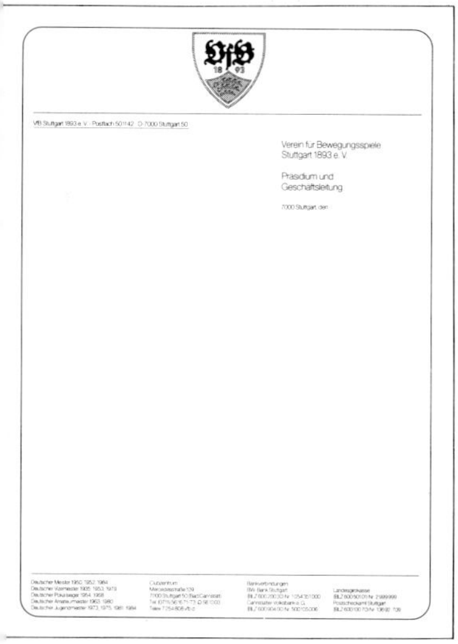
VfB Stuttgart 1893 e. V. · Postfach 501142 · D-7000 Stuttgart 50

Verein für Bewegungsspiele
Stuttgart 1893 e. V.

Präsidium und
Geschäftsleitung

7000 Stuttgart, den

Deutscher Meister 1950, 1952, 1984
Deutscher Vizemeister 1935, 1953, 1979
Deutscher Pokalsieger 1954, 1958
Deutscher Amateurmeister 1963, 1980
Deutscher Jugendmeister 1973, 1975, 1981, 1984

Clubzentrum
Mercedesstraße 109
7000 Stuttgart 50 (Bad Cannstatt)

Bankverbindungen
BW-Bank Stuttgart
Cannstatter Volksbank e. G.

Landesgirokasse
Postscheckamt Stuttgart

Klubhaus des VfB Stuttgart an der Mercedesstraße.

Die Endspielmannschaft des VfB Stuttgart (Meister 1950).
Von links: Läpple, Baitinger, Bühler, Barufka,
Schlienz, Blessing, Ledl, Otterbach, Retter, Steimle, Schmid.

Schmid, genannt »Gummi-Schmid«, den Verteidigern Retter und Steimle, Barufka, dem Außenläufer, und dem einarmigen Halbstürmer Robert Schlienz. Die Tore zum 2:1-Erfolg erzielten die Stürmer Läpple und Bühler.
Zwei Jahre später wiederholte der VfB mit einer auf fünf Positionen veränderten Elf diesen Triumph gegen den 1. FC Saarbrücken, der in Ludwigshafen 3:2 bezwungen wurde. Das Endspiel 1953 jedoch ging gegen den 1. FC Kaiserslautern 1:4 verloren. 1954 und 1958 allerdings gewannen die Stuttgarter zweimal den Pokal des Deutschen Fußball-Bundes.
In der 1963/64 gestarteten Bundesliga fand sich der Verein nur schwer zurecht und stieg 1975 sogar in die Zweite Liga ab. Nun brachte die Förderorganisation »Freunde des VfB Stuttgart« Spendenmittel auf, mit deren Hilfe 1977 der Wiederaufstieg gelang. Wie populär der Klub im Grunde ist, zeigen die Zuschauerzahlen dieser Saison, als der VfB mit durchschnittlich 54 000 Besuchern pro Partie zu den attraktivsten europäischen Teams wurde. Und offensive Spieler wie der Regisseur Hansi Müller oder der Kopfballspezialist Dieter Hoeneß, der später seine größten Erfolge beim FC Bayern München feierte, standen für die neue, begeisternde Spielweise.
1982 wurde der ehemalige Nationalspieler Helmut Benthaus als Trainer und Nachfolger von Jürgen Sundermann verpflichtet. Der intelligente Analytiker war der richtige Mann, den Enthusiasmus in ruhigere, geordnete Bahnen zu lenken. Stützen seiner Mannschaft waren in der Abwehr die Brüder Bernd Förster und Karl-Heinz Förster (der beste Vorstopper Europas) und im Mittelfeld der schußgewaltige Karl Allgöwer und der raffinierte Isländer Asgeir Sigurvinsson. So wurde der VfB 1984 zum dritten Mal Deutscher Meister.
Benthaus konnte den Standard nicht lange halten, schon im Sommer 1985 verließ er die Schwaben und ging zum FC Basel in die Schweiz. Unter den nachfolgenden Trainern Otto Baric und Egon Coordes verlor der VfB Stuttgart seine Spitzenposition, scheint nun jedoch unter Arie Haan, dem großen Spieler von Ajax Amsterdam, und mit den Stürmern Fritz Walter und Jürgen Klinsmann neuen, besseren Zeiten entgegenzugehen.

Als »schwäbische Perle« wird immer wieder das Neckarstadion in Stuttgart bezeichnet.

Die heutige Organisation

Der Verein für Bewegungsspiele Stuttgart e. V. besitzt das 1981 eingeweihte Klubhaus in der Mercedesstraße. Dies ist gleichzeitig das Verwaltungsgebäude, für das ein Mietvertrag mit der Stadt bis 2070 besteht. Neben Trainingsplätzen befinden sich hier auch ein Restaurant und eine Bierstube.
Daneben besitzt der VfB mehrere Einfamilienhäuser; für 800 000 Mark hat eine Fördergemeinschaft überdies ein Haus

erstanden, das nach dem früheren Präsidenten benannte »Fritz-Walter-Heim«, in dem sieben talentierte Nachwuchsfußballer leben. Dahinter steht die Absicht, die Kosten zu senken und harmonische Kontinuität in der Entwicklung der Profimannschaft zu wahren.
Die Jugendarbeit des Klubs ist in der Bundesrepublik beinahe einzigartig, fünfmal hat die A-Jugend bereits den Titel eines Deutschen Meisters errungen. Täglich trainieren über 250 Jugendliche im Alter von 8 bis 16 Jahren.
Der VfB Stuttgart, der 2430 Mitglieder hat und Abteilungen für Fußball, Handball, Leichtathletik, Tischtennis, Hockey und Faustball unterhält, ruht auf einer soliden wirtschaftlichen Basis und ist auf die Zukunft gut vorbereitet.

Werder Bremen

Wie alljährlich am 2. September, dem Tag, der an die Kapitulation der Franzosen im Deutsch-Französischen Krieg 1870 bei Sedan erinnern sollte, feierten die Bremer Schulen auch 1898 ihr Turnfest. Zehn Jungen der C. W. Debbe-Realschule nahmen am traditionellen Tauziehen teil und gewannen den ersten Preis – einen Fußball. In den folgenden Wochen probierten sie die Kugel nach dem Unterricht im Stadtpark aus, gleich neben dem Gasthof »Kuhhirte«; andere junge Leute schlossen sich bald an. Das sahen weder die Stadtväter noch die Eltern gern, der Fußballsport war damals regelrecht verpönt.

Der Widerstand ließ die Buben noch enger zusammenrücken, und am 1. Februar 1899 gründeten sie schließlich einen Verein und gaben ihm den Namen »Werder«, weil sie auf dem sogenannten Stadtwerder trainierten. Ihr erstes Spiel trugen sie am 10. September aus und siegten gleich gegen den »Allgemeinen Bremer SC von 1898« 1:0.

Die ersten Jahre gestalteten sich eher bescheiden; durch den Zuzug junger Engländer und Holländer, die im Hafen als Ingenieure und Facharbeiter beschäftigt waren, erhöhte sich allerdings das Spielniveau. Zu bemerkenswerten Erfolgen kamen die Werderaner erst in den 30er Jahren, als sie viermal die »Gaumeisterschaft« von Niedersachsen gewannen.

In die erste Klasse des deutschen Fußballs reihte sich der hanseatische Klub schließlich ab 1958 ein, als der bekannte Trainer Georg Knöpfle verpflichtet wurde. Unter seiner Führung belegte die Mannschaft fünfmal in Folge hinter dem Hamburger SV mit dessen Torjäger Uwe Seeler den zweiten Platz in der Oberliga Nord und holte sich 1961 zum ersten Mal den DFB-Pokal durch ein 2:0 gegen den 1. FC Kaiserslautern.

In den Gründerjahren der Bundesliga spielten die Bremer zunächst eine hervorragende Rolle, 1965 wurden sie sogar Deutscher Meister. Das außergewöhnlich homogene, kameradschaftliche Team wurde von dem »Gentleman-Trainer« Willi Multhaup betreut, der ein modernes taktisches Konzept erarbeitet hatte. Die Verteidiger Höttges und Piontek, der heute dänischer Nationaltrainer ist, überraschten ihre Gegner mit ungewohntem Offensivdrang, der Außenläufer Max Lorenz war als Kämpfer und Regisseur im Mittelfeld mit die entscheidende Persönlichkeit.

1972 beschloß der Verein die wirtschaftliche und organisatorische Abtrennung der Fußballprofis von den anderen Abteilungen. Das zog wenig Erfolg nach sich, im Gegenteil, 1979 stieg Werder erstmals ab. Als jedoch der Trainer Otto Rehhagel einen Vertrag unterschrieb, trafen modernes Management und moderne Trainingsarbeit aufeinander, Werder stieg 1981 wieder auf und belegt seitdem ausschließlich vordere Bundesligaplätze. 1983 und 1986 wurde der

Werder Bremen

Gründung
1899

Anschrift
Werder Bremen, Weserstadion, 2800 Bremen 1, BRD

Vereinseigentum
Sportzentrum am Weserstadion, zwei Privathäuser

Vereinsfarben
Grün-Weiß

Spielkleidung
Weiße Hemden, grüne Hosen, weiße Stutzen

Stadion
Weserstadion, 40 000

Die Erfolge

Landesmeister
1965, 88

Pokal
1961

WERDER BREMEN

SPORT-VEREIN „WERDER"
v. 1899 e.V.

Deutscher Pokalsieger 1961
Deutscher Meister 1965
Deutscher Vizemeister 1968
Deutscher Vizemeister 1983

Postanschrift:
Weser-Stadion, 2800 Bremen 1
Telefon: (04 21) 49 81 06/07
Kartenstellen:
(04 21) 49 05 06/07

Meistertitel nur durch das schlechtere Torverhältnis gegenüber den großen Rivalen der letzten Jahre, dem HSV und dem FC Bayern München, verpaßt. Der ersehnte zweite Titelgewinn erfolgte dann im Jahre 1988.
Durch den Verkauf des Nationalmittelstürmers Rudi Völler an AS Rom für eine Ablösesumme von über sechs Millionen Mark hat sich der Verein auf Jahre hinaus saniert, so daß alle Voraussetzungen gegeben sind, die Spitzenstellung im bundesdeutschen Fußball zu behalten oder gar auszubauen.

Die heutige Organisation

Der Sport-Verein Werder von 1899 e. V. Bremen besitzt das Sportzentrum gleich neben dem Weser-Stadion, das für die Bundesligaspiele von der Stadt gemietet wird. Dem SV Werder gehören darüber hinaus zwei Mehrfamilienhäuser, wovon das eine junge Spieler des Klubs beherbergt.
1985 hat Werder eine Zusammenarbeit mit den Amateur-Vereinen Börnsen (Hamburg) und Aurich (Ostfriesland) begonnen, auf deren beste Nachwuchsspieler man ein Vorkaufsrecht hat. Im Gegenzug tritt das Bundesligateam einmal pro Saison zu einem kostenlosen Privatspiel an.
Werder Bremen hat wegen fehlender örtlicher Konkurrenz einen Zuschauerschnitt von über 20 000 und dank eines geschickten Managements hervorragende Kontakte zur Bremer Wirtschaft. So ist es gelungen, im Laufe der Zeit eine Mannschaft aufzubauen, die selbst auf europäischer Ebene für Furore sorgen könnte.

Unweit der Weser befindet sich das Stadion des deutschen Meisters 1988.

FC Nantes

Schlecht waren sie nicht, die Fußballvereine aus Nantes, aber auch nicht so gut, daß sie mit den besten Klubs Frankreichs hätten mithalten können. Um das endlich mal zu ändern, trafen sich am 21. April 1943, mitten im Zweiten Weltkrieg, Vertreter der fünf unterklassigen Vereine Saint-Pierre, Mellinet, ACB Loire, ASO Nantes und Stade Nantais UC im »Café der Alliierten« in der Nähe der Place de la Bourse und gründeten den »Football-Club Nantes«. Weil der Präsident, Maral Saupin, einen Freund hatte, der einen Rennstall besaß, in dem die Jockeys in gelb-grünen Blousons ritten, wählten sie diese Kombination zu den Vereinsfarben. Seitdem heißen die Fußballer aus Nantes »die Kanarienvögel«.

Bis 1963 spielte der FC in der Zweiten Liga, der Grundstein für den Aufstieg wurde freilich bereits 1959 mit der Verpflichtung des baskischen Trainers José Arribas gelegt. Der holte zunächst den Argentinier Pancho Gonzales nach Nantes; Anfang einer Tradition, die inzwischen schon 30 Jahre währt: Bis heute hat eine ansehnliche Zahl argentinischer Spieler den Klub verstärkt.

Gleich nach dem Erreichen der obersten Liga gewann der FC Nantes 1965 die Meisterschaft, mit einer jungen, technisch versierten Mannschaft, die in Jack Simon (24 Tore) über den besten Schützen der Liga verfügte. Auch im nächsten Jahr stammte der beste Torjäger aus Nantes, Philippe Gondet, der in 34 Spielen 36mal erfolgreich war und damit einen bis heute gültigen Rekord aufstellte. Die Folge war der erneute Gewinn des französischen Titels.

Im Europacup jedoch zeigte sich die geringe internationale Erfahrung: Beim Debüt (1965) schied der FC Nantes in der ersten Runde gegen Partizan Belgrad aus, beim nächsten Versuch (1966) im zweiten Durchgang gegen den späteren Sieger Celtic Glasgow.

Dennoch wurde in dieser Zeit der Begriff »L'école Nantais« geprägt, die »Nanteser Schule«. Der Verein war für seinen technisch brillanten, unterhaltsamen Fußball bekannt, und obendrein herrschte im Klub eine ungewöhnlich familiäre Atmosphäre.

Eine zentrale Rolle im Mittelfeld spielte später Henri Michel, der in den 80er Jahren französischer Nationaltrainer wurde. Mit ihm und den erstklassigen Stürmern Gondet und Couceou, die beide von Olympique Marseille gekommen waren, gelang 1973 der dritte Meistertitel. Hohen Anteil daran hatte auch der argentinische Libero Hugo Bargas, der mit der Südamerika-Auswahl 1972 2:0 gegen Europa gewonnen hatte. Nach dem wiederholten Ausscheiden in der ersten Runde des Europapokals, diesmal gegen Vejle BK aus Dänemark, verließ Trainer Arribas nach 17jähriger Tätigkeit den Klub. Seinen Posten übernahm Jean Vincent, ein bekannter

FC Nantes

Gründung
1943

Anschriften
FC Nantes, Centre sportif de la Jonelière, 44240 La Chapelle sur Erdre; Postadresse: FC Nantes, B. P. 150, 4405 Nantes Cedex, Frankreich

Vereinseigentum
50% vom Centre sportif de la Jonelière

Vereinsfarben
Gelb-Grün

Spielkleidung
Gelbe Hemden, grüne Hosen, gelbe Stutzen

Stadion
Stade de la Beaujoire, 38 000

Die Erfolge

Landesmeister
1965, 66, 73, 77, 80, 83

Pokal
1979

FOOTBALL-CLUB DE NANTES

Siège social: Centre sportif de la Jonelière
44240 La Chapelle sur Erdre. - Tél. 40 29 15 59
Adresser toute la correspondance:
B.P. 150 - 44005 NANTES CEDEX

Association loi de 1901, déclarée le 23 octobre 1945
sous le n° 2072
Terrain d'Honneur: Stade de la Beaujoire
Tél. 40 30 11 22

Centre sportif de la Jonelière. Verwaltungs- und Trainingszentrum des FC Nantes einige Kilometer außerhalb von Nantes in einer attraktiven Umgebung.

und beliebter Mann, seitdem er als aktiver Spieler mit der französischen Nationalmannschaft 1958 bei der Weltmeisterschaft in Schweden durch ein 6:3 über Deutschland den dritten Platz belegt hatte.
Unter ihm gewann Nantes 1977 den vierten Titel in zwölf Jahren. Aber obwohl er in Muller, Baronchelli, Pecout oder Amisse über vielversprechende Talente verfügte, schied der FC Nantes wiederum frühzeitig im Europacup aus, in der zweiten Runde gegen Atletico Madrid.
In der Saison 1978/79 gewann der FC Nantes durch ein 4:1 gegen Auxerre erstmals den französischen Pokal. Zu den herausragenden Akteuren dieses Teams gehörte der Argentinier Enzo Trossero, der von Independiente Buenos Aires gekauft worden war und später dorthin zurückging, worauf er 1984 mit seinem argentinischen Verein den inoffiziellen Weltpokal für Vereinsmannschaften gewann.
Und diesmal gestaltete sich auch der Ausflug auf die europäische Ebene erfolreicher: Der FC Nantes kam bis ins Halbfinale gegen den FC Valencia, dessen Stars Argentiniens Weltklassestürmer Mario Kempes und Trainer Alfredo di Stefano waren, der mit Real Madrid fünfmal den Europapokal der Landesmeister geholt hatte. Nantes gewann das Hinspiel knapp 2:1, spielte Valencia aber mit schnellem, phantasievollem und technisch gutem Spiel aus. Di Stefano sagte später, nur reines Glück habe seine Mannschaft vor einer Katastrophe gerettet. Im Rückspiel freilich zeigten sich die Spanier mit 4:0 Toren überlegen.
Glücklos blieben die Franzosen auch im folgenden Jahr, als sie in der zweiten Runde des Landesmeistercups gegen Inter Mailand aus dem Wettbewerb geflogen waren. Trainer war zu diesem Zeitpunkt nicht mehr Vincent, der den Verein nach der fünften Ligameisterschaft im Sommer 1981 verlassen und dem früheren Spieler Jean-Claude Suaudeau die Geschäfte übergeben hatte. Der neue Mann setzte den guten Weg fort und führte seine durch den jugoslawischen Stürmer Vahid Halilhodzic (Velez Mostar) verstärkte Mannschaft 1983 zur fünften Meisterschaft in 18 Jahren. Damit hat sich der FC Nantes nach dem AS St. Etienne (zehn Meisterschaften) als zweiterfolgreichster Verein Frankreichs etabliert. International aber blieben auch diesmal die Fortschritte aus: Im Europapokal gab es in der ersten Runde gegen Rapid Wien (0:3, 3:1) ein böses Erwachen.
1984, nach dem Bau des schönen Stadions La Beaujoire, wurde der Argentinier Jorge Burrachaga von Independiente Buenos Aires verpflichtet, jener Mann, dessen Tor zum 3:1 im Weltmeisterschaftsfinale von Mexiko 1986 die Deutschen im Finale in die Knie zwang. Die Verteidigung verstärkte nun Nationalvorstopper Yvon LeRoux. Doch 1985 verließ Libero Maxim Bossis, der bekannteste Spieler, den FC Nantes, um

ein attraktives Angebot von Racing Paris anzunehmen. 1986 wechselte Halilhodzic zu Paris St. Germain und Nationalstürmer Touré zu Girondins Bordeaux. Dafür immerhin kam in dem argentinischen Weltmeisterspieler Julio Olarticoechea von Boca Juniors Buenos Aires ein Mann von Klasse.
Durch die vielen Wechsel ging die Harmonie innerhalb des Teams verloren, der FC Nantes belegte in der Saison 1986/87 den zwölften Rang, den schlechtesten seiner Geschichte. Danach kehrte LeRoux zurück, Frankie Vercauteren kam aus Anderlecht und Johnstone von Celtic Glasgow.

Die heutige Organisation

Der »Football Club Nantes« unterliegt dem Gesetz vom 1. Juli 1907, das eine Umwandlung in eine Aktiengesellschaft untersagt. Der Verein teilt sich mit der Stadt Besitz und Pflege der 1977 gebauten Trainingsanlage La Jonelière.
Organisatorisch zählt der FC Nantes weiterhin zu den führenden Klubs des Landes, hat zuletzt aber durch den Einsatz großen Kapitals in anderen Vereinen sportlich zurückstecken müssen.
Mit etwa 250 000 Einwohnern ist Nantes eine relativ kleine Stadt, die deshalb nicht über die Voraussetzungen verfügt, potente Sponsoren anzulocken, wie dies zum Beispiel für die Vereine aus Paris in hohem Maß gilt. Weil jedoch die lokale Konkurrenz fehlt, hat der FC Nantes immerhin einen Schnitt zwischen 15 000 und 17 000 Zuschauern.

Stade de la Beaujoire. Eines der schönsten Fußballstadien Europas.

FC Paris Saint Germain

Gründung
1970

Anschrift
FC Paris Saint Germain,
30, Rue Bergère,
75009 Paris, Frankreich

Vereinseigentum
Verträge der Spieler

Vereinsfarben
Rot-Blau

Spielkleidung
Weiß-rot-blaue Hemden,
weiße Hosen, weiß-rot-
blaue Stutzen

Stadion
Parc des Prince, 49 700

Die Erfolge

Landesmeister
1986

Pokal
1982,83

PARIS S.G.
siège social et secrétariat: 30, rue Bergère, 75009 Paris - 42.46.90.84 -
Président: 45.23.02.17 - 03.88
Stade de St Germain - Avenue Kennedy - 78100 St GERMAIN en LAYE - Téléphone 39.73.42.11 - 39.73.40.40

entrale des C Paris Saint Germain, ie sich im Herzen der ranzösischen Hauptstadt efindet.

Daß der erste Fußballklub Frankreichs in Le Havre gegründet wurde, ist nur logisch gewesen: In der Hafenstadt legten hauptsächlich Schiffe aus England an, dem Mutterland dieses Sports. Dem 1874 konstituierten »Le Havre Football Club« folgte fünf Jahre später der erste Verein in der Hauptstadt, der »Paris Football Club«. Der wurde, wie viele andere auch, wegen des fehlenden Wettkampfsystems und der mangelnden Popularität des Fußballs – an den Universitäten wurde Rugby deutlich bevorzugt – schnell wieder aufgelöst.

Am 29. November 1897 wurden in Paris gleich zwei Klubs auf einmal gegründet, die zwischen den Weltkriegen eine außergewöhnliche Rolle spielen sollten: Der »Racing Club de France« und »Stade Francaise«. Erst 1919, nach dem Friedensschluß von Versailles und der Gründung des französischen Fußballverbandes FFFA (später FFF), breitete sich der Fußball jedoch einigermaßen aus. Eine Landesmeisterschaft aber gab es noch nicht, statt dessen nur ein Pokalturnier, das die beiden Pariser Klubs in 15 Jahren neunmal gewannen.

Zu Beginn der 30er Jahre wurde der Professionalismus eingeführt und 1932 endlich auch eine französische Liga. Bis in die Mitte der 80er Jahre gewann nur ein einziger Pariser Verein, 1936 der Racing Club, die Meisterschaft! Fußball in der Hauptstadt war also nur zweitrangig.

Die Ursachen hierfür sind nicht ganz klar, doch darf man annehmen, daß ein wesentlicher Faktor der schwache Rückhalt in der französischen Gesellschaft – anders als in England, Italien oder Spanien – gewesen ist. Überdies ist das breite Angebot an Freizeit- und Unterhaltungsmöglichkeiten eine zu starke Konkurrenz gewesen.

Um Paris endlich die einer Metropole zukommende Stellung zu verschaffen, ergriffen im Februar 1970 einige führende Persönlichkeiten wie zum Beispiel Fernand Sastre, der Generalsekretär des Französischen Fußballverbandes, die Initiative. Mit Hilfe der Kommune und von »Stade St. Germain« gründeten sie den »Paris St. Germain Football Club«, der den Spielbetrieb in der zweiten Liga aufnahm. Die rotblauen Vereinsfarben sind die der Stadt Paris, die im Wappen abgebildete Wiege ist die des französischen Königshauses. Verstärkungen wie Djorkaeff oder Mitoraj ermöglichten schon 1973 den Aufstieg in die oberste Klasse, doch der schien wegen finanzieller Probleme zunächst nicht möglich. Paris St. Germain entschloß sich gezwungenermaßen zu einer Rückkehr ins Amateurlager. Erst eine außerordentliche Versammlung brachte die Wende, es wurde genügend Kapital angesammelt, um sich doch noch als professionelle Organisation registrieren und in die Eliteliga aufnehmen zu lassen.

Als der Mäzen Francis Bocelli die Verantwortung übernahm, ging es schlagartig bergauf: Im Sommer 1982 besiegte Paris

FC Paris Saint Germain

St. Germain im Pokalfinale AS St. Etienne, der erste Sieg einer Pariser Mannschaft seit 33 Jahren. 1983 wurde dieser Triumph durch ein 3:2 gegen den FC Nantes wiederholt.
Starke Solisten wie der Jugoslawe Susic und die Franzosen Rocheteau und Fernandez prägten neben der mannschaftlichen Geschlossenheit den temporeichen, effektiven Stil, der schon 1986 zum Gewinn der französischen Meisterschaft führte. Genau 50 Jahre waren vergangen, seitdem Racing als letzter Pariser Klub diesen Titel erobert hatte.
Um nun auch international konkurrenzfähig zu werden, wurde auf dem Transfermarkt groß eingekauft: Mittelstürmer wurde der Jugoslawe Halilhodzic, außerdem kamen die Nationalverteidiger William Ayache (Nantes) und Daniel Xuereb (Lens) sowie Liga-Torschützenkönig Jules Bocande (Metz). Doch das Laufwunder Luis Fernandez ging zum Ortsrivalen Racing.
Die mangelnde Erfahrung und die ungenügende Harmonie der stark veränderten Mannschaft führten dazu, daß man schon in der ersten Runde des Europapokals gegen Vitkovice (0:1, 2:2) ausschied und auch in der Meisterschaft nur den siebten Platz belegte.
Im Sommer 1987 wurden Rocheteau an Toulouse und Ayache an Marseille verkauft, dafür kamen der argentinische Stürmer Calderon von Betis Sevilla und der englische Abwehrspieler Ray Wilkins vom AC Mailand. Letzterer wurde jedoch umgehend wieder an die Glasgow Rangers weitergereicht.

Die heutige Organisation

Der »Paris St. Germain Football Club« ist dem Gesetz vom 1. Juli 1907 unterworfen, das dem Verein die Umwandlung in eine Aktiengesellschaft untersagt. Über Besitztum verfügt der Klub nicht, außer über die Verträge mit den Spielern. Die Stadt Paris subventioniert den Verein mit gut zehn Millionen Mark im Jahr.
Im Vorort St. Germain liegt das »Centre de Formation«, wo die Jugend- und Amateurabteilungen trainieren, die als Unterbau für das Profitum gedacht sind.
Der FC Paris St. Germain trägt seine Heimspiele im Prinzenparkstadion aus.
Der Verein existiert noch nicht einmal zwei Jahrzehnte und hat dennoch schon viel Auf und Ab erlebt. Wenn die Mannschaft an der Spitze mitspielt, genießt sie durchaus Unterstützung vom Publikum.

Ein charakteristisches Bild der Fußballszene unserer Zeit: Unter dem Prinzenparkstadion gräbt sich eine der großen Autobahnen von Paris hindurch.

80
80

Girondins Bordeaux

Als zweiter französischer Verein nach dem »Le Havre Athletic Club« wurde am 1. Oktober 1881 in einem Lokal an der Rue Sanche-de-Pommier »Girondins Bordeaux« gegründet, ein Klub mit Abteilungen für Gymnastik, Schwimmen, Boxen und Fechten. Das erste Fußballwettspiel trug man erst 39 Jahre später aus, 1920, und verlor gegen Burdigalienne 0:12. Das hatte seine hauptsächliche Ursache darin, daß Bordeaux die Hochburg des Rugby in Frankreich war, Fußball also weit weniger interessant.

In der Mitte der 30er Jahre fusionierte Girondins, damals regionaler Meister bei den Amateuren, mit dem FC Bordeaux, am 17. Oktober 1936 wurde die offizielle Gründung von Girondins Bordeaux bekanntgegeben. 1938 erhielt der nunmehrige Profiklub das Stadion »Municipal«, das mit seiner eleganten Architektur, den gewölbten Bögen noch immer eines der schönsten in Europa ist und damals 10000 Menschen Platz bot.

Obwohl Girondins 1941 durch ein 2:0 über Fives französischer Pokalsieger wurde, spielte das Team noch in der Zweiten Liga. Erst 1945, bei der Neuorganisation des Fußballs nach dem Zweiten Weltkrieg, wurde der Verein in die oberste Klasse aufgenommen. Einmal, 1949, stieg die Mannschaft ab, doch schon im folgenden Jahr wieder auf und gewann 1950 sogar auf Anhieb die französische Ligameisterschaft vor dem FC Sochaux und Stade Reims. In der Coppa Latina, in der die Meister der südeuropäischen Länder aufeinander trafen, besiegten die Kicker aus Bordeaux im Halbfinale Atletico Madrid 4:2, unterlagen aber im Endspiel Benfica Lissabon (3:3, 0:2). Wegen der angespannten Finanzlage mußte der Verein 1957 erneut in die Zweite Liga, aus der er erst 1963 wieder emporkam, seitdem freilich nicht mehr abgestiegen ist. Mangelnde Kapitalkraft schränkte in den 60er Jahren die Konkurrenzfähigkeit ein, immerhin erreichte Girondins dreimal das Pokalfinale (1964, 1968, 1969), verlor aber jedesmal.

Erst als Claude Bez Präsident wurde, ging man das Ziel, die Spitze des nationalen und auch internationalen Fußballs zu erreichen, tatkräftig an. Der 1978 mit dem hervorragenden argentinischen Trainer Luis Carniglia geschlossene Vertrag war ein erster Schritt, die Verpflichtung des bekannten belgischen Trainers Raymond Goethals im Jahr darauf ein wesentlicher zweiter. 1980 kam der dritte Trainer, der junge Franzose Jaquet, ein ehemaliger Nationalspieler, der die Arbeit seiner beiden Vorgänger konsequent fortsetzte. Und ihm standen endlich die Mittel zur Verfügung, auf dem Spielermarkt zu konkurrieren.

In den folgenden drei Jahren baute Jaquet mit minuziöser Genauigkeit eine starke Mannschaft auf: Von Olympique Marseille kam der Libero Maurice Trésor, von St. Etienne

Girondins Bordeaux

Gründung
1881

Anschrift
Girondins Bordeaux, 347, Boulevard du President Wilson, 33200 Bordeaux, Frankreich

Vereinseigentum
Die Verträge der Spieler

Vereinsfarben
Blau-Weiß

Spielkleidung
Blaue Hemden, weiße Hosen, blaue Stutzen

Stadion
Stade Municipal, 38000

Die Erfolge

Landesmeister
1950, 84, 85, 87

Pokal
1941, 86, 87

Der alte Verwaltungskomplex von Girondins in Bordeaux

LES GIRONDINS DE BORDEAUX
FOOTBALL CLUB

Siège Social · 347, Boulevard du Président Wilson · 33200 BORDEAUX-CAUDERAN
Bureaux · 3, Avenue Carnot · 33200 BORDEAUX-CAUDERAN

Bordeaux, le

Association déclarée sous le N° 13098 – Téléphone 56.08.63.63 – Télex : GIRBOR 541 325 F

Mittelstürmer Bernard Lacombe und von Olympique Lyon der elegante Mittelfeldstar Jean Tigana – allesamt Nationalspieler. Aus Deutschland wurden Abwehrspieler Gernot Rohr, der zuvor bei den Offenbacher Kickers und Bayern München angestellt war, Mittelfeldspieler Caspar Memering (Hamburger SV) und Torschützenkönig Dieter Müller (VfB Stuttgart und 1. FC Köln) geholt. 1983 verpflichtete man Patrick Battiston als Ersatz für den schwer verunglückten Trésor, und Thierry Tusseau, den Mittelfeldakteur vom FC Nantes.

Mit diesem Personalbestand gewann Girondins Bordeaux 1984 erstmals nach 34 Jahren wieder die französische Meisterschaft. Und in der Nationalmannschaft, die am 27. Juni desselben Jahres in Paris durch ein 2:0 gegen Spanien Europameister wurde, standen vier Spieler aus Bordeaux: Battiston, Alain Giresse, Tigana und Lacombe. Bei dieser EM übrigens war der Portugiese Chalana einer der auffälligsten Spieler, weshalb er zu Girondins transferiert wurde, dort

Girondins Bordeaux

Französischer Meister 1984.
Hintere Reihe von links: Rohr, Thouvenel, Specht, Tresor, Battiston, Domenech, Tusseau.
Mittlere Reihe von links: Michelana, Delachet, Tigana, Bourdoncle, Girard, Memering, Zenier, Ruffier, Aimé Jaquet (Trainer).
Sitzend von links: Hanini, Lippin, Lacombe, Giresse, D. Müller, Martinez, Audrain.

Stade Municipal mit seinen klassischen Bögen, die dieses Stadion zu einem imposanten Areal des Fußballsports gemacht haben.

aber wegen einiger Verletzungen schnell vor dem Ende seiner Karriere stand.

Gleichwohl hatte der Landesmeister zunächst eine erfolgreiche Europacup-Saison, bezwang Atletico Bilbao, Dinamo Bukarest und Dnjepr Dnjepopetrovsk. Das erste Halbfinalspiel beim späteren Pokalgewinner Juventus Turin ging freilich 0:3 verloren, doch im Rückspiel gelang es den Stürmern aus Bordeaux, ein ums andere Mal die dichte Abwehr um Libero Scirea zu überlisten. Allein den Künsten von Torhüter Tacconi hatten es die Italiener zu danken, daß der Tempofußball von Girondins mit dem Wechsel von kurzen und weiten Pässen nur zu einem 2:0 führte. Ohne Zweifel waren die Fußballer aus Bordeaux zu dieser Zeit eines der besten europäischen Teams.

In diesem Jahr gewann Girondins seine dritte Meisterschaft, schied aber im folgenden Europacup gegen Fenerbahce Istanbul (2:3, 0:0) in der ersten Runde aus. In der Saison 1985/86 holte sich der Klub durch ein 2:1 über Olympique Marseille den französischen Pokal. Damals begann man mit dem Aufbau einer neuen Mannschaft: Als Ersatz für Tusseau (zu Racing Paris) und Giresse (nach Marseille) wurden Philippe Vercruysse aus Lens und Jean-Marc Ferreri aus Auxerre verpflichtet. Überdies unterschrieben Nationalmittelstürmer Jean Touré vom FC Nantes sowie die Zwillingsbrüder Zoran und Zlatko Vujovic von Hajduk Split Verträge. Das reichte zwar nicht, im Halbfinale des Europacups der Pokalsieger gegen Lokomotive Leipzig zu bestehen, doch mit dem Double, also Landesmeisterschaft und Pokal, landete das neue Team einen mindestens ebenso großen Erfolg. Danach ging Battiston nach Monaco, während sich Girondins mit Péan von Lille und Bijotat von Monaco verstärkte. Außerdem hatte man in Fargéon einen geschickten Abstauber gefunden. Gegen den PSV Eindhoven jedoch scheiterte man im Viertelfinale des Europapokals.

Die heutige Organisation

Der »Girondins de Bordeaux Football Club« ist wie alle französischen Profivereine dem Gesetz vom 1. Juli 1907 unterworfen, das die Bildung einer Aktiengesellschaft untersagt. Girondins plant den Ausbau des Schlosses bei Haillan, um dort einen großen Sportkomplex für die Fußball- und Jugendabteilung sowie die Verwaltung zu errichten.

Der Verein mit einem Zuschauerschnitt von etwa 20 000 hat keinerlei lokale Konkurrenz. Die nahegelegenste erstklassige Mannschaft ist Real Sociedad San Sebastian im baskischen Spanien, rund 200 Kilometer entfernt. Der nächste französische Rivale ist in Toulouse beheimatet, etwa 210 Kilometer weit weg. Girondins ist einer der führenden Vereine Frankreichs und Europas mit aufsteigender Tendenz.

Olympique Marseille

Klub aus der Retorte« wird Olympique Marseille oft genannt, seitdem der Großindustrielle Bernard Tapie als Geldgeber fungiert und die Geschicke des Klubs weitgehend mitbestimmt. Die kritisch gemeinte Bezeichnung ist nicht ungerechtfertigt, manches im heutigen Auftreten und Geschäftsgebaren rechtfertigt den Vorwurf. Und doch hat auch Olympique Marseille eine lange Tradition.

Gegründet wurde der Verein 1899. Er war, wenn man so will, die Konkursmasse des gerade aufgelösten »Footballclub de Marseille«. Die letzten verbliebenen Mitglieder des alten Klubs versammelten sich im Herbst 1899, »begruben« den alten Verein und schufen den neuen.

Einen Verein zu gründen ist leicht, ein pulsierendes Vereinsleben zu schaffen ungleich schwieriger. Für einen Fußballklub war es im Frankreich dieser Jahre besonders schwer. Denn Rugby war der Volkssport Nummer eins. Es gab und gibt heute noch Regionen, in denen Rugby dem Fußball an Beliebtheit den Rang abläuft.

Olympique Marseille war in diesem letzten Jahr des alten und den ersten des neuen Jahrhunderts ein Sportverein, in dem man Rugby, Cricket, Radfahren, Ringen und eben Fußball betrieb. Fußball nur am Rande, denn die Entwicklung dieses Sports ging, vielleicht aus alter Aversion gegen England, langsamer vonstatten als in anderen Ländern. Zwar gab es bereits 1917 einen französischen Pokalwettbewerb, doch erst zwei Jahre später, am 7. April 1919, wurde der französische Fußballverband (FFFA) gegründet. Der legte sich gleich mächtig ins Zeug, baute regionale Ligen auf und beschloß 1920 die Zusammenlegung der Ligue de Provence und Ligue du Sud zur Ligue de Sudest, an der acht Mannschaften teilnahmen, darunter Olympique Marseille.

Bedeutend größere Wertschätzung genoß der französische Fußball in der Bevölkerung dadurch nicht. Populär wurde das Spiel erst 1924 mit den Olympischen Spielen in Paris, und dabei vor allem durch die Spielweise der Goldmedaillen-Elf aus Uruguay.

Am 23. Januar 1926 beschloß die Generalversammlung des FFFA unter der Leitung von Jules Rimet, nach dem später der Weltmeisterschaftspokal benannt wurde, die Einführung einer nationalen französischen Liga. Olympique Marseille war dabei und konnte 1929 erstmals die französische Meisterschaft gewinnen. Der bis dahin größte Erfolg in der Vereinsgeschichte war das, die Pokalgewinne 1924, 1926 und 1927 wogen nicht so schwer, selbst wenn sie gegen die damals führende Fußballmannschaft Frankreichs, den FC Sête, errungen wurden.

1932 wurde auch in Frankreich der Profifußball zugelassen. 20 Vereine wurden ausgewählt, die erste Liga zu bilden,

Olympique Marseille

Gründung
1898

Anschrift
Olympique Marseille, Stade Velodrome, 3Bd Michelet, 13008 Marseille, Frankreich

Vereinseigentum
Die Verträge der Spieler

Vereinsfarben
Weiß-Blau

Spielkleidung
Weiße Hemden, weiße Hosen, weiß-blau gestreifte Stutzen

Stadion
Stade Velodrome, 55 308

Die Erfolge

Landesmeister
1929, 37, 48, 71, 72, 89

Pokal
1924, 26, 27, 35, 38, 43, 69, 72, 76, 89

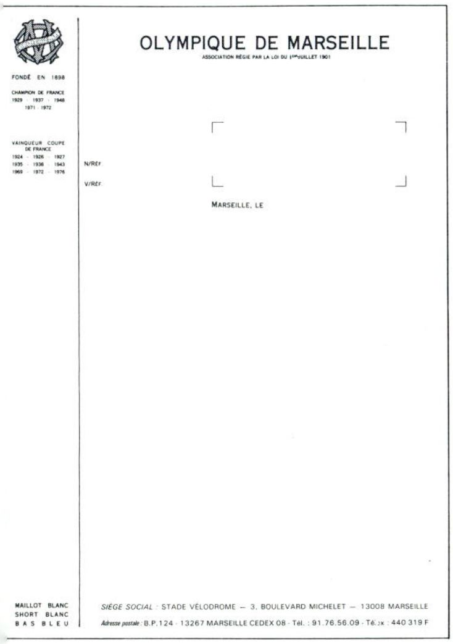
OLYMPIQUE DE MARSEILLE

ASSOCIATION RÉGIE PAR LA LOI DU 1er JUILLET 1901

FONDÉ EN 1898

CHAMPION DE FRANCE
1929 · 1937 · 1948
1971 · 1972

VAINQUEUR COUPE DE FRANCE
1924 · 1926 · 1927
1935 · 1936 · 1943
1969 · 1972 · 1976

N/RÉF.

V/RÉF.

MARSEILLE, LE

MAILLOT BLANC
SHORT BLANC
BAS BLEU

SIÉGE SOCIAL : STADE VÉLODROME — 3, BOULEVARD MICHELET — 13008 MARSEILLE

Adresse postale : B.P.124 · 13267 MARSEILLE CEDEX 08 · Tél. : 91.76.56.09 · Télex : 440 319 F

Klassisch möbliertes Sitzungszimmer von Olympique im Stade Velodrome.

Großer Eingang des Stade Velodrome am Boulevard Michelet.

Olympique Marseille

Olympique Marseille

Stadion Velodrome in Marseille

wiederum dabei war Olympique Marseille. Bis zum Ende der 40er Jahre hielt sich der Klub in der nationalen Spitze. Pokalgewinn 1935 und 1938, Titelgewinn erstmals in der Profiliga 1937 und 1948, dazwischen 1943 der sechste Pokalgewinn: Olympique war eine gute Adresse im französischen Fußball. Aber dann dominierten Stade de Reims, FC Nantes, AC Monaco und St. Etienne das Geschehen, Marseille fiel zurück. Erst 1971 konnte der Verein wieder einmal die Meisterschaft gewinnen. Ein Jahr darauf folgte das Double, der fünfte Titel und der neunte Pokalsieg. Es war das letzte Aufbäumen des Klubs vor dem Niedergang. Die damalige Mannschaft war verstärkt worden durch den Torwart Carnus und den Verteidiger Bosquier von St. Etienne. Darüber hinaus verfügte man in Gilbert Gress über einen außergewöhnlich begabten Spielmacher, und in Roger Magnusson über einen dribbelstarken Angreifer. Und Olympique Marseille hatte einen Stürmer, der in seinen beiden Spielphasen für den Verein (1966–1967 und 1969–1974) 151 Tore erzielte, also mehr als 20 pro Saison: Josip Skoblar. Später spielte der Jugoslawe fast ebenso erfolgreich in der deutschen Bundesliga bei Hannover 96. 1987 arbeitete er, da allerdings ohne Fortune, kurzzeitig als Trainer beim Hamburger SV.

Doch im Jahr des Erfolges begann der Niedergang. Präsident Leclerc, maßgeblich am Aufschwung des Klubs zu Beginn der 70er Jahre beteiligt, verließ nach internen Streitereien den Verein. In Spielen des Europapokals konnte Marseille gegen Ajax Amsterdem (1971/72) und Juventus Turin (1972/73) nicht mithalten, zudem alterten die Stammspieler, und hochwertiger Ersatz aus der eigenen Jugend stand nicht zur Verfügung. Von Konkurrenzklubs konnte Olympique niemand anheuern, der Verein steckte tief in Schulden. Die Degradierung in die zweite Liga war das vorläufige Ende. Sechs Millionen Mark Verbindlichkeiten belasteten den Klub, an eine Genesung war nicht zu denken – und doch schaffte die Mannschaft den Aufstieg in die erste Liga und behauptete sich dort mehr schlecht als recht auf dem 17. Tabellenplatz. Kurz darauf begann die Züchtung des Retortenvereins.

Er muß schon ein besonders begeisterter Fan gewesen sein, der Marseiller Bürgermeister Gaston Deferre. Die Misere von Olympique mochte er nicht länger tatenlos mit ansehen und knüpfte Kontakte zur Großindustrie. Er suchte und fand Bernard Tapie. Und jener Tapie beschloß im Frühjahr 1986 tatsächlich, den maroden Klub zu übernehmen. Für die Altschulden übernahm er keine Verantwortung (die konnten mit Hilfe eines Kredits der Stadt getilgt werden), doch er stellte einen Plan auf.

Innerhalb der nächsten fünf Jahre sollte Olympique zu den führenden Vereinen Frankreichs gehören; der bisher höchste

Zuschauerschnitt Frankreichs, mit 27000 gehalten von St. Etienne, sollte so schnell wie möglich übertroffen werden; innerhalb der nächsten zehn Jahre sollte die Mannschaft mindestens einen europäischen Pokal gewinnen, um so einen wirtschaftlichen Hintergrund zu schaffen, um Olympique Marseille konkurrenzfähig auf dem internationalen Spielermarkt zu machen.

Tapie war nicht kleinlich, er investierte 25 Millionen Mark, verpflichtete von diesem Geld den besten Torwart Afrikas, den Kameruner Joseph-Antoine Bell, den französischen Nationalspieler Jean-Françoise Domerque, den bundesdeutschen Auswahlspieler Karlheinz Förster, darüber hinaus noch den Jugoslawen Blas Sliskovic und vom FC Brügge den Franzosen Jean-Pierre Papin, ebenfalls ein Nationalspieler, sowie Alain Giresse aus Bordeaux. Platz zwei in der Meisterschaft wie auch im Pokal waren die sportlichen Ergebnisse dieser enormen Anstrengungen unter der Leitung von Michel Hidalgo, dem erfolgreichen Nationaltrainer Frankreichs. Immerhin wurde der Zuschauerschnitt weit übertroffen: 31544 Zuschauer wollen derzeit im Schnitt die Spiele von Olympique sehen.

1987 kamen weitere hochkarätige Spieler hinzu: aus der Bundesrepublik der Nationalstürmer Klaus Allofs und aus dem eigenen Lande der Verteidiger Ayache und Vorstopper Le Roux. Ob das alles irgendwann einmal Früchte trägt, bleibt abzuwarten, immerhin nahm Olympique Marseille 1987/88 als Vertreter von Meister und Pokalsieger Girondins Bordeaux am Europapokal der Cupgewinner teil, schied jedoch im Halbfinale gegen Ajax Amsterdam aus.

Man kann an Olympique de Marseille beobachten, und insofern ist es vielleicht ein Musterfall für die Geschichte des Fußballsports nicht nur in Frankreich, wie Fußball und großes Geld zusammengehen. Oder eben doch nicht zusammengehen. Denn die großen sportlichen Erfolge sind, wie erwähnt, bisher ausgeblieben. Mag sein, daß Geld allein doch nicht zu der entscheidenden Motivation und Spielstärke führt...

Die heutige Organisation

Olympique de Marseille, Association régie par la loi du 1er Juillet 1907, wie sie vollständig heißt, untersteht noch einem Gesetz aus dem Jahre 1901, welches dem Verein verbietet, Gewinne zu erwirtschaften. Heute hat der Klub nur noch Fußball im Angebot. Außer den Verträgen mit den Spielern besitzt der Verein nichts, im Gegensatz zum Sponsor Tapie. Noch ist nicht abzusehen, ob der Verein die Abhängigkeit zu Tapie schadlos übersteht und an die alte Tradition anknüpfen kann.

Panathinaikos Athen

Es sind manchmal die merkwürdigsten Begebenheiten, die hinter der Gründung, Namensgebung oder den Vereinsfarben eines Fußballklubs stehen. Für die grünen Trikots von Panathinaikos Athen war ein Stier verantwortlich. Ein solcher rannte nämlich Mitte der 20er Jahre während eines Spiels der Athener aufs Feld und erschreckte die damals noch in Rot gekleideten Spieler zu Tode. Daraufhin wurden grüne Trikots angeschafft, die noch heute gültige Spielkleidung des Vereins.

Mitte der 20er Jahre, als der Klub noch sehr jung war, hatte er dennoch schon eine bewegte Vergangenheit hinter sich. Panathinaikos war der dritte Name eines Klubs, der 1908 auf Betreiben des Arztes Jorge Kalafatis von fußballbegeisterten Studenten der Hochschule für Ökonomie in Athen gegründet worden war. Kalafatis war Mitglied des vornehmen Panhellenic Gymnastic Clubs, doch populär war der Turnsport, wie in ganz Europa, auch in Griechenland schon lange nicht mehr. Fußball war der Sport der Jugend, und so traten neben Kalafatis 40 weitere Panhellenic-Mitglieder aus, um sich dem neuen Verein Athens Football Club anzuschließen.

Es ist nicht mehr zu ermitteln, warum sich der Klub 1910 in Panelinius Football Club umbenannte, wohl aber, was 1924 zur erneuten Umtaufung in Panathinaikos Athletic and Football Club geführt hat. Inzwischen waren andere Sportabteilungen wie Leichtathletik, Schwimmen, Fechten und Basketball hinzugekommen, wodurch sich das ‚Athletic' im Namen erklärt. Alle Sportarten sollten für ganz Athen zugänglich sein, und das bedeutet in etwa Panathinaikos.

Der Klub war seiner Zeit voraus. Erst 1926 bildete sich der griechische Fußballverband, 1928 wurde die erste nationale Liga gebildet. Bis dahin spielten die Sieger der Ligen von Athen und Piräus die griechische Meisterschaft aus. Doch weder aus der Hauptstadt noch aus der Hafenstadt kam der erste nationale Titelträger der Gesamtliga. ARIS Saloniki wurde erster offizieller griechischer Meister.

Panathinaikos konnte 1930 erstmals die Meisterschaft für sich entscheiden, stand aber dann bis nach dem Zweiten Weltkrieg im Schatten des Lokalrivalen Olympiakos Piräus. Aber die Vereinsführung von Panathinaikos war ehrgeizig. Mit Hilfe von finanzkräftigen Reedereien aus Piräus gelang es, den Klub wirtschaftlich so zu stabilisieren, daß er auf lange Sicht dem mächtigen Lokalkonkurrenten Paroli bieten konnte. 1949 und 1953 errang die Mannschaft die nationalen Titel Nummer zwei und drei, zum griechischen Spitzenklub avancierte Panathinaikos aber erst in den 60er Jahren. Sechs Meisterschaften konnten die Athener in diesem Jahrzehnt gewinnen, drei weitere in der darauffolgenden Dekade.

Die Mannschaft dieser Zeit war stark, daß sie aber 1971 das Endspiel im Europapokal der Landesmeister erreichte, war

Panathinaikos Athen

Gründung
1908

Anschrift
Panathinaikos Athen,
47 Armatolon und
Klefton Street, Athen

Vereinseigentum
Panathinaikos-Stadium
und Trainingscamp Peania

Vereinsfarben
Grün und Weiß

Spielkleidung
Grüne Hemden, weiße
Hosen, weiße Stutzen

Stadion
Olympic-Stadium, 90 000
Soccer-Stadium, 35 000

Die Erfolge

Landesmeister
1930, 49, 53, 60, 61,
62, 64, 65, 69, 70, 72,
77, 82, 84, 86

Pokal
1940, 48, 55, 67, 69,
77, 82, 84, 86, 88, 89

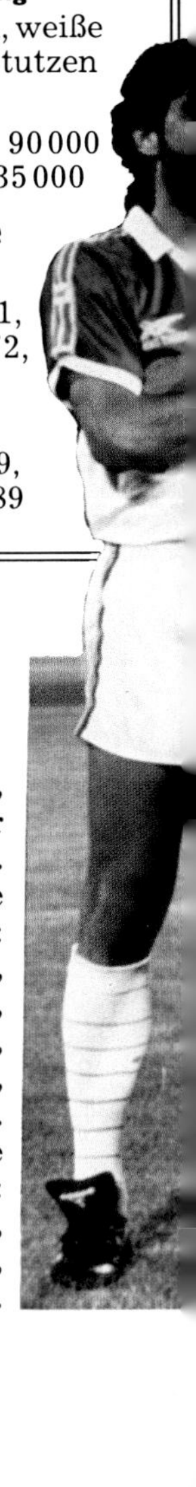

Panathinaikos, griechischer Meister 1984. Obere Reihe von links: Kyrastas, Minou, Patsiavouras, Batsinilas, Karoulias, Dimopolous. Untere Reihe von links: Vamvakoulas, Vlachos, Tarasis, Rocha, Saravakos.

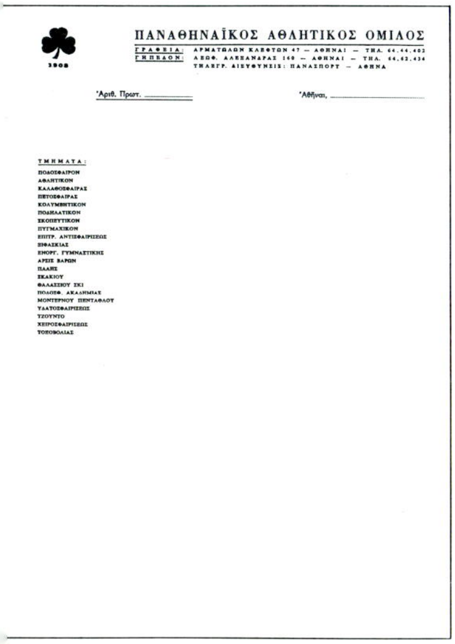
1908

ΠΑΝΑΘΗΝΑΪΚΟΣ ΑΘΛΗΤΙΚΟΣ ΟΜΙΛΟΣ

ΓΡΑΦΕΙΑ: ΑΡΜΑΤΩΛΩΝ ΚΛΕΦΤΩΝ 47 — ΑΘΗΝΑΙ — ΤΗΛ. 64.44.402
ΓΗΠΕΔΟΝ: ΛΕΩΦ. ΑΛΕΞΑΝΔΡΑΣ 160 — ΑΘΗΝΑΙ — ΤΗΛ. 64.62.434
ΤΗΛΕΓΡ. ΔΙΕΥΘΥΝΣΙΣ: ΠΑΝΑΣΠΟΡΤ — ΑΘΗΝΑ

'Αριθ. Πρωτ. ______ 'Αθῆναι, ______

ΤΜΗΜΑΤΑ:
ΠΟΔΟΣΦΑΙΡΟΝ
ΑΘΛΗΤΙΚΟΝ
ΚΑΛΑΘΟΣΦΑΙΡΑΣ
ΠΕΤΟΣΦΑΙΡΑΣ
ΚΟΛΥΜΒΗΤΙΚΟΝ
ΠΟΔΗΛΑΤΙΚΟΝ
ΣΚΟΠΕΥΤΙΚΟΝ
ΠΥΓΜΑΧΙΚΟΝ
ΕΠΙΤΡ. ΑΝΤΙΣΦΑΙΡΙΣΕΩΣ
ΞΙΦΑΣΚΙΑΣ
ΕΝΟΡΓ. ΓΥΜΝΑΣΤΙΚΗΣ
ΑΡΣΙΣ ΒΑΡΩΝ
ΠΑΛΗΣ
ΣΚΑΚΙΟΥ
ΘΑΛΑΣΣΙΟΥ ΣΚΙ
ΠΟΔΟΣΦ. ΑΚΑΔΗΜΙΑΣ
ΜΟΝΤΕΡΝΟΥ ΠΕΝΤΑΘΛΟΥ
ΥΔΑΤΟΣΦΑΙΡΙΣΕΩΣ
ΤΖΟΥΝΤΟ
ΧΕΙΡΟΣΦΑΙΡΙΣΕΩΣ
ΤΟΞΟΒΟΛΙΑΣ

die größte Sensation in der bisherigen Geschichte dieses Wettbewerbs. 0:2 verlor man dort gegen Ajax Amsterdam, aber dennoch, der Meister aus dem im Fußball recht unbedeutenden Griechenland hatte sich achtbar geschlagen.
Zum Ende der 70er Jahre wurde der griechische Fußball von einigen Skandalen belastet. Die Regierung griff ein und stellte die Vereine vor das Ultimatum, entweder sofort zum Professionalismus überzugehen oder aber sich der staatlichen Kontrolle ihrer geschäftlichen Beziehungen und Transaktionen zu unterwerfen. Eine leichte Wahl: auch in Griechenland hielt der Profifußball Einzug.
Für Panathinaikos kam bedeutende Hilfe von den Brüdern Varadiyannis. Sie, Besitzer eines multinationalen Konzerns, hatten sofort die Werbemöglichkeiten erkannt und nahmen zunehmend Einfluß auf den Klub. Nicht zum Schaden des Vereins. 1984 und 1986 gewann Panathinaikos wiederum die Meisterschaft, darüber hinaus gehört der Verein heute wirtschaftlich zu den führenden Klubs Europas.

Panathinaikos Athen

Die heutige Organisation

Der Panathinaikos Athletic and Football Club, Limited Company, besitzt ein Aktienkapital von 290 Millionen Drachmen. Damit war es ein leichtes, 1980 eines der fortschrittlichsten Trainingszentren Europas zu bauen. Es verfügt über fünf Fußballfelder und über ein modernst ausgestattetes medizinisches Zentrum.

Im olympischen Stadion von Athen spielt heute Panathinaikos seine Heimspiele. Bei den großen Spielen gegen Olympiakos und AEK ist das Stadion mit 90 000 Zuschauern fast immer ausverkauft.

Die professionelle Fußballabteilung ist gänzlich getrennt von den Amateuren organisiert. Gleichwohl wird auch diese Abteilung professionell betreut, sie dient als Rekrutierungsbasis für die erste Mannschaft. Ziel der ehrgeizigen Vereinsführung ist der Anschluß an die europäischen Spitzenmannschaften, die wirtschaftlichen Voraussetzungen hierfür sind geschaffen.

Arsenal London

Als 1888 die englische Fußball-Liga gestartet und gleichzeitig der Professionalismus auf der Insel zugelassen worden war, herrschte besonders in Mittelengland Freude. Dort nämlich bestanden die Fußballteams hauptsächlich aus Arbeitern, die auf diesem Weg ihr schmales Einkommen aufzubessern hofften. Das galt vor allem in Vereinen wie Preston North End, Aston Villa, West Bromwoch Albion oder Blackburn Rovers, die nun noch größere Fortschritte machten. Gegen diese Entwicklung lehnten sich naturgemäß traditionelle Spitzenvereine wie die Old Etonians, Wanderers oder die Royal Engineers auf, in deren Reihen ökonomisch privilegierte Amateur-Spieler standen, die nun ihre Position durch den Berufsfußball bedroht sahen. Mit Recht, wie sich bald zeigte, südenglische Klubs waren der Konkurrenz aus den Industriezentren bald nicht mehr gewachsen. Es dauerte dann auch bis 1931, ehe Arsenal erstmals den Meistertitel nach London holte.

Den Klub hatte eine Gruppe von Arbeitern aus der Royal Arsenal-Fabrik im südlichen London gegründet, wo Munition für die britische Flotte produziert wurde. Im Oktober 1886 hatten sie sich im »The Prince of Wales Public House« am Plumstead getroffen, um den »Dial Square Football Club« aus der Taufe zu heben, unter dem Namen der Fabrikabteilung, in der sie arbeiteten. Schon bald tauften sie sich in »Royal Arsenal Football Club« um, worauf 1896 schon die dritte Änderung in »Woolwich Arsenal« erfolgte. Fünf Jahre zuvor war der Klub zum Professionalismus übergewechselt und in eine Aktiengesellschaft verwandelt worden. Dies hatte zu hohen Kosten geführt, die große wirtschaftliche Schwierigkeiten und 1910 sogar die Pleite nach sich zogen. Nach einer erneuten Umorganisation zog der Klub 1913 nach Highbury, nur ein paar Kilometer vom White Heart Lane-Stadion des Ortsrivalen Tottenham Hotspur entfernt. Seine endgültige Bezeichnung erhielt der Verein während des Ersten Weltkrieges: »Arsenal Football-Club London«.

Nach zweimaligem Abstieg zu Beginn des Jahrhunderts wurde Arsenal in die Erste Liga aufgenommen, als die Spiele nach Beendigung des Krieges wieder begannen. Seitdem gehören die Londoner ständig der höchsten Klasse an – im übrigen als einziger aller englischen Vereine.

Zwei zeitlich nahezu zusammenfallende Dinge hatten entscheidenden Einfluß auf die Entwicklung des Fußballs und die Geschichte Arsenals. 1923 wurde Manager Herbert Chapman verpflichtet, der Huddersfield Town gerade zum drittenmal in Folge zum Meistertitel gebracht hatte. Und am 12. Juni 1925 beschloß die Regelkommission des Weltverbandes FIFA die Änderung der Abseitsregelung. Jetzt mußten sich zwischen Angreifer und Torlinie nur noch zwei statt bisher drei Verteidiger (einschließlich Torwart) aufhalten. Es war

Arsenal London

Gründung
1886

Anschrift
Arsenal London, Arsenal Stadium Highbury, London N5 1BU, Großbritannien

Vereinseigentum
Arsenal Stadion und die Trainingsanlage London Colney, 6 Familienhäuser

Vereinsfarben
Rot-Weiß

Spielkleidung
Rot-weiße Hemden, weiße Hosen, rote Stutzen

Stadion
Arsenal Stadion, 60000

Die Erfolge

Landesmeister
1931, 33, 34, 35, 38, 48, 53, 71, 89

Pokal
1930, 36, 50, 71, 79

UEFA-Pokal
1970

ARSENAL FOOTBALL CLUB LTD.
Secretary: K. J. FRIAR
Manager: G. GRAHAM
ARSENAL STADIUM
HIGHBURY, LONDON N5 1BU
TELEPHONE: 01-226 0304
TELEX: 298083 ARSNAL G.
Company Registration Number 109244 England

somit sehr leicht gewesen, die gegnerischen Stürmer abseits zu stellen, was dem Interesse am Fußball allgemein sehr geschadet hatte.
Jetzt aber fielen wieder Tore wie reife Früchte. Der erste, der dieser Flut Einhalt gebot, war Chapman, der gemeinsam mit seinem Halbstürmer Charlie Buchan eine geradezu revolutionäre taktische Idee entwickelte. Der Mittelläufer, der bis dahin eine zentrale spielgestaltende Rolle im Mittelfeld gespielt hatte, wurde nun zurückgezogen und bewachte, zwischen den beiden Verteidigern postiert, den Mittelstürmer. Chapmans erster Spezialist dafür war der rothaarige Herbie Roberts, ein großer, kopfballstarker Recke.
Die Innovation führte nicht nur auf, sondern auch neben dem Spielfeld zu einer großen Veränderung. Früher hatten der Mannschaftskapitän und die wichtigsten Spieler die Taktik bestimmt. Mit der Einführung des sogenannten WM-Systems wurde die Stellung des Trainers oder des Managers, wie man ihn in England nennt, enorm aufgebessert. Das Spiel wurde

Hinter dieser Fassade wurde Fußballgeschichte geschrieben. Das Arsenal-Verwaltungsgebäude im Highbury-Stadion.

Die Büste Herbert Chapmans im Haupteingang des Stadions von Arsenal.

komplizierter, intellektueller, die Akteure waren an feste Muster gebunden. Und Herbert Chapman gilt als der erste in einer langen Folge von Männern, denen magische Fähigkeiten zugeschrieben wurden.

Arsenal machte mit seinem neuen System enorme Fortschritte und wurde in wenigen Jahren (1931 bis 1938) fünfmal englischer Meister. Den Pokal holte das Team 1930 und 1936 zweimal. Besonders der Gewinn des ersten Cups durch ein 2:0 über Huddersfield Town ist in die Fußball-Annalen eingegangen. Aus mehreren Gründen: Es war die erste Partie in England, in der die Spieler beider Teams gemeinsam nach dem Abpfiff die königliche Loge besuchten. Während der Begegnung zog das deutsche Luftschiff »Graf Zeppelin« seine Bahn über Wembley, weshalb das Spiel auch das »Zeppelinfinale« genannt wird. Und auf dem Feld spielte Arsenal seine ganze taktische Überlegenheit voll aus. Die Mannschaft zog sich meist zurück und überließ Huddersfield die Initiative, um dann bei Ballbesitz schnell, fast überfallartig mit weiteren Pässen über die Außenstürmer Hulme und Bastin in die gegnerische Hälfte einzudringen. Meistens wurden dann die überragenden Innenstürmer David Jack oder der Schotte Alec James bedient, die der desorientierten Huddersfield-Deckung einen Schrecken nach dem anderen einjagten.

Das WM- oder auch das »Drei-Verteidiger-System« verbreitete sich schnell über ganz Europa, bis zu Brasiliens WM-Triumph 1958 mit der 4-2-4-Aufstellung war es die vorherrschende taktische Variante. Chapmans Originalität war damit jedoch noch nicht erschöpft. Er führte das Flutlicht ein und weiße Bälle, und obendrein gelang es ihm, als erstem und wohl bisher einzigem Manager, die Benennung einer U-Bahnstation nach seinem Klub herbeizuführen: Auf der Londoner Piccadilly Line liegt zwischen Holloway Road und Finsbury Park die Arsenal Station.

Am 6. Januar 1934 starb Chapman an einer falsch behandelten Grippe, sein Nachfolger George Allison setzte das Werk des großen Meisters nahtlos fort, die Meisterschaften 1935 und 1938 gingen auf sein Konto. Die Titel sechs und sieben (1948 und 1953) wiederum wurden in der Zeit von Allisons einstigem Assistenten Tom Whittaker erobert. Nach dessen Tod 1956 endete der Einfluß Chapmans auf Arsenal – direkt und indirekt – endgültig. Eine große Etappe war beendet, und für längere Zeit sollte man nichts mehr von Arsenal hören.

Erst 14 Jahre später tauchte der Klub wieder in den Schlagzeilen auf, allerdings gleich in dicken Balken, als er 1970 in den zwei Finals des UEFA-Cups über Anderlecht Brüssel (1:3, 3:0) siegreich blieb. Ein Jahr später, 1971, gelang es als zweitem Londoner Verein nach Tottenham London (1961), das sogenannte »Double«, also Meisterschaft und Pokal in

Der Doppelsieger von 1971. Hintere Reihe von links: Fred Street (Trainer), Pat Rice, Peter Marinello, Sammy Nelson, Bob Wilson, Geoff Barnet, Charlie George, Eddie Kelly, George Armstrong, Steve Burtenshaw (Coach). Vordere Reihe von links: John Roberts, Bob McNab, Peter Storey, Frank McLintock Bertie Mee (Manager), Peter Simpson, George Graham, Ray Kennedy, John Radford.

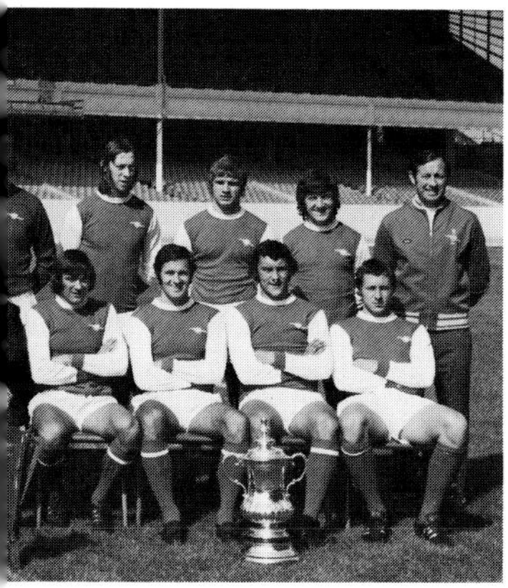

einem Jahr, zu erreichen. Bemerkenswert war vor allem der Gewinn des Cups durch ein 2:1 nach Verlängerung gegen den FC Liverpool, zu dem Kelly und George die Tore beisteuerten. Ausschlaggebend war die Fähigkeit des hart arbeitenden Kollektivs gewesen, in wesentlichen Momenten individuelle Kräfte freizumachen.
Der Pokal in jeglicher Spielart blieb auch in den nächsten Jahren, als Manager Terry Neill von 1976 ab die Führung der Mannschaft übernommen hatte, die Domäne: 1978, 1979 und 1980 erreichte Arsenal das englische Cup-Finale, verlor das erste und dritte jeweils 0:1 gegen Ipswich respektive West Ham, gewann jedoch das zweite gegen Manchester United 3:2. Im Anschluß daran erreichte das Team sogar das Endspiel im Europacup der Pokalsieger, unterlag aber dem FC Valencia mit seinem deutschen Star Rainer Bonhof 4:5 nach Elfmeterschießen (regulär 0:0).
Seit 1986 heißt der Manager George Graham, der 1971 als Aktiver beim Double dabei gewesen war. Mit einer jungen Truppe, in der einige Nachwuchsleute aus der Jugendabteilung standen, holte sich Arsenal quasi als Fingerzeig für die Zukunft den englischen Ligapokal durch ein 2:1 über den FC Liverpool. Die Verjüngungspolitik wurde auch durch den Verkauf des farbigen Nationalverteidigers Viv Anderson, der für eine Ablöse von 250000 Pfund zu Manchester United ging, deutlich gemacht. Wenn man Höhen und Tiefen der bewegten Fußballgeschichte des Arsenal FC miteinander vergleicht, dann ist vor allem eins auffällig: Zwar konnte der Club bis in die letzten Jahre hinein bei den führenden englischen Mannschaften mithalten, doch scheint er seine spielerische Stärke gegenüber früher verloren zu haben. Die Innovationskunststücke eines Chapman konnten bisher nicht wiederholt werden – darüber täuschen alle Wechsel in den Managerpositionen nicht hinweg.

Die heutige Organisation

Der »Arsenal Football Club, Limited Company« besitzt 7000 Ein-Pfund-Aktien, deren Mehrzahl in Händen der Vereinsführung liegt. Eigentum des Vereins ist das »Arsenal Stadion« in Highbury im Nordosten Londons und die moderne Trainingsanlage London Colney, etwa 35 km nördlich davon. Die organisierte Talentsuche konzentrierte sich auf Großbritannien, das Netz der Agenten erstreckt sich jedoch auch auf den europäischen Kontinent.
Der Publikumsschnitt bewegte sich im letzten Jahrzehnt zwischen 25000 und 30000. Arsenal hat eine gesunde wirtschaftliche Basis und eine Führung, die gleichermaßen auf Tradition wie auf die Bewältigung der Zukunft baut. Neue, große Erfolge für den Londoner Vorortklub sind demnach gut denkbar.

FC Everton Liverpool

Im Jahr 1870 wurde der Stanleypark eingeweiht, um den Cricket- und Fußballspielern Liverpools eine Heimat zu bieten. Wenig später schon gründeten Jugendliche, die der Methodistenkirche nahestanden, den »St. Domingo Crikketclub«, der 1878 in »St. Domingo Football Club« umgetauft wurde. Als sich junge Leute anschlossen, die nicht der Kirche angehörten, wurde der Verein nach dem umliegenden Stadtviertel Everton benannt.
Der neue Verein setzte sich von Anfang an hohe Ziele. Gleich im ersten Jahr holte man den schottischen Spitzenspieler Jack McGill, der wie einige andere seiner Landsleute erheblichen Einfluß auf die Entwicklung des Fußballs in England nahm. Als eines von zwölf Gründungsmitgliedern wurde Everton in die erste Fußball-Liga der Welt, in »the Football League« aufgenommen, die 1888 ihren Spielbetrieb aufnahm. Bereits 1891 holte sich der FC den ersten Landesmeistertitel. Wie fortschrittlich die Liverpooler waren, zeigt die Tatsache, daß sie schon 1885 zum Profifußball übergegangen waren und ihren Verein am 25. Januar 1892 in eine Aktiengesellschaft umgewandelt hatten.
Dies hatte der Organist George Mahon angeregt, der überdies vorschlug, die Spielstätte von der Anfield Road an den Goodison-Park zu verlegen, wo er ein Gelände erworben hatte. Dies führte zu heftigen Meinungsverschiedenheiten und zur Drohung einer kleineren Gruppe, an der Anfield Road zu bleiben und den Namen Everton zu behalten. Erst eine Abstimmung verhinderte diesen Eklat, doch die unterlegene Minderheit gründete noch im selben Jahr auf dem alten Gelände den FC Liverpool, während Everton seitdem seinen Sitz am Goodison-Park hat.
Durch ein 1:0 über Newcastle United gewann der Verein 1906 den ersten englischen Pokal, ein Jahrzehnt später, 1915, die zweite Meisterschaft.
Der Anfang der 20er Jahre war geprägt von relativer Erfolglosigkeit, die – beinahe paradox – einherging mit ausgesprochen unterhaltsamem und elegantem Spiel des Teams. Die einflußreiche Sportzeitschrift »The Athletic News« schrieb damals: »Keine Mannschaft im ganzen Land vermag ein besseres Spiel vorzuführen als Everton.«
Die Synthese aus attraktiver Spielweise und Erfolgsstreben gelang erst mit der Verpflichtung des überragenden Torjägers Dixie Dean, der von den Tranmere Rovers am 16. März 1925 für eine Ablöse von 3000 Pfund gewechselt war. Damit hatte das Team endlich bekommen, was fehlte; 1928 gewann der FC Everton seinen dritten Landesmeistertitel. Und Dean erzielte in 42 Spielen 60 von insgesamt 102 Toren für Everton – ein bis heute ungebrochener Rekord, der vermutlich ewig standhalten wird.
Eine Wiederholung des Meisterschaftsgewinns gelang 1932.

FC Everton Liverpool

Gründung
1878

Anschrift
FC Everton Liverpool,
Goodison Park,
Liverpool L4 4EL,
Großbritannien

Vereinseigentum
Goodison Park und
Trainingsanlage Belfield,
7 Privathäuser

Vereinsfarben
Blau-Weiß

Spielkleidung
Blaue Hemden, weiße
Hosen, weiße Stutzen

Stadion
Goodison Park, 56470

Die Erfolge

Landesmeister
1891, 1915, 28, 32, 39, 63,
70, 85, 87

Pokal
1906, 33, 66, 84

Europapokal der Pokalsieger
1985

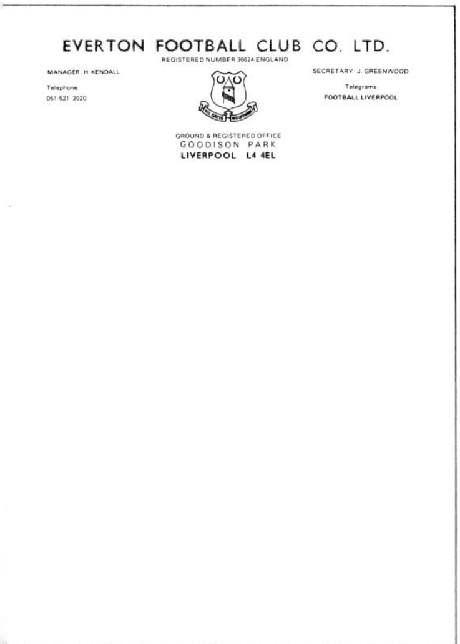

EVERTON FOOTBALL CLUB CO. LTD.
REGISTERED NUMBER 36624 ENGLAND
MANAGER H. KENDALL
Telephone
051 521 2020
SECRETARY J. GREENWOOD
Telegrams
FOOTBALL LIVERPOOL
GROUND & REGISTERED OFFICE
GOODISON PARK
LIVERPOOL L4 4EL

Ein weiterer spektakulärer Transfer gelang 1937, als der junge Stürmer Tommy Lawton für 6500 Pfund von Burnley übernommen wurde. Lawton harmonierte mit dem nicht mehr ganz jungen Dixie Dean so perfekt, daß der FC Everton 1939 zu seiner fünften Ligameisterschaft kam.
Während der britische Fußball allgemein nach dem Zweiten Weltkrieg einen Aufschwung nahm, ging es mit Everton bergab, 1951 sogar in die Zweite Division. Vier Jahre später folgte zwar der Wiederaufstieg, doch hielt sich der Klub lediglich im unteren Tabellendrittel. Dies jedoch war dem Präsidenten John Moores ein Dorn im Auge. Moores entstammte jener Familie, die »Littlewoods Footballpools« gegründet hatte, die größte Toto-Lotto-Gesellschaft des Landes. Er investierte gewaltig in eine neue, erstklassige Mannschaft. Zunächst nahm er 1961 den Manager Harry Catterick unter Vertrag, der den FC Everton beinahe auf Anhieb wieder zur nationalen Spitze führt. Mit fünf Punkten Vorsprung vor Tottenham wurde der Klub 1963 Meister, schied im Europacup jedoch gegen Inter Mailand (0:0, 0:1) unglücklich aus. Experten sagten dem Team eine große Zukunft voraus, Spieler wie Gordon Banks, Brian Labone, Jimmy Gabriel, Tony Kay, Alex Scott, Roy Vernon und Alex Young schienen diese zu garantieren. Als aber Tony Kay im Zug einer Bestechungsaffäre, in die er während seiner Zeit bei Sheffield United verwickelt war, zu neun Jahren Sperre verurteilt wurde, brach die ganze Mannschaft auseinander.
1966 aber zeigten sich die Kicker wieder erholt, gewannen im Pokalfinale, das nach Meinung vieler Beobachter das spektakulärste aller Zeiten war, nach einem 0:2-Rückstand schließlich noch 3:2 gegen Sheffield Wednesday. Gleich danach intensivierte Manager Catterick den Ausbau der Mannschaft, indem er den Weltmeister Allan Ball aus Blackburn nach Liverpool lockte. 1970 gewann man die Meisterschaft Nummer sieben, schied jedoch erneut im Europacup, diesmal im Viertelfinale gegen Panathinaikos Athen (1:0, 0:0) aus.
Als Catterick 1973 wegen den Folgen einer Herzattacke seinen Vertrag aufkündigte, begann für den Verein eine lange Durststrecke, zumal sich der Ortsrivale FC Liverpool national und international weit in den Vordergrund schob.
Eine Änderung trat erst ein, als Howard Kendall, der Mittelfeldspieler der Meistermannschaft von 1970, 1982 als Manager anfing: Eine große Periode des FC Everton stand bevor. In Kendalls dritter Saison gewann das Team 1984 durch ein 2:0 über den FC Watford den englischen Pokal. Das folgende Jahr aber wurde zum strahlenden Höhepunkt der Vereinsgeschichte. Am 15. Mai 1985 besiegte das Team Southall, Stevens, Mountfield, Ratcliffe, van den Hauwe, Reid, Steven, Bracewell, Sheedy, Gray und Sharp in Rotterdam Rapid Wien im Finale des Europapokals der Cupsieger 3:1.

FC Everton Liverpool

Am Europapokal der Landesmeister 1985/86 konnte Everton wegen des Ausschlusses englischer Klubs nach der Katastrophe im Brüsseler Heysel-Stadion nicht teilnehmen, womit vermutlich die beste Mannschaft fehlte. Und der Mannschaft schien dies, trotz der großen Verstärkung durch den Torjäger Gary Lineker von Leicester City, die Motivation geraubt zu haben. Das angestrebte Double von Pokal und Meisterschaft gewann der Lokalrivale FC Liverpool.

Im Sommer 1986 verließ Lineker den Klub und ging zum FC Barcelona, worauf Everton merkwürdigerweise umgehend Erfolge meldete. Mit neun Punkten Vorsprung vor dem FC Liverpool gewann das Team vom Goodison-Park den neunten Liga-Titel. Daraufhin verließ Kendall die Stadt am

Goodison Park.
Ein Stadion, das die meisten gastierenden Mannschaften Großbritanniens und Europas schon das Fürchten gelehrt hat.

Mersey und ging zu Atletico Bilbao. Für ihn kam Colin Harvey, der neben Kendall und Allan Ball in der 70er-Meistermannschaft gestanden hatte. Dies unterstreicht die Stabilität in der Führung des FC Everton.

Die heutige Organisation

»Everton Football Club Limited Company Liverpool«, wie der Verein vollständig heißt, besitzt 2500 Ein-Pfund-Aktien, die sich in Händen des Vorstandes befinden.
Das Goodison-Stadion ist ebenso vereinseigen wie die Trainingsanlage Bellefield, gut drei Kilometer vom Stadion entfernt. Zum Besitz zählen darüber hinaus sieben Einfamilienhäuser.

FC Liverpool

Vor der Gründung des bislang wohl erfolgreichsten englischen Fußballvereins standen Finanzstreitereien. Zu Beginn des Jahres 1891 forderte der Besitzer des Geländes an der Anfield Road, dort, wo der Everton Football Club sein Zuhause hatte, eine an die Erfolge des Vereins angepaßte Mieterhöhung. Am 15. März 1892 kam es zu einer außerordentlichen Vollversammlung des FC Everton, auf der sich 500 Mitglieder gegen die, wie sie es nannten, »Wuchermentalität« wandten und daraufhin beschlossen, den Vertrag mit dem Grundeigentümer John Houlding zu kündigen. Der FC Everton (unter dem gleichen Namen auch heute noch englischer Erstligist) zog auf ein Grundstück beim Goodison Park um, übrig blieben 18 Männer, die noch im gleichen Monat den Liverpool Football Club & Athletic Grounds Company Limited gründeten. Nach Spielen in der Lancashire League stieg der neue Verein 1893 in die zweite Liga auf, gewann dort direkt den Titel und qualifizierte sich nach dem mit 2:0 Toren über Newton Heath (heute Manchester United) gewonnenen Ausscheidungsspiel für die erste Liga. Die Entwicklung für die damals fast ausnahmslos aus Schotten bestehende Mannschaft kam zu rasant, am Ende des ersten Jahres in der ersten Liga stand der Abstieg. Doch der Verein war beliebt. Bereits damals hatte der Club von der Anfield Road einen Zuschauerschnitt von 18000. Mag sein, daß diese treue Anhängerschaft mitgeholfen hat, zur Saison 1896/97 den Wiederaufstieg zu schaffen und bereits drei Jahre darauf zum ersten Mal englischer Meister zu werden. Die für die damaligen Verhältnisse hohen Zuschauerzahlen jedoch führten auch zu der in den folgenden Jahren wechselvollen Geschichte des Klubs. Der Verein war reich und zahlte deshalb an seine Spieler Spitzengehälter. Am 1. April 1901 setzte der High Court, der englische Verfassungsgerichtshof, jedoch den Höchstlohn für Fußballprofis auf vier Pfund pro Woche fest und erlaubte für einen Spielerwechsel nur noch die Zahlung von maximal zehn Pfund. Auch wenn angenommen werden darf, daß unter der Hand weiterhin mehr bezahlt wurde, viele Spieler, besonders die an hohe Einkommen gewöhnten Liverpooler, beendeten ihre sportliche Karriere und bemühten sich um lukrativere Anstellungen.

Bis in die sechziger Jahre brauchte der Verein, um sich zu festigen. Meistertiteln in den Jahren 1922, 1923 und 1947 folgten Abstiege in die zweite Liga. Selbst großartige Spieler wie der linke Läufer Bob Paisley oder der auf halblinks stürmende Joe Fagan oder Linksaußen William Lidell konnten nicht verhindern, daß die »Reds«, wie die Mannschaft aufgrund ihrer einheitlichen Vereinsfarbe genannt wurde, in den Jahren zwischen 1954 und 1961 in der zweiten Liga spielen mußten.

Dann aber hob im Sommer 1961 der High Court die Begren-

FC Liverpool

Gründung
1892

Anschrift
FC Liverpool, Anfield Road,
Liverpool L4 OTH,
Großbritannien

Vereinseigentum
Anfield Road Stadion und Trainingsanlage Melwood, Aktien

Vereinsfarben
Rot

Spielkleidung
Rote Hemden und Hosen, rote Stutzen

Stadion
Anfield Road, 45000

Die Erfolge

Landesmeister
1901, 06, 22, 23, 47, 64, 73, 76, 77, 79, 80, 82, 83, 84, 86, 88

Pokal
1965, 74, 86, 89

Europapokal der Meister
1977, 78, 81, 84

UEFA-Pokal
1973, 76

Anfield Road mit de[r] berühmten Stehplatztribüne »The Kop« im Hintergrund Hier wurden die meisten Gegner des FC Liverpool oftmals zu Grunde gespielt

LIVERPOOL FOOTBALL CLUB
AND ATHLETIC GROUNDS P.L.C.
ANFIELD ROAD, LIVERPOOL L4 0TH
051-263 2361/2
Match Information Service Only 051-260 9999

zung des Lohnes auf, der Weg war frei für weitsichtige, kenntnisreiche und geschäftstüchtige Manager, die die besten Spieler kaufen wollten und konnten.

Einer dieser Manager war Bill Shankly. Seit Dezember 1956 war er Manager der Liverpooler und seitdem hatte er eine junge und vielversprechende Mannschaft aufgebaut. Unter seiner Führung stieg der FC Liverpool 1962 wieder in die erste Liga auf, unter seinem Management begann eine Karriere, die den Klub zu einem der führenden Vereine Europas, wenn nicht der Welt gemacht hat. In der Ära Shankly gewann der Verein dreimal die englische Meisterschaft, zweimal den Pokalwettbewerb und einmal den UEFA-Pokal.

Keine Frage, Bill Shankly war erfolgreich, sein Nachfolger Bob Paisley aber stellte ihn bei weitem in den Schatten. In seinen Jahren als Manager, 1974–1983, errang der FC Liverpool sechsmal die Meisterschaft, siegte dreimal im Europapokal der Landesmeister, holte 1976 den UEFA-Pokal an den Mersey-River und schaffte ein Jahr darauf den

Im dunklen, fast sakralen Licht spiegeln sich hier die enormen Preisvitrinen des FC Liverpool.

Supercup, den Wettbewerb zwischen den Europapokalsiegern der Landesmeister und der Pokalsieger, gegen HSV.
Es mutet tragisch an, daß der Verein mit der wohl besten Jugendarbeit Europas und den treuesten Fans eben durch jugendliche Fans sein größtes Fiasko erlebte. In den siebziger und achtziger Jahren wuchs in dem von Arbeitslosigkeit besonders betroffenen Liverpool eine gewaltbereite Gruppe Jugendlicher heran, deren nahezu einziges Vergnügen die Spiele des FC Liverpool waren. Dort konnten sie sich im Kampf gegen die Anhänger gegnerischer Clubs behaupten, wenigstens einmal in der Woche ihre Enttäuschung vergessen. Lange bevor die Gewalt auch die Fußballstadien des europäischen Kontinents ergriff, gab es in den englischen Stadien schlimme Szenen sich prügelnder Fans. Allen voran und berühmt-berüchtigt, die Hooligans, wie diese Jugendlichen in England genannt werden, des FC Liverpool. Zum schrecklichsten Gewaltausbruch in der Geschichte des europäischen Fußballs kam es am 29. 5. 1985 im Heyselstadion von Brüssel. Bevor der FC Liverpool gegen Juventus Turin im Endspiel des Europapokals der Landesmeister antrat, stürmten englische Fans einen mit italienischen Anhängern besetzten Block. In der entstehenden Panik kamen 39 Zuschauer zu Tode. Das Spiel wurde angepfiffen, wohl um weitere Ausschreitungen zu verhindern, Juventus gewann 1:0, aber der FC Liverpool wurde wie alle englischen Vereine bis heute von den europäischen Fußballwettbewerben ausgeschlossen.
Gleichwohl zählt der Verein weiterhin zu den europäischen Spitzenmannschaften. Unter der Führung des ehemaligen Spielers Kenny Dalglish gewann der FC Liverpool in der Saison 1985/86 als fünfter englischer Club überhaupt das Double, den gleichzeitigen Gewinn von Meisterschaft und Pokal. Und nach dem Verkauf des walisischen Nationalspielers Ian Rush für 3 Millionen Pfund an Juventus Turin und dem Ankauf von John Barnes und Peter Beardsley gilt der FC Liverpool auf dem Kontinent auch ohne die Möglichkeit eines Vergleiches in einem europäischen Wettbewerb durchaus als ernstzunehmende Konkurrenz.

Die heutige Organisation

Die Liverpool Football & Athletic Grounds Public Company Limited besitzt das Stadion an der Anfield Road, die Trainingsanlage Melwood, etwa vier Kilometer vom Stadion entfernt und 12 000 Ein-Pfund-Aktien, von denen der Vorstand 2000 hält. Der Zuschauerdurchschnitt hat sich im Vergleich zu den Gründerjahren nahezu verdoppelt. 42 000 Anhänger kommen inzwischen im Schnitt zu den Spielen der ersten Mannschaft. Neben den Erfolgen ist die anerkannt gute Jugendarbeit, die zu den besten Europas zählt, Aushängeschild des Klubs.

Manchester United

Es ist nicht vollständig geklärt, ob der Verein in der Tat 1878 gegründet worden ist, wie in den Annalen behauptet wird. Klar hingegen ist, daß es Eisenbahnarbeiter der Reparaturwerkstätten der »The Lancashire & York Railway Company« (LYR) in Newton Heath im Nordwesten Manchesters gewesen sind, die den »Newton Heath (LYR) Football Club« aus der Taufe hoben.
Anfänglich spielten sie in ihren Firmenfarben grün-gelb lediglich gegen andere Eisenbahnerteams. Doch bereits 1885 standen sie im Endspiel des Manchester-Cups. Im selben Jahr war man bereits zum Profitum übergegangen, mit dem Erfolg, daß der Klub die Finals des Stadt-Pokals 1886, 1888, 1889 und 1890 gewann. Mit den Jahren schwand auch die Abhängigkeit zur Eisenbahngesellschaft, so daß das »LYR« 1892 aus dem Vereinsnamen getilgt wurde. Gleichzeitig gelang der Aufstieg in die Erste Liga.
Zu Anfang des neuen Jahrhunderts hatten sich die ökonomischen Verhältnisse und die Mitgliederzahlen so weit stabilisiert, daß der Vorstand beschloß, den lokalen Rahmen zu verlassen: Am 28. April 1902 stand im »Manchester Guardian«, daß der Newton Heath FC in »Manchester United Football Club« umbenannt worden war. 1907 schließlich wurde der Klub in eine Aktiengesellschaft gewandelt.
Schon im folgenden Jahr – 1908 – gewann Manchester United die erste Liga-Meisterschaft mit dem beachtlichen Vorsprung von neun Punkten vor Aston Villa. Der damalige Präsident John Davies belohnte den Triumph durch den Kauf des berühmten Stadions »Old Trafford« mit einem Eigenkapital von 60000 Pfund. 1909 gewann Manchester sein erstes Pokalfinale gegen Bristol City 1:0, 1911 zum zweitenmal die Ligameisterschaft.
Bis zum Zweiten Weltkrieg spielte Manchester eine untergeordnete Rolle, mußte in den Jahren 1922 bis 1925, 1932 bis 1936 und 1938 gar in der Zweiten Liga kicken.
1938 wurde die Jugendabteilung gegründet, der Grundstein für eine Epoche des Erfolgs.
Mindestens ebenso wesentlich für die Zukunft des Vereins war die Verpflichtung des Managers Matt Busby am 15. Februar 1945. Er legte größten Wert auf die Intensivierung der Jugendarbeit, was sich sehr schnell auszahlen sollte: Von 1953 bis 1957 gewann Manchester United ohne Unterbrechung den Liga-Pokal (FA Cup) der Junioren. Eine junge, großartige Mannschaft entstand, die ganz Europa das Fürchten lehren sollte: »The Busby Babes«. Dieser Name wurde zu einem festen Begriff in der Fußballwelt. 1956 und 1957 wiederholten sie den Meisterschaftserfolg und verzeichneten obendrein im Europacup der Landesmeister beachtliche Erfolge. 1957 scheiterten sie (1:3, 0:0) erst im Halbfinale gegen den Pokalverteidiger Real Madrid.

Manchester United

Gründung
1878

Anschrift
Manchester United,
Old Trafford,
Manchester M16 ORA,
Großbritannien

Vereinseigentum
Old Trafford Stadion und »The Manchester United Pools«, »The Red Devils' Souvenirshop«, eine Basketballmannschaft, zwei Trainingsanlagen in Salford

Vereinsfarben
Rot-Schwarz-Weiß

Spielkleidung
Rote Hemden, schwarze Hosen, schwarz-weiß-rot gestreifte Stutzen

Stadion
Old Trafford, 58504

Die Erfolge

Landesmeister
1908, 11, 52, 56, 57, 65, 67

Pokal
1909, 48, 63, 77, 83, 85

Europapokal der Meister
1968

Der legendäre Stürme der »Roten Teufel Bobby Charlton, heut einer der Direktore bei Manchester Unite

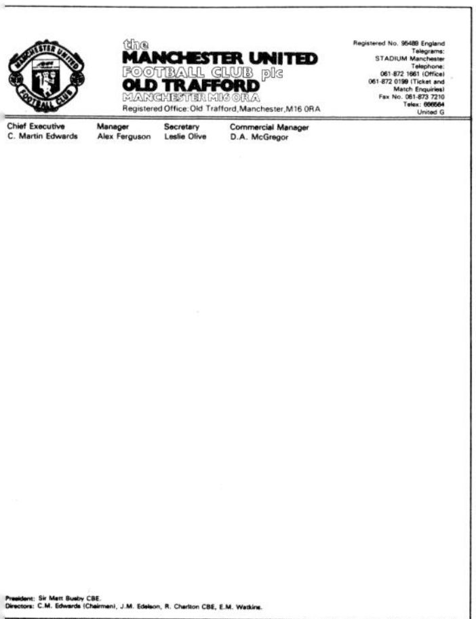
the
MANCHESTER UNITED
FOOTBALL CLUB plc
OLD TRAFFORD
MANCHESTER M16 0RA
Registered Office: Old Trafford, Manchester, M16 0RA

Registered No. 95489 England
Telegrams:
STADIUM Manchester
Telephone:
061-872 1661 (Office)
061-872 0199 (Ticket and
Match Enquiries)
Fax No. 061-873 7210
Telex: 666564
United G

Chief Executive	Manager	Secretary	Commercial Manager
C. Martin Edwards	Alex Ferguson	Leslie Olive	D.A. McGregor

President: Sir Matt Busby CBE.
Directors: C.M. Edwards (Chairman), J.M. Edelson, R. Charlton CBE, E.M. Watkins.

Auf dem besten Weg, die spanischen Matadoren um di Stefano und Gento abzulösen, schien United im folgenden Jahr. Im Viertelfinal-Rückspiel traf Manchester am 5. Februar 1958 in Belgrad auf Roter Stern. Die erste Begegnung in »Old Trafford« hatte 2:1 für die Engländer geendet. Schon nach einer guten halben Stunde war alles entschieden, United spielte Fußball wie von einem anderen Planeten. Linksaußen Viollet erzielte das 1:0, der 19jährige Bobby Charlton traf jeweils zum 2:0 und 3:0. Er sollte jener Mann werden, der die Geschicke von Manchester ebenso wie die der englischen Nationalmannschaft über ein Jahrzehnt lang mit Klugheit und außerordentlichem Können lenkte. Manchester United, das am Ende noch ein 3:3 hinnehmen mußte, bot in jener ersten halben Stunde von Belgrad all das, was das Team auszeichnete. Intelligente Individualisten hatten sich zu einer ungewöhnlichen Ansammlung zusammengefunden, gelenkt und geordnet vom väterlichen Busby, der überaus konzentriert mit den großen Talenten gearbeitet hatte.

Am folgenden Tag, dem 6. Februar, flogen die britischen Fußballer zurück; in München hatten sie einen Zwischenstopp, um die Maschine aufzutanken. Nach zwei abgebrochenen Startversuchen unternahm der Pilot genau um 15.03 Uhr einen dritten Anlauf. Doch erneut gelang es ihm im Nebel nicht, das Flugzeug hochzubekommen. Die »Elizabethan« raste in eine Böschung, fing Feuer und explodierte.

19 von 28 Passagieren starben; unter ihnen acht Spieler von United: die Abwehrspieler Roger Byrne, Geoff Bent und Mark Jones, die Mittelfeldspieler Eddie Colman und Duncan Edwards und die Stürmer Billy Whelan, Tommy Taylor und David Regg.

Acht Spieler überlebten: die Torhüter Harry Gregg und Ray Wood, die Deckungsspieler Jacky Blanchflower und Bill Foulkes sowie die Aufbau-Akteure und Angreifer Ken Morgans, John Berry, Dennis Viollet, Bobby Charlton und Albert Scanlon. Manager Busby schwebte im Münchner Krankenhaus rechts der Isar monatelang in Lebensgefahr, kam schließlich aber ebenfalls davon.

Im Halbfinale gewann United zu Hause mit einer Mannschaft, die mit Nachwuchsspielern komplettiert worden war, gegen den AC Mailand 2:1, unterlag jedoch im Rückspiel deutlich 0:4 und schied aus. Eine ungeheure Sympathiewelle trug das auf so tragische Weise seiner Besten beraubte Team ins englische Pokalendspiel, das die Bolton Wanderers allerdings mit 2:0 Toren für sich entschieden.

Für Matt Busby gab es beinahe nur noch ein Lebensziel: Er wollte den Europacup unter allen Umständen, er wollte diesen Pokal sozusagen als letzten Dienst an den gestorbenen Spielern. Schon fünf Jahre nach dem Unglück hatte er mit zäher Arbeit wieder eine Mannschaft zusammengestellt, die

das englische Cupfinale 3:1 gegen Leicester gewann. In ihr standen nur noch zwei Überlebende von München: Bobby Charlton und Bill Foulkes. Doch um die beiden herum hatte Busby hervorragende Akteure wie Mosaiksteine gebaut: Dennis Law hatte er vom AC Turin zurückgeholt, Pat Crerand von Celtic Glasgow und der jungenhafte George Best von Hibernian Cork waren aus Schottland gekommen.
1965 und 1967 holte United die englische Meisterschaft, die sechste und siebte für den Verein. Und nach genau zehn Jahren, drei Wochen und drei Tagen war Busbys Traum nach Siegen über Hibernian La Valetta aus Malta, Sarajevo, Gornik Zabrze aus Polen und Real Madrid (1:0, 3:3) in Erfüllung gegangen: Manchester United stand am 28. Mai 1968 im Londoner Wembleystadion gegen Benfica Lissabon im Endspiel um den Europacup der Landesmeister.
Manchester spielte phantasievoll und offensiv, mit überraschenden Direktpässen, nahezu die gesamte Mannschaft, abgesehen von Nobby Stiles und Bill Foulkes, die sich um den Superstar Eusebio kümmerten, befand sich im Angriff. Obwohl Bobby Charlton in der 53. Minute das 1:0 erzielte, erlahmte der Widerstand der Portugiesen nicht. Sie kamen durch Graca (75.) zum Ausgleich. In der Verlängerung jedoch gingen sie im grandiosen Wirbel der Briten völlig unter. Der langhaarige Rechtsaußen George »Beatle« Best wirbelte mit seinen unglaublichen Dribblings die Abwehr völlig durcheinander, und Linksaußen John Aston hatte den Sterntag seiner Laufbahn; Ballannahmen, Direktschüsse, Soli, blitzschnelle Stops und gefühlvolle Flanken, alles gelang dem brillanten Linksfüßler. Manchester hatte am Ende 4:1 gesiegt. Folgende elf Spieler waren als Autoren dieses Stücks Fußballgeschichte aufgetreten: Stepney; Brennan, Dunne, Crerand, Foulkes, Stiles, Best, Kidd, Charlton, Sadler, Aston. Die Tore hatten Charlton (2), Best und Kidd erzielt.
Dies war der Höhepunkt der Vereinsgeschichte, der Abstieg begann beinahe sofort. Im inoffiziellen Bewerb um den Weltpokal für Vereinsmannschaften unterlag Manchester Estudiantes de la Plata 0:1, 1:1. Und im April 1969 schied das Team von Bobby Charlton gegen AC Mailand (0:2, 1:0) im Europacup-Halbfinale aus. Viele behaupteten, daran sei maßgeblich der Lebenswandel von George Best schuld gewesen. Matt Busby hatte 1969 die Nase voll, er gab den Managerposten auf und wurde Direktor des Klubs. Seine Nachfolger konnten die großen Erfolge nicht wiederholen, obwohl es prominente Trainer waren: Tommy Docherty (1972 bis 1977) etwa, Dave Sexton (1977 bis 1981) oder Ron Atkinson (1981 bis 1986). Englischer Meister wurde Manchester seitdem nicht mehr, nur zweimal (1977 und 1983) gelang es, den Ligapokal nach Manchester zu holen. Seit 1986 führt Ron Ferguson die Mannschaft.

Old Trafford-Stadion. Kleines Bild: Verwaltung von Manchester United.

Die heutige Organisation

Der »Manchester United Football Club, Public Limited Company« besitzt das Stadion »Old Trafford« sowie die beiden Trainingsanlagen »The Cliff« und »Little Road«. Die Aktienmehrheit hält Mr. Martin Edwards.

Obwohl United schon seit 20 Jahren keinen Meistertitel mehr gewonnen hat, gehört der Klub zu den populärsten der Liga. So erklärt sich der hohe Zuschauerschnitt von 40 000 bis 50 000, der Manchester eine solide finanzielle Basis sichert. Trotzdem hat sich die Lage des Vereins verschlechtert, seitdem der europäische Verband UEFA 1985 wegen der tödlichen Krawalle von Brüssel ein Verbot für englische Mannschaften verhängt hat, an den europäischen Wettbewerben teilzunehmen. Die Mindereinnahmen schwächen die Konkurrenzfähigkeit auf dem internationalen Transfermarkt.

Tottenham Hotspur

Ein paar Jungen, die zu Anfang der 80er Jahre des vorigen Jahrhunderts im Nordosten Londons, an der High Road und rund um den Northumberland Park wohnten, gründeten einen Verein, den »Hotspur Cricket Club«. Zum Vorbild hatten sie sich Sir Henry Percy jun. genommen, einen adeligen Rebellen gegen das englische und das schottische Königshaus. Percy trug in Shakespeares Dramen »Richard III.« und »Heinrich IV.« den Namen »Henry Hotspur«; was nichts anderes als »Heißsporn« bedeutet.
Wie üblich endete die Cricket-Saison im September, und zur Überbrückung der langen Winterpause spielten die Jungen Fußball. Das gefiel ihnen so sehr, daß sie beschlossen, ihren neuen Sport ebenfalls im Verein auszuüben. Am 5. September 1882 gründeten sie unter einem Laternenpfahl, nur einen Katzensprung vom heutigen Tottenham-Stadion an der White Heart Lane entfernt, den »Hotspur Football Club«, den sie bald in »Tottenham Hotspur Football Club« umbenannten, um Verwechslungen mit dem rivalisierenden Verein »London Hotspur« auszuschließen.
Obwohl die »Spurs« schon am 16. Dezember 1885 den Professionalismus eingeführt hatten und sich drei Jahre danach in eine Aktiengesellschaft umgewandelt hatten, führten sie ein relativ bescheidenes sportliches Dasein in regionalen Pokalturnieren und der »Southern League«, in der sie 1900 erstmals Erste wurde. Im Jahr darauf gewann Tottenham als erstes Team, das nicht der Ersten Division angehörte, den englischen Pokal durch ein 3:1 im Wiederholungsspiel gegen Sheffield United, nachdem die erste Partie 2:2 geendet hatte.
1908 wurde der Verein in die Zweite Liga aufgenommen und erreichte schon ein Jahr darauf den Aufstieg in die Erste Division. Als 20. und Letzte stiegen die Spurs 1915 wieder ab. Und das Hin und Her, Rauf und Runter setzte sich fort: 1920 Meister der Zweiten Liga mit dem Rekord von 70 Pluspunkten, 1921 zweiter Gewinn des FA-Pokals durch ein 1:0 über Wolverhampton. Das Pendeln zwischen der ersten und zweiten Klasse bestimmte auch in den 30er Jahren die Geschicke des Klubs, der erst 1951 zu seiner ersten englischen Meisterschaft gelangte; als zweiter Londoner Verein nach Arsenal. Einer der überragenden Spieler dieser Ära war der Weltklasseverteidiger Alf Ramsey, der Englands Nationalelf 1966 als Trainer zur Weltmeisterschaft (Finale 4:2 nach Verlängerung gegen Deutschland) führte. Die Spurs bevorzugten den sogenannten »Push-and-rush«-Stil, eine typisch britische Art des Spiels mit harten und weiten Pässen und schnellen Läufen auf den Flügeln.
Genau ein Jahrzehnt später holte sich Tottenham völlig überraschend das »Double«, Meisterschaft und Pokal zugleich. Den Titel gewann die Mannschaft mit einem Punkt

Tottenham Hotspur

Gründung
1882

Anschrift
Tottenham Hotspur,
748 High Road, Tottenham,
London N17 OAP
Großbritannien

Vereinseigentum
White Heart Lane Stadion mit Grundstück, mehrere Geschäfte, u. a. das Reisebüro Spurs Travel, zwei Fanshops

Vereinsfarben
Weiß-Blau

Spielkleidung
Weiße Hemden, blaue Hosen, weiße Stutzen

Stadion
White Heart Lane, 50000

Die Erfolge

Landesmeister
1951, 61

Pokal
1901, 21, 61, 62, 67, 81, 82

Europapokal der Pokalsieger
1963

UEFA-Pokal
1972, 84

Der erste Doppelsiege[r] in moderner Zeit, Tottenha[m] Hotspur vom Jahre 196[1]. Stehend von links: Bill Brown, Peter Baker, Ro[n] Henry, Danny Blanchflowe[r], Maurice Norma[n] und Dave MacKa[y]. Sitzend von links: Cliff Jone[s], John White, Bobby Smit[h], Lee Allen, Terry Dyso[n]

Tottenham Hotspur
Football & Athletic Company Limited
748 High Road, Tottenham, London N17 0AP
Telephone 01-801 3411
(16 lines)
Members of The Football Association and The Football League
Registered Office as above and Registered in England No. 57186
Telex 295261

Vorsprung vor Sheffield Wednesday, den Cup durch ein 2:0 gegen Leicester City. Das Team dieser Zeit zählte zu den besten Vereinsmannschaften Europas, dessen Spiel von großer Beweglichkeit, technischem Niveau, kontinentalen Einflüssen mit häufigen Positionswechseln und kurzen Pässen geprägt war. Zentrale Figur war Danny Blanchflower, ein dynamischer, beinahe perfekter Mittelfeldspieler, der Kapitän jener nordirischen Nationalauswahl gewesen war, die 1958 bei der WM in Schweden bis ins Viertelfinale vorgestoßen war. Der Angriff wurde 1961 durch Jimmy Greaves verstärkt, der vom AC Mailand nach England zurückgekehrt war. Greaves galt als einer der gefährlichsten Torschützen seiner Epoche. Im Europapokal der Landesmeister scheiterten die Spurs im April 1962 im Halbfinale erst am späteren Sieger Benfica Lissabon (1:3, 2:1).
Wenige Wochen danach hielt sich das Team durch ein 3:1 im englischen Cup-Finale gegen den FC Burnley schadlos. Im folgenden Europacup-Wettbewerb der Pokalsieger gar

stürmte Tottenham Hotspur am 15. Mai 1963 in Rotterdam mit 5:1 Toren über den Endspielgegner Atletico Madrid hinweg. Folgende Mannschaft erreichte diesen Höhepunkt der Klubgeschichte: Jennings; Baker, Henry, Blanchflower, Norman, Marchi, Jones, White, Smith, Greaves, Dyson.

Trotz großer Investitionen hat Tottenham seitdem keine englische Meisterschaft mehr in den Londoner Vorort geholt. Doch drei Cup-Erfolge (1967, 1981, 1982) sowie zwei internationale Triumphe im UEFA-Pokal (1972 2:1 und 1:1 gegen die Wolverhampton Wanderers und 1984 1:1, 1:1 nach Verlängerung und 4:3 im Elfmeterschießen gegen RSC Anderlecht) waren gewiß keine schlechte Ausbeute. 1972 übrigens gehörte der Torhüter Pat Jennings zu den Stars im Team, der Torwart, der 14 Jahre später bei der Europameisterschaft 1984 noch in der irischen Nationalmannschaft stand. Martin Peters, Weltmeister von 1966, und Mittelstürmer Gilzean waren weitere Stützen. Zwölf Jahre später ragten der Argentinier Ardiles, der 1978 im eigenen Land unter Trainer Menotti den WM-Titel erobert hatte, und der Stürmer Steve Archibald, später FC Barcelona, heraus.

Durch den Bau einer neuen Tribüne und enorme Investitionen in Transfers geriet der Verein zu Beginn der 80er Jahre in wirtschaftliche Schwierigkeiten, die von den Direktoren Irving Scholar und P. A. Bobroff im Dezember 1982 dadurch gelöst wurden, daß sie den Klub an der Londoner Börse einführten.

Als letzte aufsehenerregende Ereignisse stehen die Verpflichtung von Manager Terry Venables im Herbst 1987, und der Verkauf des Spitzen-Mittelfeldspielers Glenn Hoddle an den AS Monaco.

Die heutige Organisation

Wegen seiner Zugehörigkeit zur Börse war der »Tottenham Football Club« gezwungen, sich in zwei Organisationen zu spalten. Die an der Börse registrierte »Tottenham Hotspur Company« führt das Kapital an den »Tottenham Hotspur Football & Athletic Club« ab. Zusammen werden sie als »The Group« bezeichnet.

Zum Vereinseigentum gehört das Gelände an der White Heart Lane mit dem umliegenden Gelände, einschließlich zwei Souvenirläden und einem Reisebüro. Nach dem Verkauf der alten Trainingsanlage Chestnut ist der Klub auf der Suche nach einer neuen.

Innerhalb der neuen Tribüne an der White Heart Lane befinden sich Restaurants und Konferenzräume, die häufig vermietet werden und so zusätzlich Einnahmen bringen.

Der finanziell gesunde Verein hat alle Voraussetzungen, seine Profiabteilung zu verstärken und somit auf dem hohen Niveau zu halten.

Stadion »White Heart Lane« von Tottenham Hotspur.

Es war der 15. Juli 1873. An jenem Tag wurde auf Flesher's Haug, einer großen Wiese zwischen Argyle und Clyde im Zentrum von Glasgow, ein Fußballspiel ausgetragen. Unter den Zuschauern befanden sich ein paar junge Männer, die aus dem Dörfchen Garloch im Nordwesten Schottlands zugewandert waren und die in der Nähe ihr Ruderboot zu vertäuen pflegten. Das Spiel animierte sie, selbst einen Fußballklub zu gründen. Nach wilden Disputen einigte man sich schließlich auf die Bezeichnung »Rangers«. So nämlich hieß ein berühmter englischer Cricket-Klub, dessen Namen einer der Pioniere in C. W. Alcocks berühmtem »Football Annual« gefunden hatte.

Schon in der ersten Saison der schottischen Liga überhaupt, 1890/91, gewann der »Glasgow Rangers Football Club« den Titel, den er sich jedoch mit Dumbarton teilen mußte. 1893 ging der Verein zum Profitum über und wandelte sich 1899 zu einer Aktiengesellschaft um.

Auch international machten die Rangers bald von sich reden. 1904 besuchten sie erstmals den Kontinent; in Wien hinterließ das schnelle, präzise Kurzpaßspiel derartigen Eindruck, daß es zum Vorbild für die gesamte Entwicklung des österreichischen Fußballs wurde. Dieser Stil war die Keimzelle dessen, was später als »Wiener Schule« in die Fußballgeschichte einging.

Das Team dominierte neben dem Lokalrivalen Celtic eindeutig die Liga, es wurde zwischen 1899 und 1902 viermal hintereinander Meister, dreimal zwischen 1911 und 1913 und ebenso zwischen 1918 und 1921.

Doch am beeindruckendsten war die Zeit von 1923 bis 1964, als die Rangers nicht weniger als 22 von 35 möglichen Meisterschaften errangen. Der vielleicht größte Erfolg waren aber zwei Siege über Herbert Chapmans weltberühmtes Arsenal-Team sowohl im heimischen Ibrox-Stadion wie auch in London. Den Stil der Mannschaft aus Glasgow beschrieb der schottische Journalist und Schriftsteller Bill Murray in seinem Buch »The old firm« über beide Glasgower Spitzenvereine: »Der Eindruck, den die Rangers auf den neutralen Beobachter machten, ist der einer rauhen, stolz kompromißlosen Maschine, an Erfolg so gewöhnt, daß sie diesen erlebt hat und erlebt wie ein Erstgeburtsrecht.«

Als der Zweite Weltkrieg vorbei war und der Spielbetrieb wieder aufgenommen worden war, meldete sich Glasgow Rangers umgehend mit einem Titel wieder. 1964 trug man sich zum 34. Mal in die Liste der schottischen Meister ein. Schon mit Beginn der 50er Jahre machte der professionale Fußball in England und auch auf dem Kontinent große Fortschritte. Für die schottischen Klubs hatte dies zur Folge, daß mehr und mehr Spieler ins Ausland gingen. Obendrein nahm die Qualität der Klubs in den großen Fußball-Ländern

Glasgow Rangers

Gründung
1873

Anschrift
Glasgow Rangers, Ibrox Stadium, Glasgow G51 2XD, Schottland

Vereinseigentum
Ibrox Park mit Umgebung und Rangers-Pools auf dem Gelände von Ibrox Park

Vereinsfarben
Blau-Weiß

Spielkleidung
Blaue Hemden, weiße Hosen, weiße Stutzen

Stadion
Ibrox Park, 44000

Die Erfolge

Landesmeister
1891, 99, 1900, 01, 02, 11, 12, 13, 18, 20, 21, 23, 24, 25, 27, 28, 29, 30, 31, 33, 34, 35, 37, 39, 47, 49, 50, 53, 56, 57, 59, 61, 63, 64, 75, 76, 78, 87, 89

Pokal
1894, 97, 98, 1903, 28, 30, 32, 34, 35, 36, 48, 49, 50, 53, 60, 62, 63, 64, 66, 73, 76, 78, 79, 81

Europapokal der Pokalsieger
1972

Ibrox Par

auf Kosten der kleineren zu. Aus der Konkurrenzsituation der starken Vereine entstand der Europapokal.
Die ersten 15 Jahre in diesen Bewerben waren für die Rangers eine überaus harte Lehrzeit. Am schmerzhaftesten war vermutlich der Cup der Landesmeister 1960, als man gegen den deutschen Vertreter Eintracht Frankfurt 1:6 und 3:6 ausschied. Im Jahr darauf immerhin erreichte Glasgow bei den Pokalsiegern das Finale, das gegen AC Florenz 0:2 und 1:2 verlorenging. Und auch im zweiten Finale, 1967 ebenfalls bei den Cupgewinnern, zogen die Rangers den kürzeren, diesmal in Nürnberg gegen den FC Bayern München 0:1 nach Verlängerung. Im selben Jahr lief ihnen Celtic national wie international durch den Sieg im Landesmeisterpokal (2:1 über Inter Mailand) den Rang ab.
Es dauerte bis 1972, ehe die Mannschaft wieder einigermaßen konkurrenzfähig war. Dies zeigte sich sehr eindrucksvoll

durch den Sieg im Europapokal der Pokalsieger, als Dynamo Moskau am 24. Mai 1972 im Stadion Nou Camp von Barcelona 3:2 in die Knie gezwungen wurde. Unter Manager Willie Waddel zeichneten sich folgende Akteure aus: McCloy; Jardine, D. Smith, Johnstone, Mathieson, Greig, McDonald, Conn, McLean, Stein, Johnston. Der Erfolg war vor allem durch den überfallartigen Auftakt zustande gekommen; ehe nämlich die Moskauer so recht aufgewacht waren, hieß es bereits 3:0.

Diese hervorragende Mannschaft brach wenige Monate später auseinander. Der europäische Verband UEFA hatte den Rangers das Recht abgesprochen, den Titel zu verteidigen, weil einige ihrer Anhänger den Rasen von Nou Camp schon vor dem Abpfiff betreten hatten, um ihre Lieblinge zu feiern. Darauf wechselten etliche Spieler zu englischen Klubs. Zwar holten sich die Rangers 1975, 1976 und 1978 wiederum die schottische Meisterschaft, doch im Europapokal blieben nennenswerte Erfolge aus.

1986 übernahm Lawrence Marlborough, Besitzer des Bauunternehmens »The Lawrence Group«, die Aktienmehrheit bei den Glasgow Rangers und ordnete den Verein als selbständigen Teil seinem Bau-Imperium zu. Zunächst verpflichtete man nun Graeme Souness, den schottischen Nationalspieler, der in Italien gespielt hatte. Im Sommer 1986 gingen die Rangers massiv auf den englischen Transfermarkt und kauften die Nationalkicker Terry Butcher (Ipswich), Chris Woods (Norwich) und Graham Roberts (Tottenham), worauf sie zum

Directors-Room in der Haupttribüne von Ibrox Park. Unten links: Eingang zum Ibrox Park Unten rechts: Pokalsieger 1972 Hintere Reihe: Struthers, Conn Fyfe, Jackson, Neef, McCloy, B Watson, D. Johnstone, Donaldson, Miller, I. McDonald. Mittlere Reihe: Wallace (Coach) Craig (Trainer), Stein, N. Pirrie

erstenmal nach neun Jahren wieder die Meisterschaft eroberten. Im Herbst 1987 schlugen sie noch einmal gewaltig zu und holten Mark Falco (Watford), Trevor Francis (Sampdoria Genua) und Richard Gough (Tottenham) an den Ibrox-Park. Als letzte bemerkenswerte Erfolgstat verzeichneten die Rangers 1987 in Dubai einen Sieg im sogenannten britischen Supercup durch ein 9:8 nach Elfmeterschießen gegen den FC Everton.

Die heutige Organisation

Die »Glasgow Rangers Football Club, Public Company Limited« besitzt 345 000 Ein-Pfund-Aktien, die sich mehrheitlich in Händen der Lawrence-Group befinden. Dem Verein gehört das Ibrox-Stadion im Südwesten von Glasgow. Außerdem verfügt der Klub über die Spielgesellschaft »Rangers Pools«, die 1964 ins Leben gerufen wurde und dem Verein heute etwa 70 000 Mark pro Woche bringt. Dieses Geld darf nach britischem Gesetz nur zum Unterhalt des Stadions und der Trainingsanlage verwendet werden. Dies hat dazu geführt, daß der Ibrox Park zu den modernsten Stadien Europas gehört. Obendrein konnte der Klub gleichzeitig sparen oder das angesammelte Kapital ausschließlich für den Erwerb neuer Spieler ausgeben.
Die Glasgow Rangers sind einer der reichsten Vereine Großbritanniens. Die neue Führung hat es sich zum Ziel gesetzt, bald den Europapokal der Landesmeister zu gewinnen.

Mathieson, Denny, McKinnon, McCallum, Jardine, Penman, Smith, Walker, Anderson (Trainer), T. Craven. Vordere Reihe: Waddell (Manager), Henderson, Semple, A. McDonald, Alexander, Greig, Parlane, McLean, Morrison, Johnston, Thornton (Assistent).

AC Florenz

Mit Textilien umzugehen weiß man in der Toskana, die Seide von dort ist weltberühmt. 1929 aber unterlief einer Wäscherin in Florenz ein folgenreicher Fehler. Sie stopfte die rote und weiße Spielkleidung des AC Florenz in einen Zuber, brachte wohl auch den Dreck heraus, hatte am Ende aber einheitlich leuchtend violette Wäsche; die heutige Spielkleidung des AC Florenz war gefunden. Der Klub war am 3. September 1926 durch die Fusion von »Club Sportivo Florenz« und »Palestra Ginnastica Libertas« entstanden. Und bis zu jener unglücklichen Wäsche trat man in Rot und Weiß an. Rot, das war die ehemalige Vereinsfarbe von Sportivo, Weiß die von Libertas. So kam es am Waschtag 1929, drei Jahre nach der Vereinsgründung, auch optisch zu einer Verschmelzung beider Vereine. Ein Jahr zuvor hatte der neue Verein in der zweiten Liga, Girone B, sein Debüt gegeben. 1931 gewann der AC dort den Titel und stieg in die höchste Klasse auf. Schon zu diesem frühen Stadium hatte der Verein seinen ausländischen Star. Pedro Petrone war 1931 für 30 000 Lire von Nacional Montevideo geholt. Er war Mittelstürmer der Olympiamannschaft Uruguays, die 1924 in Paris und 1928 in Amsterdam Gold gewonnen hatte und stand auch in der Mannschaft, die 1930 in Uruguay Weltmeister wurde.

Doch auch Petrone konnte die folgende Stagnation in der Entwicklung des Vereins nicht verhindern. Im neuen Stadion, eingeweiht am 13. September 1931 mit einem 2:1-Sieg über Admira Wien, mußte der AC Florenz erkennen, daß in der obersten Liga das Siegen nicht ganz so leicht war wie zuvor in der Serie B. Am Ende der 30er Jahre stand gar der Abstieg. Eine Klasse tiefer siegte man wieder, was den sofortigen Wiederaufstieg zur Folge hatte. Und dann kam der erste große Erfolg des Vereins.

Ein neues Spielsystem setzte sich immer mehr durch. Der bisher offensive Mittelläufer wurde ganz in die Abwehr zurückversetzt und sollte die Kreise des gegnerischen Mittelstürmers weitgehend einschränken. Diese Umstellung von »Il Metodo« zu »Il Sistema« zeigte Erfolg. Am 30. Juni 1940 gewann der AC Florenz durch einen 1:0-Sieg über Genua 93 erstmals den italienischen Pokal.

Wohl aus der Überlegung heraus, daß Spiele nur dann zu gewinnen sind, wenn Tore verhindert werden, hatte Florenz gegen Ende der vierziger Jahre eine außerordentlich starke Abwehr aufgebaut, »Il Blocco« genannt. Es war fast die komplette Nationalmannschaftsabwehr: der linke Verteidiger Sergio Cervati, Libero Francesco Rosetta und die beiden Außenläufer Giuseppe Chiapella und Armando Sergato. Il Blocco stand nicht schlecht. Und weil der Klub in Fulvio Bernardini einen ausgezeichneten Trainer verpflichtet hatte, darüber hinaus durch Torwart Guiliano Sarti, den brasiliani-

A.C. Fiorentina –Florenz–

Gründung
1926

Anschrift
A.C. Fiorentina, Piazza Fra Savonarola 6
50132 Florenz, Italien

Vereinseigentum
Verträge der Spieler

Vereinsfarben
Violett

Spielkleidung
Violette Hemden, weiße oder violette Hosen und Stutzen

Stadion
Stadio Comunale, 66 334

Die Erfolge

Landesmeister
1956, 69

Pokal
1940, 61, 66, 75

Europapokal der Pokalsieger
1961

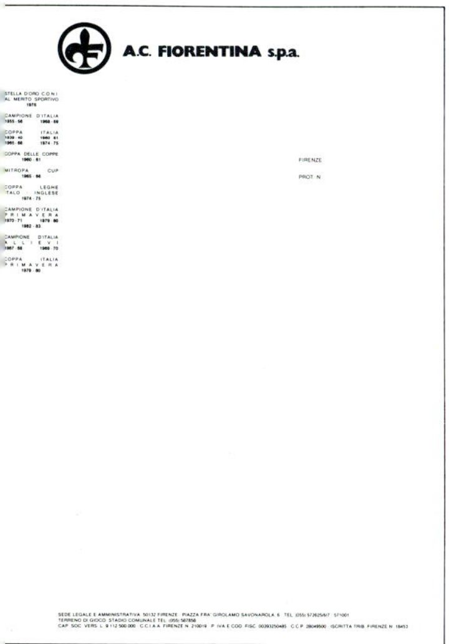
A.C. FIORENTINA s.p.a.

schen Rechtsaußen Julinho von Palmeiras, den Torschützenkönig Giuseppe Virgili von Udinese und den Argentinier Miguel Montuori verstärkt wurde, ging es stetig aufwärts mit Fiorentina. Am 3. Juni 1956, am letzten Spieltag, verlor der Klub gegen Genua 93 das erste Spiel dieser Saison, die erste Meisterschaft war ihm da schon längst nicht mehr zu nehmen.

Der große Wurf gelang 1961. Im Finale des Europapokals der Pokalsieger siegte Florenz über Glasgow Rangers 2:0 und 2:1. Entscheidend beigetragen zu diesem ersten internationalen Erfolg hatte der schwedische Rechtsaußen Kurt Hamrin. 289mal lief er für den AC Florenz auf und erzielte 150 Tore, so viel, wie nach ihm kein Spieler mehr beim AC Florenz.

Doch so erfolgreich war der Verein bis heute auch nicht mehr. 1969 gelang zwar der zweite Meistertitel, 1975 der insgesamt vierte Pokalsieg, seitdem aber ging es bergab mit dem AC Florenz. Mit der Umwandlung in eine Aktiengesellschaft 1978 und dem Verkauf der Aktienmehrheit an die Familie Pontello, erhoffte man sich eine Verbesserung der wirtschaftlichen und damit auch der sportlichen Situation. Ranieri Pontello wurde zum Präsidenten gewählt, Giancarlo de Sisti, Mitglied der Meistermannschaft von 1969, als Trainer verpflichtet. Und kurzzeitig sah es tatsächlich so aus, als ob der AC Florenz um die Meisterschaft mitspielen könnte. Um den brillanten Regisseur Antognoni war eine schlagkräftige Truppe entstanden. Doch am 22. November 1980 wurde Antognoni von dem Torwart von Genua 93 mit dem Knie an der Schläfe getroffen. Lange Zeit schwebte er in Lebensgefahr. Als er nach über vier Monaten wieder in die Mannschaft zurückkehrte, hatte Florenz entscheidende Spiele verloren. Juventus Turin wurde mit einem Punkt Vorsprung Meister. Dem AC blieb nur der zweite Platz.

Im Sommer 1987 unterschrieb der schwedische Trainer Sven-Göran Eriksson vom AS Rom bei Florenz, und Libero Glen Hysen vom IFK Göteborg wurde verpflichtet. Die ersten Voraussetzungen zu einem neuen Angriff auf die nationale Spitze waren geschaffen, da kam Finanzier und Präsident Ranieri Pontello Ende 1987 bei einem Flugzeugunglück ums Leben.

Finalist Europapokal der Meister 1957. Hintere Reihe von links: Cervato, Prini, Segato, Rosetta, Gratton. Vordere Reihe von links: Virgili, Julinho, Montuori, Sarti, Chiapella, Magnini.

Die heutige Organisation

Die Associacione Calcio Fiorentina, Spa. Firenze, besitzt lediglich die Spielerverträge. Es existieren aber Pläne über den Bau eines modernen Sport- und Erholungszentrums außerhalb von Florenz. Das größte Problem des Vereins ist seine schwache Position auf dem italienischen Spielermarkt. Momentan beherrschen fünf Vereine den Markt: Juventus Turin, Internazionale und AC Mailand, AS Rom und der SSC Neapel. Der AC Florenz zählt nicht zu den Branchenführern.

AC Mailand

Eine Gruppe von Engländern, die um die Jahrhundertwende in Mailand lebte, traf sich gerne und häufig in »The American Bar« in der Via Berchet, gleich neben einer Trattoria, in der sich meist einige Italiener aufhielten, die bei der Spatenbrauerei arbeiteten. Gemeinsam war ihnen das Interesse am Fußball. Am 18. Dezember 1899 versammelten sich die beiden Gruppen im »Hotel du Nord« und gründeten den »Milan Cricket and Football Club«. Als Vereinsfarben wählten sie Rot und Schwarz, was Gründungsmitglied Hubert Kiplin so begründete: »Rot ist die Farbe des Teufels und Schwarz verbreitet Angst und Schrekken.« Das muß zweifellos so gewesen sein – der AC gewann 1901 die erste Meisterschaft, 1906 und 1907 die nächsten Titel.

1923 wurde der Professionalismus in Italien eingeführt, und von nun an dominierten eindeutig die Mannschaften aus den Großstädten. Das Fußballspiel hatte sich da bereits zur Unterhaltungsindustrie entwickelt mit enormen Zuschauerzahlen und erheblichem Kapitalumsatz.

Das wachsende Interesse erforderte für den AC ein neues, 40 000 Menschen fassendes Stadion, das »San Siro«, das 1926 eingeweiht und neun Jahre später von der Stadt übernommen wurde.

Die Aufhebung des Verbots für Spielerimporte im Jahr 1948 fiel mit dem Gewinn der Goldmedaille der schwedischen Mannschaft im olympischen Finale von London gegen Jugoslawien zusammen. Bei den skandinavischen 3:1-Siegern verblüfften vor allem die drei Stürmer Gunnar Gren, Gunnar Nordahl und Nils Liedholm. Allesamt wurden sie vom AC Mailand gekauft, der darüber hinaus auch den Ungarn Lajos Cseizler verpflichtete, der als Trainer zuvor beim IFK Norrköping mit Nordahl und Liedholm gearbeitet hatte. Damit begann die für den italienischen Profi-Fußball so typische Ära der »Legionäre«. Auch wenn ab jetzt die Ausländer in der nationalen Liga eine entscheidende Rolle spielen sollten, der Begeisterung der »Tifosi« für ihre Mannschaft tat das keinen Abbruch.

Bis dahin hatte der AC Mailand einen zweifelhaften Ruf als überhartes Team gehabt, aber mit dem schwedischen Innensturm, der unter der Bezeichnung »Gre-No-Li« Weltruhm erlangte, änderte sich der Stil total. Das Trio entwickelte ein elegantes, intelligentes und variables Paßspiel, das die Mannschaft über 20 Jahre prägen sollte.

Der Durchbruch erfolgte schon 1951 mit dem ersten Meistertitel nach 44jähriger Unterbrechung, noch im selben Jahre holte sich der AC die »Coppa Latina«, die unter den Meistern Portugals, Spaniens, Frankreichs und Italiens ausgespielt wurde.

Um »Gre-No-Li« zu stoppen, führte der clevere Nereo Rocco,

AC Mailand

Gründung
1899

Anschrift
AC Mailand, Via Turati 3, 20121 Mailand, Italien

Vereinseigentum
Trainingsanlage Milanello

Vereinsfarben
Rot-Schwarz

Spielkleidung
Rot-schwarz-gestreifte Hemden, weiße Hosen, weiß-rot-schwarze Stutzen

Stadion
Meazza-Stadion (früher San Siro), 83 141

Die Erfolge

Landesmeister
1901, 06, 07, 51, 55, 57, 59, 62, 68, 79, 88

Pokal
1967, 72, 73, 77

Europapokal der Meister
1963, 69, 89

Europapokal der Pokalsieger
1968, 73

Weltcup für Vereinsmannschaften (inoffiziell)
1969

von 1954 bis 1961 Trainer in Padua, sogar eigens einen neues Abwehrsystem, den sogenannten »Catenaccio« ein, in dem er dem früheren Inter-Star Blason die Rolle des ersten Libero der Fußballgeschichte gab.

Als Trainer Cseizler und Gunnar Gren den Verein verlassen hatten, kam 1954 Juan Alberto Schiaffino von Penarol Montevideo, danach gewannen die Mailänder dreimal (1955, 1957 und 1959) den Titel. Angelpunkt dieser großen Mannschaft war »la diagonale«, das Zusammenspiel zwischen Liedholm und Schiaffino. Im entscheidenden Moment erfolgte dabei der Paß von Liedholm, dem Kapitän und Regisseur, zu Schiaffino, der mit seiner Technik und Übersicht den Gegner vor unlösbare Probleme stellte. In der Abwehr war Maldini ein starker Organisator, ideal unterstützt vom linken Läufer Bergamasci.

Der dänische Rechtsaußen Sörensen leistete wertvolle Arbeit für die Torschützen Nordahl und Ricagni, einen weiteren Argentinier.

Das leicht veränderte Team erreichte im Mai 1958 das Endspiel im Europacup der Landesmeister gegen Pokalverteidiger Real Madrid. Nach zweimaliger Führung unterlag der AC erst in der Verlängerung 2:3, wobei die Verletzung von Liedholm gegen Ende eine nicht unwesentliche Rolle gespielt hatte, zumal damals ein Spieleraustausch noch nicht erlaubt war. Im Jahr darauf beendete Nils Liedholm seine Karriere, ein Generationswechsel trat ein.

Italienischer Meister von 1955. Hintere Reihe von links: Frignani, Zagatti, Liedholm, Nordahl, Maldini, Schiaffino. Vordere Reihe von links: Buffon, Bergamaschi, Sörensen, Ricagni, Silvestri.

Im Sommer 1958 hatte der AC Mailand den Brasilianer Altafini verpflichtet, der bei der gerade beendeten Weltmeisterschaft in Schweden bis zum Viertelfinale Mittelstürmer gewesen war und erst nach einer Verletzung durch Vava ersetzt wurde. Zwei Jahre später kam der erst 17jährige Gianni Rivera aus Alessandria. Und neuer Trainer wurde Nereo Rocco, der seine Leute umgehend zur achten Meisterschaft und vor allem ins Finale um den Europacup führte. Gegen Benfica Lissabon trat am 22. Mai 1963 folgende Elf an: Ghezzi; David, Trebbi, Benitez, Maldini, Trapattoni, Pivatelli, Sani, Altafini, Rivera und Mora. Dem Treffer Eusebios setzte Altafini zwei Tore entgegen, der AC Mailand gewann 2:1 und somit zum ersten Mal den wertvollsten europäischen Pokal. Maldini war der gewohnt souveräne Stopper gewesen, Rivera und der brasilianische Nationalspieler Dino führten klug Regie, und Trapattoni schloß im Mittelfeld alle Lücken. Damit hatte das Team zweifellos den Höhepunkt der Vereinsgeschichte erreicht.

Die dritte große Periode des Klubs begann 1968 mit dem Gewinn des Europapokals der Pokalsieger. Gegen den Hamburger SV mit Uwe Seeler schoß der Schwede Kurt Hamrin beide Tore zum 2:0. Nach dem neunten Meistertitel im selben Jahr gewann Milano 1969 den zweiten Landesmeister-

Eine weltbekannte Fußballhochburg: Mailands San Siro-Stadion, heute Giuseppe-Meazza-Stadion.

AC Mailand

ieger im Europapokal der leister und im Weltpokal 1969. lintere Reihe von links: chnellinger, Malatrasi, ormani, Nereo Rocco Trainer), Rosato, Rivera, rati, Cudicini. ordere Reihe von links: I. Bergamasco (2. Trainer), rapattoni, Lodetti, nquilletti, K. Hamrin.

talienischer Meister 1988. lintere Reihe von links: assotti, M. Van Basten, Mussi, . Galli, Nuciari, G. Galli, imonta, Maldini, R. Gullit, irdis, Zanoncelli. littlere Reihe von links: agani (Masseur), incolini (Physischer Trainer), . Sacchi (Trainer), Galbiati 2. Trainer), F. Pagani Masseur). ordere Reihe von links: olombo, Bianchi, Stroppa, ostacurta, Bortolazzi, . Baresi, Donadoni, Evani, ncelotti, Massaro.

Europacup durch ein 4:1 gegen Ajax Amsterdam und wenige Wochen später in zwei skandalösen Partien (3:0, 1:2) gegen Estudiantes de la Plata den inoffiziellen Weltpokal. Die Persönlichkeiten des AC waren der lange Torhüter Cudicini, Libero Malatrasi, der deutsche Verteidiger Karl-Heinz Schnellinger, die Mittelfeldspieler Rosato, Trapattoni und Rivera, die Außenstürmer Hamrin und Prati sowie Mittelstürmer Sormani.

In den 70er Jahren wurde es ein wenig ruhiger um den Verein, der dennoch zweimal den italienischen Pokal (1972/73), einmal den Europacup der Pokalsieger (1973) und einmal unter dem ehemaligen Spieler und Trainer Liedholm die Ligameisterschaft (1979) gewann. Letzeres zum zehntenmal übrigens, wofür sich der Klub als dritter nach Juventus Turin und Internazionale Mailand mit dem »goldenen Stern« schmücken durfte.

Anfang der 80er Jahre erschütterte ein Bestechungsskandal den italienischen Fußball, an dessen Ende Lazio Rom und AC Mailand in die zweite Liga zwangsversetzt wurden. Erst 1984 stieg der Verein endgültig wieder auf.

Am 10. Februar 1986, um 21 Uhr, wurde bekanntgegeben, daß der Multimillionär und Medienzar Silvio Berlusconi die Leitung des Klubs übernommen habe. Damit war klar, daß eine neue Periode beginnen würde. Immerhin macht Berlusconi seit ein paar Jahren mit seinen privaten Fernsehsendern ein dermaßen gutes Geschäft, daß er buchstäblich nicht weiß, wohin mit dem vielen verdienten Geld. Er kaufte im Sommer eine Reihe junger Nationalspieler wie Galli und Massaro vom AC Florenz, Bonetti von Sampdoria Genua und Donadoni von Atalanta Bergamo. Die zusammengekaufte Mannschaft freilich spielte noch zu unausgeglichen. Als Trainer Liedholm 1987 zum AS Rom wechselte, ging Berlusconi auf den internationalen Spielermarkt: Er kaufte den jungen argentinischen Stürmerstar Claudio Borghi, der später an Como ausgeliehen wurde, Marco van Basten (Ajax Amsterdam) und Ruud Gullit (PSV Eindhoven), 1987 Europas »Fußballer des Jahres«. Mit diesen Neuerwerbungen haben die Mailänder endlich wieder den nationalen Titel 1988 vor dem Maradona-Klub SSC Neapel gewonnen.

Die heutige Organisation

Die »Associazione Calcio Milan, Societa per Azioni« wurde in den 60er Jahren zu einer Aktiengesellschaft umgewandelt. Dem Verein gehört die Trainingsanlage Milanello, 50 Kilometer nordöstlich von Mailand. Nachdem Silvio Berlusconi die Geschäfte übernommen hat, mangelt es nicht an Geld, um den Platz unter den führenden Vereinen der Welt zurückzuerobern.

23 mit dem Vereinsleben unzufriedene Mitglieder von Juventus Turin beschlossen Anfang Dezember 1906, sich in der Kneipe »La Birreria S« zu treffen, um dort einen neuen Klub zu gründen. Zu ihnen stießen sechs Leute vom »Football Club Torinese«. Nach drei Stunden Diskussion hoben die 29 den »Football Club Torino« am 3. Dezember aus der Taufe, dessen Farben Granat-Rot und Weiß sich möglichst stark vom Schwarz-Weiß von »Juve« abheben sollten. Zum Vereinssymbol wählten sie »Il Toro«, den Stier, das Wappentier der Stadt.

Gleich im Jahr darauf trafen die beiden Ortsrivalen in den ersten Lokalderbys aufeinander, der FC gewann beide Male, 2:1 und 4:1. Damit war der Grundstein gelegt zu einer erbitterten Gegnerschaft, die zu einem der heißesten Derbys des europäischen Kontinents führte. Während die Juventus-Anhängerschaft hauptsächlich aus den schnell wachsenden Vorstädten stammte, kamen die Torino-Fans meist aus den älteren, zentral gelegenen Vierteln.

Obwohl stets zu den besten Mannschaften Italiens gehörend, konnte der AC (Associazione Calcio), wie Torino nach einer von den Faschisten erzwungenen Namensänderung hieß, erst 1943, also 13 Jahre nach Schaffung der Serie A, der Nationalliga, die erste Meisterschaft gewinnen.

Daran hatte ein Mann durchaus Verdienst, der lediglich indirekt Kontakt zum Klub hatte. Vittorio Pozzo, als Jugendspieler aktiv gewesen beim FC Turin, war Trainer des italienischen Teams, das 1934 und 1938 jeweils Weltmeister wurde. Unter seinem Beinamen »Eminenz« leitete er eine Gruppe ehemaliger Torino-Spieler, die dem Verein mit Rat und Tat zur Seite standen. Nach einem Krach mit dem Präsidenten Feruccio Novo beendete Pozzo seine Beratertätigkeit, hatte zuvor aber noch den Tip gegeben, die beiden Innenstürmer Valentino Mazzola und Enzio Loik aus Venedig zu holen – ein Rat, der pures Gold wert war. Die beiden, die im Mai 1942 einen Vertrag unterschrieben, hatten entscheidende Bedeutung für die erfolgreichste Epoche des Vereins.

Die begann schon in der folgenden Saison, die der AC als italienischer Meister und Pokalsieger beendete. Nach einer Unterbrechung durch den Zweiten Weltkrieg gewann Torino von 1946 bis 1949 viermal hintereinander den »scudetto«, jenes kleine grün-weiß-rote Emblem, das der Erste der Serie A auf dem Trikot tragen darf. Der AC war der Konkurrenz meilenweit überlegen: 1947 gewann er mit zehn Punkten Vorsprung vor Juventus, im Jahr darauf mit 16 Punkten vor dem AC Mailand. Und mit 125 Toren schossen die Turiner 49 (!) mehr als der norditalienische Rivale.

In jenen Jahren stellten die Turiner vermutlich das beste Team des Kontinents, das gewiß den Europapokal gewonnen

Torino Calcio – FC Turin –

Gründung
1906

Anschrift
Corso Vittorio Emanuele 77, 10128 Turin, Italien

Vereinseigentum
Die Verträge der Spieler
Stadion Filadelfia

Vereinsfarben
Rot-Weiß

Spielkleidung
Rote Hemden, weiße Hosen, rote Stutzen

Stadion
Stadio Comunale, 71 160

Die Erfolge

Landesmeister
1927 (aberkannt), 28, 43, 46, 47, 48, 49, 76

Pokal
1936, 43, 68, 71

Traditionsreich wie der FC Turin ist das alte Verwaltungsgebäude des Vereins am Corso Vittorio Emanuele.

TORINO CALCIO S.p.A.

10126 TORINO - Corso Vittorio Emanuele 77 - Telefono (011) 51.39.41 - Telegr. CALCIOTORINO
Telefono stadi: Comunale (011) 32.74.74 - Filadelfia (011) 67.60.36/63.07.57
Cap. Soc. L. 12.000.000.000 - Tribunale di Torino N. 348/59 Soc. - Codice Fiscale N. 01721390019 - Telex 220166 TORO I

hätte, wenn es ihn damals schon gegeben hätte. Die von Trainer Lievesley und dem Technischen Leiter Erbstein geführte Mannschaft griff häufig mit sieben Spielern gleichzeitig an, was sie sich wegen der schnellen Verteidiger leisten konnte, die Konterattacken meist schon im Keim erstickten. Mittelläufer Rigamonti war groß, kräftig und kopfballstark, ein technisch hervorragender Abwehrspieler, ebenso wie der Stilist Maroso, der auch im Sturm spielen konnte. Der Techniker Grezar erreichte Berühmtheit durch seine harten und präzisen Weitschüsse, während Castigliano als physisches Phänomen mit großem Laufvermögen galt. Vorne im Sturm funktionierte das Zusammenspiel des eleganten Loik mit dem akrobatischen Mazzola, dessen Sohn später bei Inter Mailand zu einem Weltklassefußballer wurde, wie die Kolben einer gut geölten Maschine. Die begeisterten Zuschauer hatten ihre Freude auch an dem »Abstauber« Gabetto, der in 175 Ligaspielen 118 Tore erzielte, am Rechtsaußen Romeo

»Der Superga-Elf«: Stehend von links: Castigliano, Ballarin, Rigamonti, Loik, Maroso, Valentino Mazzola. Hockend von links: Bacigalupo, Menti II, Ossola, Martelli, Gabetto. Dieses Gemälde hängt in der großen Treppenhalle des Verwaltungsgebäudes.

Menti und am gefährlichen Linksaußen Ossola. Natürlich stellte diese Mannschaft das Gerüst der italienischen Nationalauswahl.

Am 27. März 1949 wirkten fünf Torino-Spieler – Verteidiger Ballarin, Stopper Rigamonti, Außenläufer Castigliano und die beiden Stürmer Menti und Mazzola – am 3:1-Sieg Italiens in Madrid über Spanien mit.

Am 2. Mai 1949 besiegte der AC Turin in Lissabon in einem Freundschaftsspiel Benfica 4:3. Es waren die letzten beiden Spiele, die Italien und der AC Turin in dieser Besetzung bestritten.

Stadio Comunale.

Tag des Rückfluges aus Lissabon war der 4. Mai. Als sich das Flugzeug LAI G 212 Turin näherte, verlor der Pilot in einer Schlechtwetterzone die Orientierung und die Kontrolle über die Maschine. Mit ohrenbetäubendem Lärm raste das Flugzeug direkt in die Basilika von Superga, etwas außerhalb Turins. Die Uhren der Maschine blieben exakt um 17.05 Uhr stehen. Keiner der Insassen überlebte.

31 Menschen starben, die fünf Besatzungsmitglieder, sämtliche Turiner Spieler, der Trainer, der Technische Direktor, Betreuer und Masseure sowie drei mitreisende Journalisten. Vor besetzten Rängen spielte die Juniorenmannschaft des Vereins anschließend die letzten vier Ligaspiele gegen den Nachwuchs der anderen Klubs, gewann alle vier und verteidigte somit souverän den Meistertitel.

Eine Mannschaft hatte der AC Turin aber nicht mehr. Um den tödlichen Schlag zu kompensieren, nicht um die schmerzliche Erinnerung zu tilgen, kaufte der Klub mehrere ausländische Spieler ein. Von der Katastrophe hat sich der AC Turin bis heute, 30 Jahre danach, noch nicht erholt. Nur einmal, 1976, gewann der Verein unter Trainer Gigi Radice den Meistertitel, den Pokal lediglich zweimal (1968 und 1971). Das Ausbleiben der Erfolge hat dazu geführt, daß der Zuschauerschnitt auf 35 000 sank, weswegen die finanziellen Mittel fehlen, auf dem Transfermarkt führend zu bleiben.

Zum Beispiel mußte der inzwischen wieder in FC umbenannte Klub 1987 erst seinen Nationalverteidiger Francini nach Neapel verkaufen, um den österreichischen Torschützenkönig Toni Polster (Austria Wien) und den dänischen Auswahlspieler Klaus Berggren (AS Rom) verpflichten zu können.

Die heutige Organisation

»Torino Calcio, Societa per Azioni«, genannt »il toro«, wurde zu Ende der 60er Jahre in eine AG umgewandelt.

Außer dem Wert, den die Verträge mit den Spielern repräsentieren, gehört dem Klub nur das Stadion Filadelfia, in dem bis 1957 die Heimspiele ausgetragen wurden. Seitdem spielt man im Stadio Comunale.

AS Rom

Die Dominanz der norditalienischen Vereine aus Mailand und Turin hat die Präsidenten der vier römischen Klubs, Alba, Fortitudo, Roman und Pro Roma schon lange geärgert. Um diese Vorherrschaft zu brechen, trafen sich die Vorsitzenden am 22. Juli 1927 in der Wohnung der Brüder Crostarosa an der Via degli Ufficio del Vicario 35. Am Ende der Diskussion stand der Beschluß, zu fusionieren. Der neue Verein erhielt den klangvollen Namen Associacione Sportiva Roma und die Farben Gelb und Rot, genau wie die Stadt Rom, von der AS auch das Symbol der Wölfin, die Remus und Romulus säugt, übernahm.

Gleich im ersten Jahr wurde der erste ausländische Spieler erworben, der Argentinier Arturo Chini-Luduena, dem viele andere folgten. Ein Erfolg stellte sich schnell ein, 1928 gewann AS die Copa C.O.N.I., den Voräufer des italienischen Pokals, durch ein 2:1 über Modena. Bis 1942 mußten die Römer warten, bis es zur ersten Meisterschaft reichte. Ein Jahrzehnt später stieg das Team allerdings in die Zweite Liga ab. Und obwohl umgehend der Wiederaufstieg geschafft wurde, gelang es auch in der Folge nicht, das ursprüngliche Ziel, den Norditalienern den Rang abzulaufen, in die Tat umzusetzen.

Dafür war den Präsidenten von AS Roma fast jedes Mittel recht, vor allem aber beinahe jeder Betrag billig, mit dem sich namhafte ausländische Stars kaufen ließen. Die bekanntesten waren Juan Alberto Schiaffino und Alcide Ghiggia von Penarol Montevideo, die beiden Torschützen des WM-Endspiels von 1950, das Uruguay sensationell 2:1 gegen Brasilien gewonnen hatte. Andere Berühmtheiten waren Andersson, Selmosson, Knut und Gunnar Nordahl, Bergmark und Jonsson aus Schweden, die Deutschen Schütz (Borussia Dortmund) und Schnellinger (1. FC Köln), Szengeller und Nyers aus Ungarn, die Argentinier Manfredini und Lojacono, Jair da Costa, Angelillo, Sormani und Amarildo aus Brasilien sowie die Spanier Peiro und del Sol. Neben zahlreichen italienischen Nationalspielern versuchten jede Menge Trainer, unter denen Fulvio Bernardini, Alfredo Foni, Feruccio Valcareggi und »Sklaventreiber« Helenio Herrera die berühmtesten waren, endlich wieder den »Scudetto« zu erobern, jenen Anstecker, den der Sieger der Meisterschaft trägt. Doch die gewaltigen Bemühungen wurden lediglich mit dem zweimaligen Gewinn des Pokals (1964 und 1969) belohnt.

Eine Änderung zeichnete sich erst 1979 ab, als der Senator und Multimillionär Dino Viola die Aktienmehrheit bei AS übernahm. Seine erste Amtshandlung bestand darin, das Vereinsabzeichen auszutauschen. Statt der säugenden Wölfin ziert nun ein heulender schwarzer Wolfskopf das gelbrote Trikot.

AS Rom

Gründung
1927

Anschrift
AS Rom, Via del Circo Massimo 7, 0153 Rom, Italien

Vereinseigentum
Trainingsanlage Trigoria

Vereinsfarben
Rot-Gelb

Spielkleidung
Rote Hemden mit gelbem Kragen, rote Hosen, rotgelb-gestreifte Stutzen

Stadion
Stadio Olympico, 80000

Die Erfolge

Landesmeister
1942, 83

Pokal
1964, 69, 80, 81, 84, 86

UEFA-Pokal
1961

Wesentlich wichtiger aber war die Verpflichtung des schwedischen Trainers Niels Liedholm. Der hatte sich schon in den 50er Jahren als Mitglied des legendären schwedischen Stürmertrios »Gre-No-Li« (Gren – Nordahl – Liedholm) beim AC Milan einen großen Namen in Italien erworben. Viola gab ihm zum Neuaufbau völlig freie Hand, vor allem in finanzieller Hinsicht. Liedholm holte den blonden Mittelfeldstar Falcao aus Porto Alegre in Brasilien und legte so den Grundstein zu einer erstaunlichen Erfolgsserie, die 1980 mit dem dritten Pokalgewinn ihren Anfang nahm. Auch 1981, 1984 und 1986 eroberten die Kicker aus Rom die Coppa. Den Höhepunkt der Vereinsgeschichte jedoch bildete das Jahr 1983, in der endlich die Meisterschaft gewonnen wurde. Namen wie Tancredi, Nappa, Oddi, Maldera, Nela, wie Prohaska aus Österreich, Ancelotti, di Bartolomei, Pruzzo, Graziani und Bruno Conti sind mit dieser Glanzzeit von AS eng verbunden.

Das Team erreichte am 30. Mai 1984 sogar das Finale im Europacup der Landesmeister gegen FC Liverpool. Vor 70 000 Zuschauern im Stadio Olympico von Rom glich Pruzzo (43.) die Liverpooler Führung duch Phil Neal (15.) aus. Die Raumdeckung der Römer, die sie als einzige in Italien bis dahin praktizierten, mit dem vor der Abwehr postierten Libero di Bartolomei kam gegen die schnellen englischen Angreifer noch recht gut zum Tragen. Die spielgestaltenden Persönlichkeiten aber, wie der angeschlagene Falcao, sein Landsmann Cerezo sowie die Stürmer Pruzzo, Conti und Graziani, die in der italienischen Weltmeistermannschaft von 1982 gestanden waren, erzielten wenig Wirkung gegen die harten, schnellen Abwehrspieler von Liverpool, so daß bis zum Ende der Spielzeit kein weiterer Treffer gelang. Im Elfmeterschießen schließlich unterlagen die Italiener 2:4.

Symbol des AS Rom: Die Wölfin mit Romulus und Remus. Zugleich Stadtwappen der italienischen Hauptstadt.

1985 wechselte Liedholm zum AC Milan, sein schwedischer Landsmann Sven-Göran Eriksson von Benfica Lissabon wurde Nachfolger. Neben ihm nahm Roma den polnischen Starstürmer Zbigniew Boniek von Juventus Turin unter Vertrag. Italienisches Spitzenformat erreichte der Klub erst ab 1987 wieder, als Liedholm zurückkehrte. Für fast sieben Millionen Mark wurde außerdem der bundesdeutsche Weltklassestürmer Rudi Völler von Werder Bremen eingekauft.

Die heutige Organisation

Die Associacione Sportiva Roma besitzt die moderne Trainingsanlage Trigoria, die 20 Kilometer südlich der Hauptstadt liegt. Die Jugendabteilung des Vereins nimmt in Italien eine führende Rolle ein, ihr entstammen prominente Ballkünstler wie Bruno Conti oder der junge Mittelfeldstar Giannini. Wegen der glänzenden Nachwuchsarbeit wird AS Roma auch in Zukunft zu den starken Vereinen Europas zählen.

FC Internazionale Mailand

Gleich in den ersten Jahren nach der Gründung des »Milan Cricket and Football Club« hatte es ziemlichen Ärger zwischen den italienischen und den ausländischen Klubmitgliedern gegeben. Die »Ausländer« fühlten sich ausgenützt, was einer von ihnen so ausdrückte: »Ihr wollt unsere Mitgliedsbeiträge, und ihr wollt, daß wir euch zum Sieg verhelfen, aber ihr wollt nicht, daß wir mitentscheiden.«

Am 9. März 1908 trafen sich die »Renegaten« im Restaurant »Orlogio«, einem berühmten Treffpunkt Mailänder Künstler, Intellektueller und Literaten.

Die Teilnehmer der Versammlung beschlossen die Abspaltung von ihrem Klub, aus dem später der »AC Mailand« hervorging. Treibende Kräfte waren der Maler Giorgio Muggiani und der Schweizer Enrico Hintermann. Neben den Ausländern gab es unter den Gründungsmitgliedern auch eine kleine Gruppe von Italienern, die sich solidarisiert hatten. Deshalb nannte sich der neue Verein »Football Club Internazionale«; von Anfang an trat man in blau-schwarzen Trikots an.

Der schnelle, elegante Stil der Mannschaft fand schon am Anfang Niederschlag, Inter gewann 1910 die erste Meisterschaft, der 1920 und 1930 die nächsten Titel folgten.

Im Sommer 1927 gelang es, den halbrechten Stürmer Giuseppe Meazza zu verpflichten, der einer der besten Fußballer Europas wurde und mit Giovanni Ferrari als einziger Spieler beiden italienischen Weltmeistermannschaften von 1934 und 1938 angehörte.

Ein Jahr, nachdem Meazza gekommen war, fusionierte der FC Inter mit dem US Milanese. Weil die Faschisten alle Vereine zwangen, italienische Namen zu tragen, nannte sich der Verein nun SS Ambrosiana und ab 1937 Ambrosiana Internazionale. Worauf allerdings eine großartige Erfolgsserie einsetzte: 1938 und 1940 holte sich das blau-schwarze Team jeweils den Meistertitel.

Nach dem Zweiten Weltkrieg, als der Klub seinen alten Namen FC Internazionale, unter dem ihn Experten und Fans kennen, wieder angenommen hatte, begann die Vereinsführung mit der Verpflichtung einer Reihe von ausländischen Spielern: Der Niederländer Faas Servaas Wilkes, einer der stärksten Innenstürmer seiner Zeit, spielte an der Seite des Ungarn Stefano Nyers, der über Slovan Pressburg und Stade Française Paris nach Mailand gekommen war. Über den Linksaußen sagte man damals, er könne schießen so hart »wie ein Pferd zutreten« kann. Auf der Mittelstürmerposition überzeugte Benito Lorenzi. Hand und Fuß jedoch bekam das Spiel erst, als es gelungen war, das schwedische Phänomen Lennart »Nacka« Skoglund zu verpflichten. Skoglund war einer der Stars in der schwedischen Nationalelf gewesen, die

FC Internazionale Mailand

Gründung
1908

Anschrift
FC Internazionale Mailand,
Piazza Eleonora Duse 1,
Mailand, Italien

Vereinseigentum
Centro Angelo Moratti
Trainingsanlage 40 km
nördlich von Mailand

Vereinsfarben
Blau-Schwarz

Spielkleidung
Blau-schwarz-gestreifte
Hemden, schwarze Hosen,
schwarz-blau-gestreifte
Stutzen

Stadion
Meazza-Stadion (früher
San Siro), 83 141

Die Erfolge

Landesmeister
1910, 20, 30, 38, 40, 53, 54,
63, 65, 66, 71, 80, 89

Pokal
1939, 78, 82

Europapokal der Meister
1964, 65

Weltcup für Vereinsmannschaften (inoffiziell)
1964, 65

FC Internazionale 1963: Hintere Reihe von links: Sarti, Guarneri, Jair da Costa, Burgnich, Bedin, Picchi, Facchetti. Vordere Reihe von links: Mazzola, Domenghini, Luis Suarez, Mariolino Corso.

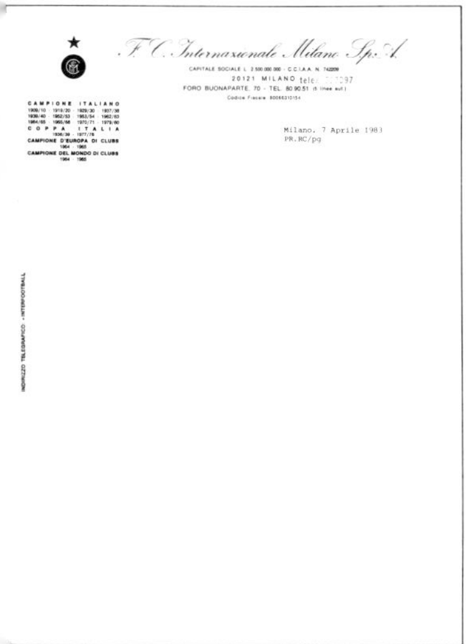

F. C. Internazionale Milano Sp. A.
CAPITALE SOCIALE L. 2.500.000.000 - C.C.I.A.A. N. 742209
20121 MILANO telex
FORO BUONAPARTE, 70 - TEL. 80.90.51 (5 linee aut.)
Codice Fiscale 80066310154

CAMPIONE ITALIANO
1909/10 · 1919/20 · 1929/30 · 1937/38
1939/40 · 1952/53 · 1953/54 · 1962/63
1964/65 · 1965/66 · 1970/71 · 1979/80
COPPA ITALIA
1938/39 · 1977/78
CAMPIONE D'EUROPA DI CLUBS
1964 · 1965
CAMPIONE DEL MONDO DI CLUBS
1964 · 1965

Milano, 7 Aprile 1983
PR.RC/pg

INDIRIZZO TELEGRAFICO - INTERFOOTBALL

1950 bei der WM in Brasilien den dritten Rang belegt hatte. Von ihm schwärmte der Mannschaftskollege Lorenzi: »Wenn Nacka in Form war, bewunderten ihn sogar seine Gegner, ein totales Unikum, ein Spieler von Weltklasse.« 1952 übernahm Alfredo Foni (vorher Juventus Turin) die Trainingsleitung, und er schuf ein System, das auf die großen Solisten bestens paßte: Der FC Inter gewann 1953 und 1954 die Serie A, also die Meisterschaft.

Eine noch erfolgreichere Ära wurde 1955 mit dem Beginn der Präsidentschaft von Angelo Moratti eingeleitet. Moratti investierte enorme Summen in den Kauf brillanter Spieler wie Eddie Firmani, Gary Hitchens, Bengt Lindskog oder Angelillo.

Die alles entscheidende Veränderung aber trat mit dem Engagement des Trainers Helenio Herrera im Jahr 1960 ein. Der 1916 in Argentinien geborene Herrera war eingebürgerter Franzose, hatte in sieben verschiedenen französischen und algerischen Vereinen gespielt. Trainer war er in acht

Klubs, ehe er mit dem neunten, dem FC Barcelona, am 27. April 1960 das Halbfinale im Europacup der Landesmeister gegen den verhaßten Rivalen von Real Madrid verlor. Daraufhin nahm er seinen Hut und unterschrieb bei Inter.
Zwei wesentliche Dinge unterschieden ihn von seinen Kollegen: Der so bezeichnete »Sklaventreiber« verlangte ein Blanko-Bankkonto, um ganz nach Wunsch Spieler kaufen zu können. Statt nach den vorhandenen Kickern das System auszurichten, suchte Herrera nach Akteuren, die sein System ideal nachvollziehen konnten.
Seine Fußballphilosophie war denkbar einfach und dennoch ein wenig ungewöhnlich. Für ihn lag der Sinn des Spiels darin, mehr Tore als der Gegner zu erzielen – wie für alle anderen auch. Aber Herrera dachte, daß es jedem Spieler und dem Trainer freistünde, innerhalb des Reglements ein System zu finden, das zum Tor führt.
Sein, Herreras, Weg dazu sah so aus: Die effektivste Art des Spiels, den Gegner bis in die eigene, dichte Abwehrzone vordringen zu lassen und ihm dort den Ball abzunehmen, was als »Catenaccio« in die Fußballsprache einging. Auf diese Weise wurden Kräfte gespart, die beim Laufen und Passen im Mittelfeld benötigt wurden. Eine gute Mannschaft brauchte folglich gute Techniker und ballsichere Verteiler, die das Mittelfeld schnell und exakt überbrückten. Adressaten der meist weiten Vorlagen waren die ausgeruhten Angriffsspitzen, die sich ganz auf den Abschluß konzentrieren konnten.
Herrera blieb seinem System mit geringen Abweichungen treu. Man nannte ihn wegen der stark auf Defensive eingestellten Idee »den Totengräber des Fußballs«, vergaß darüber jedoch häufig, daß gerade er zwei grundlegende Probleme beispielhaft und originell gelöst hatte: nämlich ohne die Sicherheit der Abwehr zu gefährden, einen überaus gefährlichen Angriff aufzubauen.
Seine in ganz Europa, außer einem Teil von Mailand freilich, ungeliebte Mannschaft gewann 1963, 1965 und 1966 die italienische Meisterschaft, 1964 und 1965 den Europapokal der Landesmeister sowie den inoffiziellen Weltpokal für Vereinsmannschaften. Den ersten Europacup holte sich Inter durch ein 3:1 gegen Real Madrid in folgender Aufstellung: Sarti; Burgnich, Facchetti, Tagnin, Guarneri, Picchi, Jair, Mazzola, Milani, Suarez, Corso.
Dem internationalen Publikum blieb das Team unglücklicherweise vor allem wegen zweier schwacher Spiele in Erinnerung: Dem Regen-Finale in Mailand 1965 (1:0 gegen Benfica Lissabon), wo das Spielfeld einem Sumpf glich, und dem 1967 verlorenen Endspiel gegen Celtic Glasgow (1:2), wo Inter ohne den großen Regisseur Luis Suarez auskommen mußte und nur noch die halbe Leistung brachte.
Suarez, ein Spanier, den Herrera bei La Coruna entdeckt

Stadion Giuseppe Meazza.

hatte, gilt als einer der besten Spielmacher der Fußballgeschichte, dessen kurze und weite Pässe wie mit dem Lineal gezogen kamen. Meist waren die Ballstafetten innerhalb des geordneten Mannschaftsgefüges so verwirrend für den Gegner, daß die Tore fielen wie ein Feuerwerk nach einem langen Karnevalsfest. Zu Inters Größen gehörten vor allem auch der lange Verteidiger Giachinto Facchetti, der mit seinen Sturmläufen an der linken Seitenlinie ganze Abwehrreihen knackte und es auf 94 Länderspiele für Italien brachte, der glänzende Techniker Mario Corso, den die Fans »Gottes linker Fuß« nannten, der »Abstauber« Sandro Mazzola und der wieselflinke, zierliche und torhungrige brasilianische Rechtsaußen Jair. Neben ihnen bewährten sich überdurchschnittliche Leute wie der Deutsche Horst Szymaniak, Tagnin, Malatrasi, Domenghini oder Milani.

Als Moratti 1968 die Präsidentschaft abgab, hatte der Zerfall der Mannschaft bereits begonnen, wenngleich es weiterhin Erfolge gab wie den Meistertitel 1971 und das Erreichen des Europapokal-Endspiels, das 1972 jedoch gegen Ajax Amsterdam 0:2 verloren ging, oder den italienischen Pokal 1978.

Trotz aller Versuche hat Inter Mailand bis heute noch nicht die Qualität einstiger Tage erreicht. 1984 wurde der frühere Münchner Karl-Heinz Rummenigge für fast 14 Millionen Mark von FC Bayern gekauft, 1986 unterschrieb Trainer Trapattoni von Juventus, es kam der Belgier Enzo Scifo vom RSC Anderlecht und erst 1988 der ebenfalls von Bayern München stammende Lothar Matthäus, der 7,5 Millionen Mark Ablöse kostete. Zum Team der letzten Jahre gehörten neben anderen der argentinische Weltmeister Passarella und die einheimischen Nationalspieler Zenga, Ferri, Bergomi, Baresi, Altobelli und Mandorlini.

Es bleibt abzuwarten, ob die neuen Finanzspritzen ausreichen werden, Inter wieder zu seiner einstigen Bedeutung und Stärke zu verhelfen. Was vor allem gebraucht wird, ist eine neue Idee, ein neues System.

Verwaltung von FC Internazionale am Piazza Eleonora Duse I.

Die heutige Organisation

Die »Federazione Calcio Internazionale Milano, Societa per Azioni« wird von Ernesto Pellegrini geleitet, einem vielfachen Millionär, der eine große Imbißkette besitzt. Zum Besitz des Vereins gehört die Trainingsanlage Centro Angelo Moratti, die 40 Kilometer nördlich von Mailand im Bezirk Como liegt. Der Publikumsdurchschnitt im Stadion »Giuseppe Meazza«, dem einstigen San Siro, beträgt etwa 50 000. Zwar muß man Inter seit dem Zweiten Weltkrieg zu den führenden Vereinen Europas rechnen, doch in den letzten fünf Jahren hat der Klub trotz aller Bemühungen eher nachgelassen.

FC Juventus Turin

Die Mitglieder der »Societa Ginnastica Torinese«, des ersten Turiner Turnvereins, der auch eine Fußballabteilung hatte, waren Schüler der dritten und vierten Klasse des »Ginnasio Massimo d'Azeglio«. Sie gründeten am 1. November 1897 einen neuen Verein, den »Sport Club Juventus« (juventus = lateinisch ›die Jugend‹), der bald noch ein »FC« (Football Club) hinzubekam, weil Fußball nun mal die dominierende Sportart geworden war. Dies geschah im Jahr 1899, in jenem Jahr, in dem das erste Auto in Turin aus der Fabrik rollte.

Für die Stadt und den neuen Verein war das ein entscheidendes Datum. Turin war zu dieser Zeit das Zentrum der expandierenden Schwerindustrie, wozu natürlich auch die »Fabbrica Italiana Automobili Torino«, kurz ›FIAT‹, zählte. Deren Gründer hieß Giovanni Agnelli, ein Name, der bis heute in engster Verbindung mit Juventus steht.

Die quasi im Gleichschritt mit der Industrie wachsende Arbeiterschaft war die Basis, auf der sich die Vorherrschaft der Turiner Vereine Juventus und AC Torino gründete.

Juventus gewann schon 1905 die erste italienische Meisterschaft mit einer Mannschaft aus neun Einheimischen, einem Schotten und einem Deutschen: Fast alle besaßen einen akademischen Grad.

Nach einem Rückfall in die Mittelmäßigkeit trat am 14. Juli 1923 mit der Wahl Eduardo Agnellis zum Präsidenten eine entscheidende Änderung ein. Seitdem haben die Agnellis ständig direkten oder indirekten, jedenfalls wesentlichen Einfluß auf die Geschicke des Vereins genommen. Juventus gewann bis zum Zweiten Weltkrieg weitere sechsmal den Landesmeistertitel, davon in den Jahren 1931 bis 1935 in Folge. Zu diesem großen Team gehörte eine Reihe überragender Spieler: Torwart Giampiero Combi, die Verteidiger Caligaris und Rosetta, der Stopper Luisito Monti, der linke Läufer Bertolini sowie der linke Flügel mit Gianni Ferrari und Raimundo Orsi machten sie überdies in etwa das Kernstück jener italienischen Nationalelf aus, die 1934 im Weltmeisterschaftsfinale 2:1 gegen die Tschechoslowakei siegte. Zu den herausragenden Spielern gehörten Monti und Orsi, die aus Argentinien gekommen und später naturalisiert worden waren. Monti hatte mit den Argentiniern 1928 das Olympia-Endspiel und 1930 das WM-Finale jeweils gegen Uruguay verloren und war anschließend von den Boca Juniors verkauft worden. Orsi hatte bereits 1928 im Anschluß an Olympia, Independiente Buenos Aires in Richtung Turin verlassen.

Eine ähnlich beeindruckende Epoche begann 1947, als der 19jährige Giampiero Boniperti Stammspieler wurde. Während seiner 15 Jahre dauernden aktiven Zeit machte er 444 Ligaspiele, schoß 177 Tore und gewann fünf Meistertitel.

FC Juventus Turin

Gründung
1897

Anschrift
FC Juventus Turin, Piazza Crimea 7, Turin, Italien

Vereinseigentum
Die Verträge der Spieler
Trainingsanlage

Vereinsfarben
Schwarz-Weiß

Spielkleidung
Schwarz-weiß-gestreifte Hemden, weiße Hosen, weiß-schwarze Stutzen

Stadion
Stadio Comunale, 71 160

Die Erfolge

Landesmeister
1905, 26, 31, 32, 33, 34, 35, 50, 52, 58, 60, 61, 67, 72, 73, 75, 77, 78, 81, 82, 84, 86

Pokal
1938, 42, 59, 60, 65, 79, 83

Europapokal der Meister
1985

Europapokal der Pokalsieger
1984

UEFA-Pokal
1977

Weltcup für Vereinsmannschaften (inoffiziell)
1985

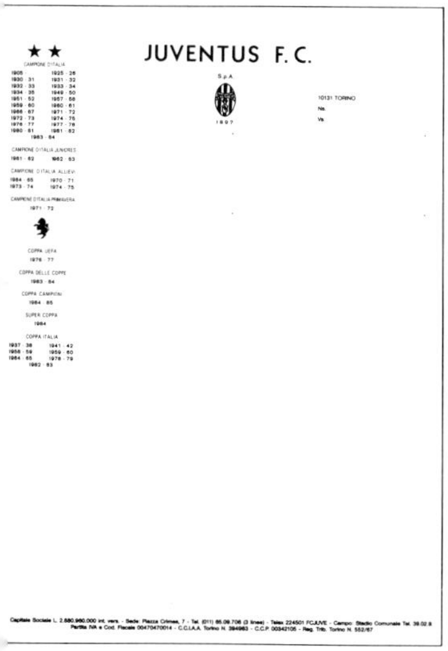

Boniperti spielte außerdem eine glänzende Rolle als Rechtsaußen neben Kubala (Barcelona), Nordahl (AC Mailand), Vukas (Hajduk Split) und Zebec (Partizan Belgrad) im Sturm der Europa-Auswahl, die 1953 gegen England ein für damalige Verhältnisse sensationelles 4:4 im Wembley-Stadion ertrotzte. Zu den hervorstechenden Merkmalen Bonipertis zählte es, bei Bedarf seine Position als Spitze aufzugeben und als Regisseur die Organisation und Verantwortung zu übernehmen. Wie kein anderer symbolisierte er die elegante und gleichzeitig rationelle Fußballschule von Juventus, die als »Akademie in Schwarz und Weiß«, den Farben des Klubs, Berühmtheit erlangte.

Mit dem mächtigen FIAT-Konzern im Rücken hatte »Juve« nie die Existenzsorgen anderer Klubs. Die Verpflichtung teurer und teuerster Stars war kein Problem. 1957 zum Beispiel schloß man einen Vertrag mit dem Waliser John Charles von Leeds United, der wegen seiner fairen, sportlichen Einstellung »der nette Riese« genannt wurde. Charles war einer der gefüchtetsten Kopfballspezialisten der britischen Insel gewesen; im selben Jahr kam auch noch der außergewöhnlich talentierte Stürmer Omar Enrique Sivori von River Plate Buenos Aires nach Turin.

Gemeinsam mit Boniperti bildeten sie einen geradezu unerhört effektiven Angriff, der gleich in seiner ersten Saison 58 Tore erzielte. Damit gewann »la vecchia signora«, die »alte Dame«, wie man den Verein scherzhaft nennt, natürlich wieder den italienischen Titel; den zehnten übrigens. Juve hatte somit das Recht erworben, als erster Verein den kleinen goldenen Stern für zehn Meisterschaften zu tragen.

Auch 1960 und 1961 beendete Juventus souverän die Saison als Sieger, international jedoch stellten sich die Erfolge noch nicht wie gewünscht ein. 1962 allerdings stand das Team vor einem großen Triumph im Europacup der Landesmeister. Nach einer 0:1-Heimniederlage im Viertelfinale gegen Real Madrid waren die Turiner die ersten, die im Bernabeu-Stadion ein Europapokalspiel gewinnen konnten. Vor 125 000 Zuschauern spielte Juve völlig respektlos auf und erzielte ein 1:0 durch Sivori, der eine Kopfballvorlage des überragenden John Charles genutzt hatte. Nach dem dritten, entscheidenden und in Paris 1:3 verlorenen Spiel trat ein notwendiger Generationswechsel ein, in dessen Verlauf Boniperti übrigens zum Präsidenten gewählt wurde.

Damit hatte die fruchtbarste und fortschrittlichste Ära begonnen. Unter den Trainern Vycpalek aus der CSSR und Carlo Parola, der nach dem Krieg Stopper bei Juve gewesen war, gewann die Mannschaft zu Beginn der 70er Jahre dreimal die Meisterschaft. Einziger ausländischer Star war der ehemalige Augsburger Helmut Haller, der die vier jungen Stürmer Causio, Anastasi, Capello und Bettega anführte.

FC Juventus Turin

Das Verwaltungsgebäude an der Piazza Crimea 7.

Meistermannschaft von 1984: Obere Reihe von links: Scirea, Platini, Cabrini, Tardelli, Favero, Boniek, Poli. Mittlere Reihe von links: rapattoni (Trainer), Prandelli, Koetting, Bodini, Tacconi, Brio, Caricola, Bissotto (2. Trainer). Untere Reihe von links: Masseur, Rossi, Bonini, Limido, Vignola, Briaschi, Masseur.

Im Sommer 1976 wurde Gianni Trapattoni neuer Trainer. Er blieb zehn Jahre und erfüllte alle Erwartungen, die das Präsidium und die Millionen Juve-Fans in ganz Italien an ihn stellten: Sechs nationale Titel, der UEFA-Cup 1977, 1984 der Europacup der Pokalsieger und der sogenannte Supercup, den die Sieger bei Landesmeistern und Pokalsiegern ausspielen, sowie 1985 der Europapokal der Landesmeister durch ein 1:0 gegen den FC Liverpool, woran jedoch niemand Freude haben konnte und durfte. Denn bei brutalen Übergriffen englischer Fans kamen an diesem 29. Mai 1985 in Brüssel bekanntlich 39 Menschen ums Leben, die meisten von ihnen Italiener.

Ein wahres Jubelfest, war 1982 der Gewinn der Fußballweltmeisterschaft in Spanien gewesen, als sechs Juve-Spieler – Torwart Dino Zoff, Libero Caetano Scirea, die Verteidiger Claudio Gentile und Antonio Cabrini, Mittelfeldspieler Marco Tardelli sowie die Stürmer Franco Causio und Paolo Rossi – großen Anteil am 3:1 gegen die Deutschen hatten.

Erstaunlicherweise war niemand von ihnen eine derart prägende Persönlichkeit wie der Franzose Michel Platini, der dreimal hintereinander »Europas Fußballer des Jahres« wurde und der Kopf der Juve-Mannschaft war, von dem nahezu alle Ideen ausgingen. Mit ihm gewann Juventus am 8. Dezember 1985 auch den bis heute letzten internationalen Titel im Endspiel um den (inoffiziellen) Weltcup für Vereinsmannschaften. In Tokio bezwangen die Turiner die Argentinos Juniors Buenos Aires nach Elfmeterschießen 4:2 in der Besetzung: Tacconi; Scirea, Favero, Bonini, Brio, Cabrini, Mauro, Manfredini, Platini, Serena, Laudrup. 1986 wurde »Juve« zum 22. Mal Italienischer Meister.

Im folgenden Jahr verließ Trapattoni den Klub, und Platini beendete seine glanzvolle Karriere. Seidem wartet Juventus trotz der Verpflichtung eines so teuren Spielers wie des Walisers Ian Rush auf ähnlich gute Zeiten. Inzwischen ist Rush zum FC Liverpool zurückgekehrt.

Die heutige Organisation

Die »Juventus Federazione Calcio, Societa per Azioni Torino« gehört der Firma Agnelli Finanzgesellschaft IFI (Italiano Federazione Industriale). Die konkurrierende Auto-Industrie sieht in dem Klub eine kleinere Werbefirma innerhalb des FIAT-Konzerns.

Juventus gilt in Italien nicht nur als ein hervorragender Klub, Juventus ist eine Institution im Lande. Etwa zwölf Millionen Menschen unterstützen den Verein offen, so daß er durchaus als erhebliche politische Kraft betrachtet wird.

Überdies gehört Juventus Turin zu den erfolgreichsten und einflußreichsten Fußballvereinen der Welt.

SSC Neapel

Voraussetzung und Basis der Entwicklung des Fußballs im allgemeinen ist die Industrialisierung und somit eine breite Arbeiterschaft gewesen. So kam es, daß beinahe alle Fußballvereine, die auch heute noch eine führende Rolle in Italien spielen, um die Jahrhundertwende im Norden des Landes gegründet wurden.

Daß der Süden weit hinterher hinkte, hatte natürlich seine Ursache in der gesellschaftlichen Struktur. Neapel zum Beispiel war bis weit ins 20. Jahrhundert Zentrum einer überkommenen Landwirtschaft mit feudalen Verhältnissen. Das störte jedoch den Engländer William Poths wenig, der 1903 von der »Cunard line«, einer englischen Reederei, nach Neapel versetzt wurde. Im Jahr darauf trommelte er seine Freunde zu einem Treffen in der Via Sansevero 43, im Herzen Neapels, zusammen. Dort gründeten sie den »Naples Football and Cricket-Club«, der von Anfang an in hellblauen Trikots spielte.

1921 fusionierte der Verein mit der Konkurrenz von »Internazionale«. 1926 wurde dieser Klub, der »Internaples« hieß, zu einer Namensänderung gezwungen. Denn die Faschisten, die im Jahr zuvor die Macht übernommen hatten, forderten die Sportvereine zur Abkehr von allen nichtitalienischen Namen auf. Doch auch unter der neuen Bezeichnung »Associacione Calcio Neapel« spielten die Süditaliener in der italienischen Nationalliga nur eine untergeordnete Rolle, konnten jedoch immerhin bis 1942 den Abstieg vermeiden. In den folgenden drei Jahrzehnten versuchten die Neapolitaner stets auf die gleiche Weise, der norditalienischen Konkurrenz Herr zu werden. Sie verpflichteten teure ausländische Stars, die jedoch regelmäßig den Zenit ihrer Laufbahn bereits überschritten hatten. Ein typisches Beispiel dafür war 1965 der Argentinier Omar Sivori, der acht Jahre bei Juventus Turin gespielt hatte und mit 30 Jahren nach Neapel gekommen war. So pendelte der Klub stets zwischen Serie A und Serie B hin und her.

Drei Ereignisse sollten den Ausschlag geben, daß Neapel schließlich doch noch einen europäischen Spitzenklub erhielt:

1. 1964 wurde der AC Neapel in eine Aktiengesellschaft umgewandelt, die sich »Sociedad Sportiva Calcio Napoli SpA« nannte, kurz SSC Neapel.
2. 1967 übernahm Corrado Ferlaino, Besitzer eines der größten Bauunternehmen des Landes, die Aktienmehrheit. Er versuchte, den Klub neu zu strukturieren und gegenüber den norditalienischen Rivalen konkurrenzfähig zu machen. Ferlaino ließ 1977 die moderne Trainingsanlage Soccava bauen und in der Folge mehrere erstklassige Akteure verpflichten. Der international bekannteste unter ihnen war Ruud Krol von Ajax Amsterdam.

SSC Neapel

Gründung
1926

Anschrift
SSC Neapel, Piazza dei Martiri 30, 80121 Neapel, Italien

Vereinseigentum
Trainingsanlage Soccava

Vereinsfarben
Hellblau-Weiß

Spielkleidung
Hellblaue Hemden, weiße Hosen, hellblaue Stutzen

Stadion
San Paolo, 85 012

Die Erfolge

Landesmeister
1987

Pokal
1962, 76, 87

UEFA-Pokal
1989

Società Sportiva Calcio Napoli S.p.A

Sede e Direzione
80121 Napoli
Piazza dei Martiri, 30
Telefoni (081) 40 74 77 pbx

Capitale sociale
Lire 2 000 000 000
interamente versato

Telex 720250 CALNAP
Partita IVA 03488800832
Tribunale di Napoli 989/84

Stadio San Paolo
80125 Napoli
Telefono (081) 61 58 23

Settore Giovanile
80126 Napoli
Via Vicinale Paradiso, 70
Telefono (081) 767 42 24

Verwaltung des SSC Neapel an der Piazza dei Martiri, im Zentrum der großen süditalienischen Stadt.

3. Die Verpflichtung von Diego Armando Maradona am 30. Juni 1984, ein Transfer von äußerstem Risiko. Der Argentinier kostete die absolute Rekordsumme von rund 20 Millionen Mark, obwohl er beim FC Barcelona nicht überzeugt hatte und überdies häufig verletzt gewesen war.
Die schlechten Ahnungen schienen zunächst nicht zu trügen, mit einem mäßigen Maradona erreichten die Neapolitaner 1985 lediglich den achten Platz. Und als es 1986 auch nur zu einem dritten Rang gereicht hatte, glaubte die Fußballöffentlichkeit nicht weiter an Diegos Außergewöhnlichkeit. Dies änderte sich schnell bei der anschließenden Weltmeisterschaft in Mexiko, bei der Maradona im Dreß der argentinischen Weltmeisterelf Sphären erreichte, die bis dahin nur Pelé vorbehalten waren.
Als er nach Neapel zurückkehrte, feierte man Maradona, als hätte er den WM-Titel für Italien errungen. Der SSC verkaufte bereits vor Saisonbeginn 60000 Jahreskarten und brach in der Folge einen Kassenrekord nach dem anderen. Und die Mannschaft wurde von Spieltag zu Spieltag besser. Am 10. Mai 1985 schrieb sie Fußballgeschichte im Heimspiel gegen den AC Florenz. Auf Vorlage Maradonas erzielte Carnevale in der 28. Minute das 1:0, das Fiorentina zwar noch ausglich; doch den ersten Meistertitel für den SSC konnte niemand mehr verhindern. Wenig später gewann das Team auch noch den italienischen Pokal durch ein 1:0 gegen Atalanta Bergamo: Im 61. Jahr der Vereinsgeschichte die erste Meisterschaft, der erste Pokalgewinn, das erste Double. Hauptverantwortlich dafür war natürlich Maradona, doch in seinem Schatten nahmen auch vorher weniger bekannte Spieler eine erstaunliche Entwicklung. Der SSC Neapel besitzt eine erhebliche Kollektiv-Kraft, einen bemerkenswerten Kampfwillen und eine erstaunliche Effektivität und Chancenverwertung.
Die Erfolge hatten zu einem enormen finanziellen Überschuß geführt. So wurde die Mannschaft 1987 mit einem der weltbesten Stürmer, mit Careca, verstärkt. Trotzdem schied der Verein in der ersten Runde des Europapokals gegen Real Madrid aus. Und in der italienischen Meisterschaft reichte es hinter dem AC Mailand nur zu Rang zwei.

Die heutige Organisation

Die »Sociedad Sportiva Calcio Napoli, SpA« besitzt die Trainingsanlage Soccava, die der Volksmund »Furiogrotta« nennt. Wirtschaftlich zählt der Verein zu den vermögendsten und einflußreichsten Klubs Europas. Wegen seiner geographischen Lage und fehlender örtlicher Konkurrenz erfüllt der SSC alle Voraussetzungen, sich auch im kommenden Jahrzehnt an der europäischen Spitze zu etablieren.

Dinamo Zagreb

Die Gründung von Dinamo ist eng verknüpft mit der jüngeren Geschichte Jugoslawiens. Im Herbst 1944 hatte die Nationale Befreiungsarmee, eine von Josip Broz, besser bekannt als Tito, gebildete Partisanengruppe, nach Kämpfen mit deutschen und italienischen Besatzungstruppen sowie den königstreuen Četnici große Teile Jugoslawiens unter ihre Herrschaft gebracht. Tito selbst wurde am 8. März 1945 Ministerpräsident einer kommunistisch bestimmten Koalitionsregierung. Es war die Zeit des Aufbruchs, der Bodenreform, der Ausrufung der Republik und der Verstaatlichung der Wirtschaft – die Umwandlung der ehemaligen Monarchie in eine kommunistische Gesellschaft. Altes löste sich auf, Neues entstand.

Die Umwandlung der gesellschaftlichen Strukturen machte auch vor dem Sport nicht halt. Gradjanski IK, ein 1911 gegründeter und national recht erfolgreicher Fußballverein, wurde aufgelöst, statt dessen bildete sich aus allen kommunalen Betrieben Zagrebs der Nogometni Klub Dinamo Zagreb. Der Name Nogometni (kroatisch: Fußball) ist Programm, noch heute ist Dinamo ein reiner Fußballklub. Bei allem Pioniergeist der Betriebsmannschaften, fertige Fußballer entstehen nicht von heute auf morgen an der Werkbank. Der größte Teil der damaligen Mannschaft von Dinamo setzte sich aus Spielern von Gradjanski zusammen. Ob dies der Grund war oder lediglich finanzielle Engpässe, die die damalige Vereinsführung bewogen haben, die Vereinsfarbe Hellblau von Gradjanski zu übernehmen, ist heute nicht

Dinamo Zagreb

Gründung
1945

Anschrift
Dinamo Zagreb, Maksimirska Cesta 128, 4100 Zagreb, Jugoslawien

Vereinseigentum
Die Verträge der Spieler

Vereinsfarbe
Blau

Spielkleidung
Blaue Hemden, Hosen und Stutzen

Stadion
Maksimir/Dinamo-Stadion, 55 000

Die Erfolge

Landesmeister
1948, 54, 58, 82

Pokal
1951, 60, 63, 65, 69, 80, 83

Messe-/UEFA-Pokal
1967

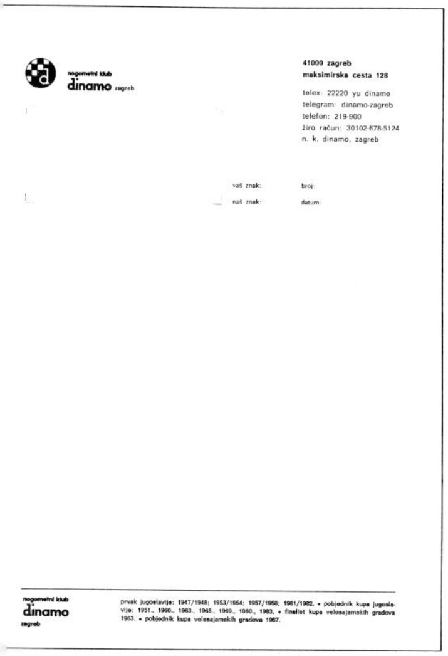

nogometni klub
dinamo zagreb

41000 zagreb
maksimirska cesta 128

telex: 22220 yu dinamo
telegram: dinamo-zagreb
telefon: 219-900
žiro račun: 30102-678-5124
n. k. dinamo, zagreb

vaš znak: broj:
naš znak: datum:

nogometni klub
dinamo
zagreb

prvak jugoslavije: 1947/1948; 1953/1954; 1957/1958; 1981/1982. • pobjednik kupa jugoslavije: 1951., 1960., 1963., 1965., 1969., 1980., 1983. • finalist kupa velesajamskih gradova 1963. • pobjednik kupa velesajamskih gradova 1967.

mehr zu klären. Auf jeden Fall wurden die alten Trikots übernommen, aus dem Vereinsabzeichen lediglich die Buchstaben GIK entfernt und durch einen roten Stern sowie das Initial D ersetzt.
Die Spieler von Gradjanski konnten so schlecht nicht gewesen sein. Drei Jahre nach Vereinsgründung errang Dinamo seinen ersten Meisterschaftstitel. Weitere Titel folgten 1954 und 1958, einen Namen machte sich der Klub aber insbesondere als Pokalmannschaft. 1951, 1960, 1963 und 1969 gewann Dinamo den Titocup, darüber hinaus 1967 den Messepokal, den Vorgänger des heutigen UEFA-Pokalwettbewerbs. Nachdem Spartak Brünn, Dunfermline/Schottland, Dinamo Ploesti, Juventus Turin und Eintracht Frankfurt aus dem Rennen geworfen waren, stellte sich Leeds United am 30. August 1967 im Dinamostadion in Zagreb vor 40000 Zuschauern zum ersten Endspiel. 2:0 gewannen die Jugoslawen, trainiert und hervorragend eingestellt vom späteren Coach von Bayern München und dem Hamburger SV, Branko Zebec. Im Rückspiel reichte ein torloses Unentschieden, der bislang größte internationale Erfolg von Dinamo Zagreb stand fest. Die Siegermannschaft spielte in folgender Besetzung: Skoric; Gracanin, Brncic, Belin, Ramljak, Blaskovic, Cercek, Piric, Zambata, Gucmirtl, Rora.
Auch die weiteren Geschicke des Vereins sind eng mit der Politik Titos verknüpft. Nun allerdings zum sportlichen Nachteil des Vereins. Denn Titos Weigerung, sich dem Machtanspruch Stalins zu unterwerfen und die ideologische Führungsrolle der sowjetischen KP anzuerkennen, die am Ende als Reaktion auf den jugoslawischen Weg zum Sozialismus (Titoismus) stehende Wirtschaftsblockade des Ostblocks, brachte eine stärkere Zuwendung Jugoslawiens zum Westen hin. Anders als in den meisten Ostblockstaaten waren die Grenzen immer schon offen, offen demnach auch für ausreisewillige Sportler.
Das Ergebnis der Verkaufspolitik auch für Dinamo: international aber auch national rutschte der Klub ins Mittelmaß. Zwar gelang 1982 der vierte Meistertitel, doch seitdem sind nennenswerte Erfolge nicht mehr zu verbuchen gewesen.

Hier gab es große Siege, aber auch Niederlagen: [D]as Maksimir/Dinamo-Stadion.

Die heutige Organisation

»Nogometni Klub Dinamo Zagreb« ist ein reiner Fußballverein. Sein Spielerpotential bezieht der Verein überwiegend aus Kroatien. Zu den Spielen im Dinamostadion kommen im Durchschnitt 15000 Fans. Zu wenig, um dem Klub, der an Eigentum lediglich die Spielerverträge besitzt, wirtschaftlichen Wohlstand zu ermöglichen. Und das heißt insbesondere, daß die so bitter nötigen Investitionen in Nachwuchsförderung und Spielerverpflichtung nicht getätigt werden können.

Hajduk Split

In den unzugänglichen Berg- und Waldregionen Kroatiens, in den unmittelbar im Osten sich hinter der Küstenlandschaft Dalmatiens erhebenden Dinarischen Alpen, lebten im 16. und 17. Jahrhundert Aufständische, die wesentlichen Anteil am Kampf Kroatiens gegen die türkische Besatzungsmacht hatten. Der Name dieser Rebellen: Hajduks. Es mag ein stark ausgeprägtes historisches und kulturelles Eigenbewußtsein und Hochachtung vor den Aufständischen gewesen sein, was die jungen Studenten Fabian Kaliterna, Lucijan Stella, Ivan Sakic und Vjekoslav Ivanisevic bewogen hatte, ihrem am 13. Februar, 1911 in Split gegründeten Fußballklub den Namen Hajduk zu geben.
Die vier jungen Männer waren kurz zuvor in ihre Heimatstadt an der Adria zurückgekehrt, nachdem sie an der Karls-Universität in Prag studiert hatten. Wie emsig und erfolgreich die Herren Studiosi im fernen Prag gewesen sind, ist nicht bekannt, immerhin aber fanden sie viel Zeit, um den Spielen von Slavia und Sparta Prag zuzusehen, zu dieser Zeit in Europa führende Fußballmannschaften. Begeisterte Fußballanhänger und -spieler sind sie in dieser Zeit geworden, und so war es nur verständlich, daß sie daheim einen eigenen Klub gründeten. Die ersten Mannschaftstrikots stiftete der Präsident von Slavia Prag: weiße Hemden, weiße Hosen, die noch heute benutzte Spielkleidung von Hajduk Split.
Es dauerte, bis aus der Begeisterung so etwas wie ernsthafter Fußball entsproß. Wiederum waren es Prager, die entscheidende Entwicklungshilfe leisteten. Denn Hajduk trug in den ersten Jahren nur Freundschaftsspiele aus. Zwei davon am 5. und 6. Juli 1913 gegen Slavia Prag. Die Ergebnisse (0:9, 1:13) sind ohne Bedeutung, entscheidend war, daß zwei Prager, Macoun Milda und Otto Bohata, gleich in Split blieben und fortan starken Einfluß auf Hajduks Spielstil und maßgeblichen Anteil an späteren Erfolgen des Vereins nahmen.
1923 wurde die erste nationale Ligameisterschaft Jugoslawiens gestartet. Vier Jahre später gewann Hajduk erstmals den Titel, zwei Jahre darauf folgte der zweite.
Der Zweite Weltkrieg brachte auch für den Verein von der Adriaküste eine gewaltsame Unterbrechung. Es ist wohl nur ein scheinbarer Widerspruch, daß sich ausgerechnet in der Region, in der die faschistische Ustascha-Bewegung ihren größten Zuspruch fand, dagegen auch der stärkste Widerstand regte. Die Aktivisten von Hajduk Split jedenfalls blieben ihrem Namen treu, sie schlossen sich den Partisanen um den späteren Ministerpräsidenten Tito an, was ihnen eine Ehrenmedaille von Tito, die Auszeichnung der französischen Armee »France Libre« und darüber hinaus eine besondere Wertschätzung des Volkes einbrachte. 1945 war Jugoslawien von deutschen und italienischen Besatzern befreit, kurz darauf wurde auch wieder Fußball gespielt.

Hajduk Split

Gründung
1911

Anschrift
Hajduk Split, Poljud-Stadion, 58000 Split, Jugoslawien

Vereinseigentum
Poljud-Stadion mit Trainingsanlage

Vereinsfarben
Weiß-Blau

Spielkleidung
Weiße Hemden, blaue Hosen, blau-weiß gestreifte Stutzen

Stadion
Poljud-Stadion, 55 000

Die Erfolge

Landesmeister
1927, 29, 50, 52, 55, 71, 74, 75, 79

Pokal
1967, 72, 73, 74, 75, 76, 77, 84, 87

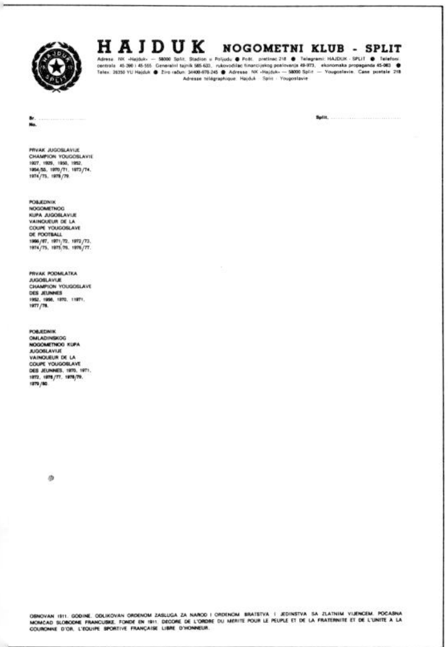
HAJDUK NOGOMETNI KLUB - SPLIT

Adresa: NK »Hajduk« — 58000 Split, Stadion u Poljudu ● Pošt. pretinac 218 ● Telegrami: HAJDUK - SPLIT ● Telefoni: centrala: 45-390 i 45-555. Generalni tajnik 585-633, rukovodilac financijskog poslovanja 49-973, ekonomska propaganda 45-083 ● Telex: 26350 YU Hajduk ● Žiro račun: 34400-678-245 ● Adresse: NK »Hajduk« — 58000 Split — Yougoslavie. Case postale 218
Adresse télégraphique: Hajduk - Split - Yougoslavie

Br. ....
No.

Split, ...

PRVAK JUGOSLAVIJE
CHAMPION YOUGOSLAVIE
1927, 1929, 1950, 1952,
1954/55, 1970/71, 1973/74,
1974/75, 1978/79.

POBJEDNIK
NOGOMETNOG
KUPA JUGOSLAVIJE
VAINQUEUR DE LA
COUPE YOUGOSLAVE
DE FOOTBALL
1966/67, 1971/72, 1972/73,
1974/75, 1975/76, 1976/77.

PRVAK PODMLATKA
JUGOSLAVIJE
CHAMPION YOUGOSLAVE
DES JEUNNES
1952, 1956, 1970, 1971,
1977/78.

POBJEDNIK
OMLADINSKOG
NOGOMETNOG KUPA
JUGOSLAVIJE
VAINQUEUR DE LA
COUPE YOUGOSLAVE
DES JEUNNES, 1970, 1971,
1972, 1976/77, 1978/79,
1979/80.

OBNOVAN 1911. GODINE. ODLIKOVAN ORDENOM ZASLUGA ZA NAROD I ORDENOM BRATSTVA I JEDINSTVA SA ZLATNIM VIJENCEM. POCASNA MOMCAD SLOBODNE FRANCUSKE. FONDE EN 1911. DECORE DE L'ORDRE DU MERITE POUR LE PEUPLE ET DE LA FRATERNITE ET DE L'UNITE A LA COURONNE D'OR, L'EQUIPE SPORTIVE FRANÇAISE LIBRE D'HONNEUR.

Wunderschönes, exotisches Treppenhaus, das zur Verwaltung von Hajduk Split führt (innerhalb der Haupttribüne des Poljud-Stadions).

Hajduk gewann 1950 seine dritte Meisterschaft, 1952 und 1955 zwei weitere. Herausragende Spielerpersönlichkeit in diesen Tagen war ein Mann der schönen Künste. Bevor sich Vladimir Beara ins Tor von Split stellte und er dort sowie in der Nationalmannschaft zu einem der weltbesten Torhüter der Epoche wurde, war er Ballettänzer.
Verhindern konnte aber auch Beara nicht, daß von 1955 an bis in die 70er Jahre die Mannschaften aus der Hauptstadt, Roter Stern und Partizan Belgrad, das Geschehen im jugoslawischen Fußball bestimmten.
Für Hajduk Split änderte sich das, als um 1970 herum der Jugendtrainer Tomislav Ivic eine Gruppe vielversprechender junger Talente um sich scharte. Dreimal gewann Hajduk unter Ivic, dem heutigen Trainer des FC Porto, die Meisterschaft: 1971, 1974 und 1975. Aber wie so oft im jugoslawischen Fußball, zerfiel auch dieses Team, das viele Geld lockte etwa Buljan zum Hamburger SV, Oblak zuerst nach Schalke und später nach München zum FC Bayern.
Es ist jedoch bemerkenswert, wie dennoch immer wieder neue, junge Talente den Anschluß finden. Hajduk sich trotz der vielen Spielerverkäufe immer noch in der europäischen Spitzenklasse halten kann. 1979 erreichte eine so neu geformte junge Mannschaft um die herausragenden Brüder Zlatko und Zoran Vujovic und den Mittelfeldspieler Blas Sliskovic das Viertelfinale im Europapokal der Landesmeister. Gegner und Endstation war der Hamburger SV (0:1 und 3:2). 1984 reichte es gar für das Halbfinale im UEFA-Pokal, doch war auch in diesem Fall der Gegner, Tottenham Hotspur, stärker (2:1, 0:1).
Auch heute wieder steht der Verein vor dem Neuaufbau. Die Brüder Vujovic wurden an Girondins Bordeaux verkauft, Sliskovic an Olympique Marseille. Und dennoch schaffte der Klub in der Meisterschaft 1987 den vierten Platz, gewann außerdem den nationalen Pokal.

Die heutige Organisation

Der größte Stolz des Nogometni Klub Hajduk Split ist das vereinseigene Poljud-Stadion. Nur wenige Meter neben der Küste gelegen, gilt die 55 000 Zuschauer fassende Arena als eines der schönsten Fußballstadien der Welt. In guten Zeiten kommen hier im Schnitt 30 000 Zuschauer zu den Spielen des beliebten Vereins.
Berühmt ist die Jugendarbeit von Hajduk, wohl die maßgebliche Ursache dafür, daß der Klub trotz der vielen Spielerverkäufe zu den führenden Mannschaften Jugoslawiens zählt und auch international noch einigermaßen mit den finanzstärkeren Klubs des westlichen Auslandes Schritt zu halten vermag.

Poljud-Stadion von Split, eines der schönsten der Welt. Kleines Bild: Vereinswappen von Hajduk Split in einem künstlerischen Glasmosaik.

hajduk
HAJDUK
19
11
SPLIT

Partizan Belgrad

Etwa zehn Jahre bevor in der deutschen Fußball-Bundesliga die Fohlen-Elf von Borussia Mönchengladbach für Furore sorgte, machte eine überwiegend aus jungen Spielern gebildete jugoslawische Mannschaft im europäischen Fußball auf sich aufmerksam: die Partizan-Babies. Die Mitte der 50er Jahre zusammengestellte Juniorenmannschaft spielte in einer Vielzahl ausländischer Turniere mit, gewann diese alle und beherrschte zu Beginn der sechziger Jahre die jugoslawische Fußballmeisterschaft. Ihr Trainer war Florian Matekalo, Mitglied der ersten Mannschaft von Partizan Belgrad aus dem Jahre 1945. Wie 17 Kollegen war auch er auf Dekret einiger Generäle der Partisanen-Armee Titos 1945 nach Belgrad gekommen. Kurz zuvor hatten diese Generäle den Fudbalskij Klub Partizan gegründet. Ein erfolgreicher Verein sollte geschaffen werden, nicht nur siegreich im eigenen Lande, sondern auch in Europa. Alle bewaffneten Einheiten wurden aufgefordert, ihre besten Fußballer nach Belgrad zu schicken. Eine erneute Selektion schuf dann den 18köpfigen Stamm des neuen Fußballvereins. Diese Auswahlmannschaft der Armee war vom ersten Jahr ihres Bestehens an kaum zu schlagen. Partizan Belgrad gewann die erste Nachkriegsmeisterschaft sowie den nach dem Ministerpräsidenten Tito benannten Pokal.

Aus dieser erfolgreichen Zeit der Gründerjahre stammt auch die noch heute gültige Spielkleidung. Ursprünglich spielte man ganz in Rot, fast obligatorisch für einen kommunistischen Armeeklub. Nach einem Freundschaftsspiel gegen Juventus Turin aber zollte man dem unterlegenen Gegner Hochachtung und änderte die Spieltrikots nach dem italienischen Vorbild: schwarz-weiß längsgestreift.

In den 50er Jahren wuchs die Popularität des Fußballs in Jugoslawien. Mitentscheidend für die gesteigerte Beliebtheit war das gute Abschneiden der Nationalmannschaft bei der WM in Brasilien. Von Partizan waren die Weltklassespieler Stepan Bobek und Zlatko Cajkovski beteiligt.

Der Verein aber mußte dem nun relativ hohen Ansehen des Fußballs in Jugoslawien, aber auch der Wertschätzung des jugoslawischen Fußballs im Ausland Rechnung tragen. National holten die Vereine anderer Städte auf, auf dem internationalen Markt waren auf einmal auch jugoslawische Spieler gefragt. So wechselte zum Beispiel Cajkovski 1955 zum 1. FC Köln. Die Folge für Partizan: In den 50er Jahren gelang es keinmal, den Titel zu gewinnen. Partizan war ein Fußballverein unter vielen geworden. Bis die Partizan-Babies auftraten. 1961, 1962, 1963 und 1965 gewann dieses Team den nationalen Titel und erreichte darüber hinaus als erste osteuropäische Mannschaft das Finale im Europapokal der Landesmeister. Dort allerdings mußte sich am 11. Mai

Partizan Belgrad

Gründung
1945

Anschrift
Partizan Belgrad, Humska 1, 11000 Belgrad, Jugoslawien

Vereinseigentum
Verträge der Spieler

Vereinsfarben
Schwarz-Weiß

Spielkleidung
Schwarz-weiß gestreifte Hemden, schwarz-weiße Hosen, schwarze oder weiße Stutzen

Stadion
Armee-Stadion, 55 000

Die Erfolge

Landesmeister
1947, 49, 61, 62, 63, 65, 76, 78, 83, 87

Pokal
1947, 52, 54, 57, 89

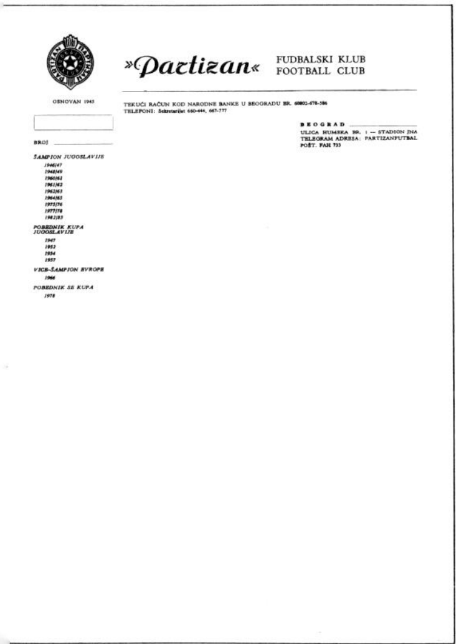

Eingang zur Verwaltung von FK Partizan Belgrad.

Partizan Belgrad, Finalist im Europapokal der Meister 1966. Hintere Reihe von links: Curkovic, Mihajlovic, Soskic, Pirmajer, Rasovic, Vasovic, Hasanagic. Vordere Reihe von links: Bajic, Kovacevic, Jusufi, Galic, Becejac.

1966 im Heysel-Stadion von Brüssel folgende Mannschaft Real Madrid 1:2 geschlagen geben: Soskic; Jusufi, Rasovic, Vasovic, Mihajlovic, Becejac, Kovacevic, Galic, Bajic, Hasanagic, Pirmajer. Wer so weit kommt im europäischen Fußballgeschäft, kann nicht nur Glück haben, er muß auch über ausgezeichnete Fußballer verfügen. Was sich auch die Präsidenten und Manager der westeuropäischen Klubs gedacht haben mögen. Nach dem Endspiel begann der Ausverkauf von Partizan Belgrad. Alle Spieler des Europapokal-Finalisten unterschrieben anschließend Verträge bei ausländischen Klubs, Soskic zum Beispiel beim 1. FC Köln und Jusufi bei Eintracht Frankfurt. Es spricht für die Substanz des Vereins, daß er seine führende Position im jugoslawischen Fußball dennoch behaupten konnte.
1966 wurde auch in Jugoslawien der Profifußball eingeführt, mit den finanzstarken Vereinen des westlichen Auslands konnten die jugoslawischen Vereine dennoch nicht mithalten. Und 1986 traf den Fußball hierzulande ein weiterer Schlag. Die konstitutionelle Gesetzgebung hob die bis dahin bestehende Altersbegrenzung für Vertragsabschlüsse mit ausländischen Vereinen von 27 Jahren auf. Für die kapitalstarken Vereine aus Spanien, Italien, England und der Bundesrepublik tat sich ein neuer, billiger Spielermarkt auf.

Die heutige Organisation

Der »Fudbalskij Klub Partizan Belgrad« ist heute eine vom Staat unterstützte Fußballorganisation. Er ist ein reiner Armeesportklub. Der Verein besitzt nur die Spielerverträge, das Armee-Stadion gehört ebenso der nationalen jugoslawischen Volksarmee wie die dazugehörige Trainingsanlage und ein Vereinsgebäude im Zentrum Belgrads.

Roter Stern Belgrad

Wenige Monate nach der Vertreibung der deutschen Invasoren des Zweiten Weltkrieges und der Bildung des Vielvölkerstaates Jugoslawien kam dort auch schon der Sportverkehr in Gang. Eines der ersten Fußballspiele überhaupt trugen am 19. November 1944 der Kommunistische Jugendverband und die Militärauswahl aus. Die jungen Kommunisten gewannen 3:1 und diskutierten gleich anschließend, ob es denn nicht sinnvoll wäre, innerhalb ihrer Vereinigung sozusagen eine Sportsektion zu bilden. Und schon bald darauf, am 4. März 1945, versammelten sich die Mitglieder des Jugendverbandes und hoben den »Crvena Zvezda«, den Roten Stern, aus der Taufe. Von Beginn an kickte die Mannschaft in den rot-weißen, breitgestreiften Trikots, die inzwischen die ganze Welt kennt.
Gespielt wurde übrigens zunächst auf dem Fußballplatz »Jugoslavija«, genau dort, wo sich heute das riesige, 95 000 Menschen fassende Stadion »Maracana« befindet, wie es volkstümlich nach seinem brasilianischen Vorbild aus Rio de Janeiro genannt wird.
Der nationale Durchbruch von Roter Stern erfolgte schon 1947/48, als das Team den Tito-Cup gewann, den jugoslawischen Pokal. Anfangs war die Spielweise stark von österreichischen Trainern beeinflußt, Wert wurde auf technisches, betont körperloses Kurzpaßspiel gelegt. Zum ersten nationalen Titel kam der Klub aus der Hauptstadt jedoch erst 1951 unter dem international erfahrenen Trainer Ljubisa Brocic, der auch in Turin und Barcelona aktiv gwesen war.
Viermal in den 50er Jahren noch entschied Roter Stern die Meisterschaft (1953/56/57/59) für sich. 1959 holte sich die von Dragan Sekularac, dem genialen Innenstürmer, und dem hünenhaften Linksaußen Kostic angeführte Elf das Double, also Meisterschaft und Pokal.
Ein vielleicht noch etwas stärkeres Team besaß Roter Stern zu Ende der 60er, Anfang der 70er Jahre. Den jugoslawischen Fußball beherrschte der Hauptstadt-Klub geradezu souverän, aber auch auf europäischer Ebene machte er nun stark auf sich aufmerksam. Im Europacup der Landesmeister 1970/71 standen die Belgrader im Halbfinale gegen die griechische Überraschungsmannschaft Panathinaikos Athen. Nach dem mit 4:1 Toren gewonnenen Hinspiel schien die zweite Begegnung nur noch Formsache. Allerdings munkelte man von Bestechungsversuchen der Griechen. Wie auch immer, Panathinaikos schaffte tatsächlich das notwendige 3:0 und erreichte das Endspiel, das gegen Ajax Amsterdam 0:2 verloren ging.
Für den jugoslawischen Fußball brachte der Siegeszug von Roter Stern großes internationales Renommée. Trainer Muljan Miljanic, der im Herbst 1974 zu Real Madrid wechselte, zählt zu den besten europäischen Trainern der Nachkriegs-

Roter Stern Belgrad

Gründung
1945

Anschrift
Roter Stern Belgrad, Ljutice Bogdana 1/A, 11000 Belgrad, Jugoslawien

Vereinseigentum
Stadion Roter Stern, genannt »Maracana«

Vereinsfarben
Rot-Weiß

Spielkleidung
Rot-weißgestreifte Hemden, weiße oder rote Hosen, weiße oder Rote Stutzen

Stadion
Roter Stern (»Maracana«), 95 000

Die Erfolge

Landesmeister
1951, 53, 56, 57, 59, 60, 64, 68, 69, 70, 73, 77, 80, 81, 84, 86, 88

Pokal
1948, 49, 50, 58, 59, 64, 68, 70, 71, 82, 85

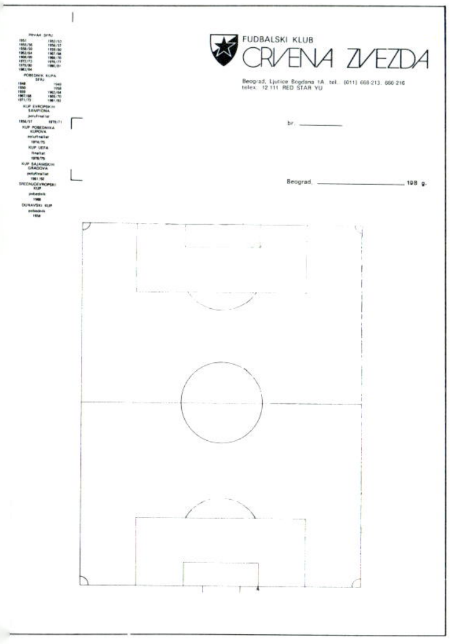

zeit überhaupt, und auch die meisten Spieler der Mannschaft genossen hohes Ansehen: Libero Bogicevic galt auf dem Feld wie außerhalb als Bohème, etwas leichtsinnig, aber elegant. Gemeinsam mit Franz Beckenbauer führte er Cosmos New York später zu Triumphen in der US-amerikanischen Liga. Acimovic war ein harter, schneller, technisch begabter Mittelfeldspieler, und Linksaußen Dragan Dzajic war in seiner Glanzzeit vermutlich der Weltbeste auf dieser Position.

National dominierte Roter Stern ungefährdet, international aber gelangte der Klub nicht ganz an die Spitze. Nur einmal, 1979, erreichte er ein Finale: UEFA-Cup-Gewinner jedoch wurde überaus glücklich Borussia Mönchengladbach (1:1, 1:0) unter Trainer Udo Lattek.

Der Grund, weshalb es bei insgesamt 24 Teilnahmen an den europäischen Wettbewerben nie zum ganz großen Ziel reichte, liegt klar auf der Hand: Die jeweils stärksten Spieler wurden zur Unzeit für gutes Geld an ausländische Klubs abgegeben. Das letzte Beispiel gab 1987 der Mittelfeldstar Milan Jankovic ab, der hauptverantwortlich für einen 4:1-Europacuperfolg über Real Madrid zeichnete. Nachdem die Spanier das Rückspiel 3:0 gewonnen und sich für das Landesmeister-Halbfinale qualifiziert hatten, kauften sie den beeindruckenden jugoslawischen Nationalkicker auf der Stelle ein. Jener Jankovic gehörte übrigens zu den Torschützen in den Europapokalspielen 1988 gegen Bayern München, in denen sich Real Madrid als bessere Mannschaft erwies – auch dank Milan Jankovic, dem Mann von Roter Stern.

Die Aufschrift »40 Jahre Roter Stern« ziert den Eingang zum Verwaltungsgebäude.

Die heutige Organisation

Der Fudbalski Klub Crvena Zvezda Beograd ist ein Verein mit breitem Angebot an Sportarten. Er ist zweifellos der populärste Jugoslawiens und gehört zu den größten Europas. Zum Vereinsbesitz zählt das riesige Stadion »Roter Stern«, das im Volksmund »Maracana« genannt wird. Damit sind im Prinzip die Voraussetzungen vorhanden, um auch international zu reüssieren. Doch die Notwendigkeit, stets die besten Akteure ins westliche Ausland ziehen lassen zu müssen, wirft Roter Stern immer wieder zurück.

Ajax Amsterdam

Was für eine Mannschaft, was für Spieler! Suurbier, Krol, Neeskens, Haan, Rep, Keizer und vor allem Cruyff; mal eben fünfzehn Jahre ist es her, da haben diese Spieler für Furore gesorgt, da beherrschte Ajax Amsterdam die europäische Fußballszene. Der Ruhm ist inzwischen verblaßt, aber noch immer wecken die Namen der Stars von einst beim Fußballfreund Erinnerungen an Sternstunden dieses Sports.

Der Anfang dieses großen Fußballklubs aber war bescheiden, fast kümmerlich. Am 18. März 1900 wurde im »East India Café« in Amsterdam der »Amsterdamsche Football Club Ajax« gegründet. Was sich die Gründerväter F. Stempel, H. D. Dade und C. Reeser bei der Wahl dieses Namens gedacht haben, ist nicht mehr zu ermitteln. Genauere Kenntnisse der griechischen Mythologie werden sie nicht gehabt haben.

Denn Ajax, so der deutsche Name der beiden griechischen Helden Aias, dient nicht unbedingt als Vorbild. Dem einen Aias werden zwar außergewöhnliche Lauffertigkeiten nachgesagt, ansonsten war er aber ein recht unfeiner Kerl. Bei der Eroberung Trojas riß er die Seherin Kassandra vom Thron Athenes und vergewaltigte sie, spottete später noch die Götter und bekam am Ende vom Meeresgott Poseidon, der ihn ertränkte, seine gerechte Strafe. Der andere Aias, genannt der Telamonier, mag da schon eher als Motto und Programm eines jungen, aufstrebenden Fußballvereins dienen. Er nämlich war der größte Held nach Achill und rettete dessen Leiche vor dem Frevel der Trojer. Aber dann geriet er in Harnisch mit der Welt, weil die Waffen des toten Achill nicht ihm, sondern Odysseus zugesprochen wurden. Tödlich beleidigt verfiel er zunächst dem Wahnsinn und beging kurz darauf Selbstmord.

Ganz so arg sollte es mit Ajax Amsterdam nicht kommen, wenn auch die Situation des Amsterdamer Fußballs um die Jahrhundertwende jämmerlich war. Kein Klub aus der Metropole war in der ersten Liga vertreten. Ajax kickte lediglich im Amsterdamse Voetbal Bond und stieg dann erst in die dritte Liga des Nederlands Voetbal Bond auf.

1908 siegte die Vernunft. Zu viele Amsterdamer Vereine, keiner erfolgreich, aber auch kein Klub zur Fusion bereit: wer weiß, was aus Ajax geworden wäre, hätte nicht der Sieger der dritten Liga, Holland Amsterdam, um eine Fusion mit Ajax nachgefragt. Am 8. Oktober 1908 wurde der Zusammenschluß vollzogen. Nun wuchs der Verein und hatte zudem ein ausreichendes finanzielles Polster:

John Kirkwan, ehemaliger irischer Nationalspieler in Diensten von Chelsea London, konnte als erster ausländischer Trainer verpflichtet werden. Mit ihm wurde 1911 der Aufstieg in die damals noch fünfteilige erste Liga geschafft, mit ihm stieg Ajax allerdings 1914 auch wieder ab.

Ajax Amsterdam

Gründung
1900

Anschrift
Ajax Amsterdam, Mideenweg 401, Postbus 41885, 1009 DB Amsterdam

Vereinseigentum
Ajax-Stadion

Vereinsfarben
Rot und Weiß

Spielkleidung
weiße Hemden mit breitem rotem Brustrand, weiße Hosen, weiße Stutzen mit rotem Rand

Stadion
Ajax-Stadion, 30000

Die Erfolge

Landesmeister
1918, 19, 31, 32, 34, 37, 39, 47, 57, 60, 67, 68, 70, 72, 73, 77, 79, 80, 82, 83, 85

Pokal
1917, 43, 61, 67, 70, 71, 72, 79, 83, 86, 87

Europapokal der Meister
1971, 72, 73

Europapokal der Pokalsieger
1987

Weltcup für Vereinsmannschaften (inoffiziell)
1972

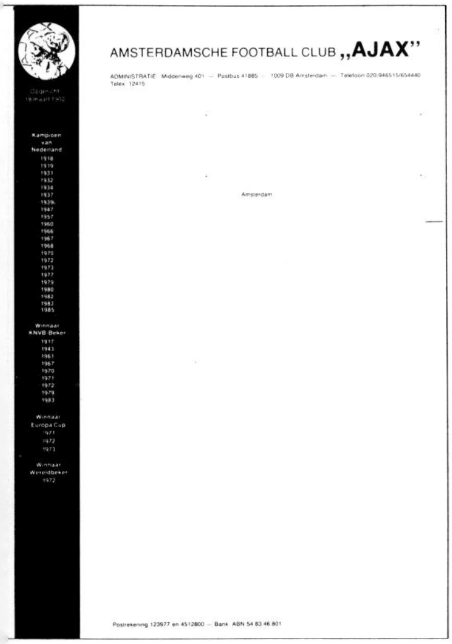
AMSTERDAMSCHE FOOTBALL CLUB „AJAX”

ADMINISTRATIE Middenweg 401 — Postbus 41885 — 1009 DB Amsterdam — Telefoon 020.946515/654440
Telex 12415

Kampioen van Nederland
1918
1919
1931
1932
1934
1937
1939
1947
1957
1960
1966
1967
1968
1970
1972
1973
1977
1979
1980
1982
1983
1985

Winnaar KNVB-Beker
1917
1943
1961
1967
1970
1971
1972
1979
1983

Winnaar Europa Cup
1971
1972
1973

Winnaar Wereldbeker
1972

Amsterdam

Postrekening 123977 en 4512800 — Bank ABN 54.83.46.801

Ein Jahr später wurde Kirkwan durch den Engländer Jack Reynolds ersetzt. Sein wesentlicher Verdienst war die Verbesserung der damals noch recht dürftigen technischen Fertigkeiten der Ajaxspieler. Der gekonnte Umgang mit dem Ball zahlte sich bald aus. 1916 stieg der Klub wieder auf und gewann 1918 und 1919 die nationale Meisterschaft. Eine führende Rolle im holländischen Fußball aber nahm Ajax dadurch noch nicht ein. Zwölf Jahre dauerte es, bis der nächste Titel gewonnen wurde. Der allerdings läutete eine erste Blütezeit des Klubs ein. Der Meisterschaft von 1931 folgten weitere 1932, 1934, 1937 und 1939.

Die Begeisterung war groß in diesen Jahren, die Zuschauer kamen in Scharen und brachten neben der Unterstützung auch Geld mit. So viel, daß der Verein in der Lage war, ein neues Stadion zu bauen. 1934 wurde es an alter Stelle auf »de Watergraafsmeer« eingeweiht und faßte 24 000 Zuschauer.

Am 30. Juni 1954 wurde auch in Holland der Vertragsfußball offiziell zugelassen, zwei Jahre darauf eine einteilige nationale Liga gebildet. Ajax war der erste Titelträger dieser Liga. 1960 gewann der Klub seine zehnte Meisterschaft und debütierte im Europapokal der Landesmeister. Das Resultat war ernüchternd, der holländische Fußball war international noch nicht weit genug entwickelt: Ajax schied in der ersten Runde gegen den norwegischen Meister Fredrikstad aus.

1964 gelang der Vereinsführung ein Glücksgriff, der damals 36jährige Marinus Jacobus Michels wurde als Trainer verpflichtet. Michels hatte zwischen 1948 und 1958 selbst im Ajax-Team gespielt, kannte demnach den Verein genau. »Die Situation ist so«, meinte er bei seinem Dienstantritt, »wir müssen bei Null anfangen. Gewiß ist ein gutes Spielerkontingent mit Swart, Cruyff und Keizer vorhanden, aber was Disziplin und taktisches Konzept angeht, liegt manches im argen.« Das war Programm. Und Rinus, wie er verkürzt genannt wurde, setzte um, was er sich vorgenommen hatte. 1967 wurde Ajax wiederum Meister. Im anschließenden Europapokal machte der Verein international erstmals auf sich aufmerksam. Nach dem Erstrundensieg über Besiktas Istanbul kamen am 7. Dezember die weltberühmten Stars des FC Liverpool ins Olympiastadion von Amsterdam und wurden mit 1:5 Toren wieder zurück auf die Insel geschickt. Daß dieser Erfolg nicht nur ein einmaliger Höhenflug war, bewies Ajax eine Woche später mit dem 2:2 im Stadion an der Anfield Road. Im Viertelfinale aber war dann für dieses Jahr erst mal Schluß. Ajax unterlag Dukla Prag 1:1 und 1:2 (n. V.). Zwei Jahre später erreichte Ajax erstmals das Finale, unterlag da aber dem mit solch großartigen Fußballern wie dem früheren Kölner Nationalspieler Schnellinger, Hamrin, Rivera und Prati besetzten AC Mailand 1:4. Doch der Siegeszug der Holländer im europäischen Vereinsfußball war nicht

Klubhaus von Ajax Amsterdam.

mehr aufzuhalten. In den folgenden drei Jahren beherrschten die Männer um Johan Cruyff das Geschehen. Er war der unumstrittene Regisseur im Mittelfeld, Antreiber im Sturm und erfolgreicher Torschütze.
Eine Ausnahme, dieser Johan Cruyff. Neben Pelé, Beckenbauer und Maradona einer der besten Fußballer der Welt. Mit den Spielern des großen nationalen Konkurrenten von Feyenoord Rotterdam stellten die Ajax-Spieler das Gros der Nationalmannschaft. Und die erreichte bei der Weltmeisterschaft 1974 in der Bundesrepublik immerhin das Finale, unterlag dort jedoch dem Gastgeber 1:2.
1971 verließ Michels Ajax und ging zum FC Barcelona. Im Jahr zuvor hatte er noch den letzten ihm bislang verwehrten Pokal gewonnen. Durch einen 2:0-Sieg über Panathinaikos Athen holte sich Ajax am 2. Juni 1971 im Wembleystadion erstmals den Europapokal der Landesmeister.
Rinus Michels wurde durch den Rumänen Stefan Kovacs, Libero Vasovic durch Horst Blankenburg von 1860 München ersetzt. Es war ein nahtloser Wechsel, 1972 und 1973 wurde Ajax wiederum Europapokalgewinner der Landesmeister, holte 1972 und 1973 den Supercup und 1972 den Weltpokal. Die Mannschaft hatte alles erreicht, was es international zu erreichen gab. Wie, das charakterisierte Trainer Kovacs einmal so: »Die Synthese in unserem Spiel kommt dem Basketball sehr nah. Da ich gezwungen war, diesem einen Namen zu geben, nannte ich es Totalfußball. Der Gegner sah weder Spieler vor noch hinter sich, sondern nur einen Block, eine Einheit. Ein anderer entscheidender Punkt war unsere Philosophie, daß die Verteidiger nicht die Hände in den Schoß legen und die Frucht ihrer geglückten Abwehrarbeit betrachten sollten, sondern statt dessen am Aufbau des Angriffs und dessen Abschluß beteiligt sein sollten.«
Im Sommer 1973 wurde Kovacs Trainer der französischen Nationalmannschaft, Cruyff ging zum FC Barcelona, ein Jahr später folgte ihm Johan Neeskens, wieder ein Jahr später wechselte Arie Haan zum RSC Anderlecht. Eine Epoche war zu Ende. National konnte Ajax zwar weiterhin seine Position behaupten, doch das schwache Abschneiden im internationalen Vergleich zeigte, welche Unterschiede zwischen der Ära Cruyff und danach herrschten.
1984 kehrte Cruyff zurück, allerdings nicht als Spieler, er unterzeichnete einen Vertrag als technischer Direktor. Mit ihm kehrte der Erfolg zurück. 1987 gewann Ajax den Europapokal der Pokalsieger durch ein 1:0 über Lokomotive Leipzig. Im gleichen Jahr wurde Torjäger Marco van Basten an den AC Mailand verkauft, ebenso Frank Rijkard an Sporting Lissabon. Als Verstärkung für die Abwehr wurde Peter Larsson vom IFK Göteborg verpflichtet. Die Mannschaft schien stark genug zu sein, in etwa an die großen Erfolge der

Wie gewöhnlich ausverkauftes Haus beim Superspiel gegen Erzrivale Feyenoord im Ajax-Stadion, das oft im Volksmund »de Meer« genannt wird.

Vergangenheit anzuknüpfen, aber mitten in dieser Aufbauphase, zu Beginn des Jahres 1988, kündigte Cruyff aufgrund diverser Führungskämpfe im Verein seinen Posten. Sein Nachfolger wurde das Triumvirat Harmsen-Kohn-Hülshoff. Ob es aber die Fortune hat und den fußballerischen Instinkt entwickelt, wie ihn Cruyff hatte, bleibt dahingestellt.

Die heutige Organisation

Der Amsterdamsche Football Club Ajax besitzt das Ajax-Stadion mit zwei Trainingsplätzen. Im Schnitt kommen zu den Spielen zwischen 15 000 und 20 000 Zuschauer. Das ist zu wenig, um eine solide wirtschaftliche Basis zu erstellen. Darüber hinaus fehlt es an Unterstützung aus der Wirtschaft, so daß Ajax immer wieder gezwungen ist, die Talente aus der eigenen hervorragenden Jugendarbeit zu verkaufen.

Feyenoord Rotterdam

Das Stadtviertel Feyenoord am südlichen Ufer der Maas ist Teil des Rotterdamer Hafens. Dort vertrieben sich englische Seeleute gegen Ende des 19. Jahrhunderts die Freizeit mit Fußballspielen, was die Jungen von Feyenoord schnell nachahmten.
Das Beispiel zog Kreise, und am 19. Juli 1908 wurde im Café Keizer der Fußballverein Wilhelmina gegründet, der später in Hillesluise FC, in Celeritas und schließlich in RVV Feyenoord umbenannt wurde.
Von 1912 bis 1921 durcheilte der Verein gleich sechs Ligen und gewann im Schnellverfahren schon 1924 seine erste niederländische Meisterschaft, der vier Jahre später mit zwei Punkten Vorsprung vor Ajax Amsterdam die zweite folgte.
Die Rivalität mit Ajax beherrschte zwischen 1931 und 1936 den holländischen Fußball, Feyenoord gewann diesen Zweikampf jedoch nur einmal (1936).
Der 27. März 1937 wurde zu einem wesentlichen Datum für den Verein, als das vereinseigene Stadion eingeweiht wurde, das wegen seiner Form »de Kuip«, »die Schüssel«, heißt. Es war damals das größte in Privatbesitz mit dem Fassungsvermögen von 60 000. Die Baukosten hatten 1,1 Millionen Gulden betragen. Feyenoord nutzte den Boom mit den Titeln vier (1938) und fünf (1940). Anschließend folgte ein Tief, das über zwei Jahrzehnte dauerte.
Auf Initiative des Feyenoord-Präsidenten Cor Kieboom versammelten sich die Vorsitzenden der wichtigsten Klubs des Landes im Winter 1954 in Utrecht und beschlossen die Einführung des Vertragsfußballs. Dadurch gelang es, der Abwerbung der besten Akteure durch ausländische Profiklubs einigermaßen einen Riegel vorzuschieben.
Durch die Professionalisierung und die verstärkte Zusammenarbeit mit der Wirtschaft konnte Feyenoord gegen Ende der 50er Jahre ein Team aufbauen, das 1961 und 1962 jeweils den Landesmeistertitel gewann. Die Annäherung an die europäische Elite wird durch das Erreichen des Halbfinales im Landesmeistercup 1963 dokumentiert, das gegen Benfica Lissabon jedoch 0:0, 1:3 verlorenging. Die Attraktivität des Rotterdamer Klubs nahm trotzdem weiter zu, so daß die finanziellen Grundlagen für spätere Erfolge bereits gelegt wurden.
1969 nahm der Verein den Österreicher Ernst Happel unter Vertrag, der seine Elf noch in derselben Saison ins Europapokal-Finale führte. Am 6. Mai 1970 trat die Mannschaft im Mailänder Stadion San Siro gegen Celtic Glasgow in folgender Besetzung an: Graafland – Romeijn (104. Haak), Israel, Laseroms, van Duivenbode – Hasil, Janssen, van Hanegem – Wery, Kindvall, Moulijn. Celtics 1:0-Führung durch Gemmel (29.) glich Libero Rinus Israel (31.) schnell wieder aus. Danach berannten die Schotten ständig den Rotterdamer

Feyenoord Rotterdam

Gründung
1908

Anschrift
Feyenoord Rotterdam,
Feyenoord-Stadion,
Olympiaweg 50,
3077 Rotterdam,
Niederlande

Vereinseigentum
Feyenoord-Stadion

Vereinsfarben
Rot-Weiß

Spielkleidung
Rot-weiße Hemden,
schwarze Hosen, schwarz-rot-weiß-gestreifte Stutzen

Stadion
Feyenoord-Stadion
de Kuip, 56 911

Die Erfolge

Landesmeister
1924, 28, 36, 38, 40, 61, 62, 65, 69, 71, 74, 84

Pokal
1930, 35, 65, 69, 80, 84

Europapokal der Meister
1970

UEFA-Pokal
1974

Weltcup für Vereinsmannschaften (inoffiziell)
1970

Europapokal der Meister 1970 Hintere Reihe von links Meijer (Betreuer), van Ec (Trainerassistent), Boskamp Treijtel, van Daele, Israel Laserooms, Maiwald Geilman, van Hanegem Ernst Happel (Trainer) Vordere Reihe von links Wery, Schneider, Hasil van Duivenbode, Janssen Moulijn, Romeijn, Kindvall

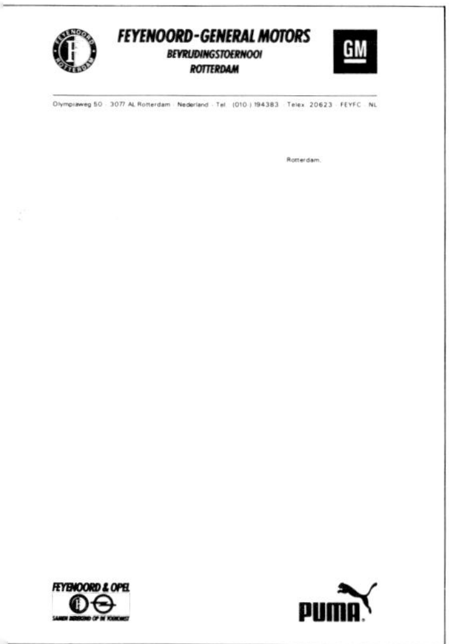

Strafraum, scheiterten jedoch an der geschickten Defensive. Feyenoord hingegen hielt den Ball in den eigenen Reihen, spielte ruhig und intelligent. In der Verlängerung, als die Glasgower müde geworden waren, kamen die Holländer durch den Schweden Ove Kindvall zum 2:1-Siegtreffer (117.).

Einige Monate später gewann Feyenoord auch den inoffiziellen Weltcup für Vereinsteams gegen Estudiantes de la Plata (2:2, 1:0). Der dritte große Erfolg des Jahres 1970 ist die zehnte niederländische Meisterschaft gewesen. Happels Nachfolger Wim Coerver setzte die Arbeit fort, gewann Titel Nummer elf sowie den UEFA-Cup 1974. Wenige Wochen danach standen vier Feyenoord-Akteure in jener Oranje-Mannschaft, die das WM-Finale in München gegen Helmut Schöns DFB-Team 1:2 verlor: Vorstopper Rijsbergen und die Mittelfeldspieler de Jong, Janssen und van Hanegem.

Als letzterer seine Karriere 1976 beendete, brach eine lange Talfahrt des Vereins an, die lediglich von einem Meistertitel 1984 unterbrochen wurde, als die Vereinsführung Johan Cruyff verpflichtete. Die schwache wirtschaftliche Basis zwang den Klub 1986, den Superstar Ruud Gullit zu verkaufen, um den herum eine neue Mannschaft entstehen sollte.

Feyenoord Rotterdam

In den drei letzten Jahren ist Feyenoord jeweils hinter Eindhoven und Ajax gelandet, dürfte aber dennoch größte Schwierigkeiten haben, den Abwärtstrend zu stoppen.

Die heutige Organisation

Der Sport-Club Feyenoord Rotterdam, oder vielmehr dessen Amateurabteilung, besitzt das Stadion »De Kuip«, hat aber auch große wirtschaftliche Probleme. Nur durch Rockkon-

Das Feyenoord-Stadion, im Volksmund »De Kuip« (»Die Schale«) genannt.

zerte, Freundschaftsturniere mit attraktiven ausländischen Vereinen und Sponsorenhilfe gelingt es, die Bilanz auszugleichen. Der Zuschauerschnitt ist seit der Glanzzeit zu Ende der 60er Jahre von 33000 auf 15000 gesunken. Wegen der abnehmenden Bedeutung des Rotterdamer Hafens und der sich daraus ergebenden Probleme fehlt die Unterstützung von seiten der Stadt. Feyenoords Lösung liegt allein in einer Veränderung der Struktur des europäischen Fußballs.

PSV Eindhoven

Zur 100-Jahr-Feier der Unabhängigkeit der Niederlande von Frankreich am 31. August 1913 fand in Eindhoven ein Sportfest statt, das die Glühbirnenfabrik Philips arrangiert hatte. Auf Initiative der Firmengründer beschloß man gleich anschließend, einen Verein zu gründen. Bei der hitzigen Diskussion um die Klubfarben ergoß sich ein Glas Tomatensaft über die weiße Tischdecke. Seitdem spielt der PSV in Rot-Weiß.
Von Anfang an vertraute der Klub auf englische Trainer, mit dem Erfolg, daß schon 1921 der Aufstieg in die südliche Regionalliga gelang, die höchste des Landes. 1929, ein Jahr, nachdem sich die bis dahin nur Betriebsangehörigen zugängige Mannschaft der Allgemeinheit geöffnet hatte, gewann der Klub seine erste Meisterschaft mit zwölf Punkten Vorsprung vor Go Ahead Deventer. Sechs Jahre später holte sich PSV die zweite, 1951 die dritte Meisterschaft.
Zur Saison 1954/55 führte der Niederländische Verband das Vertragsspielersystem ein, die besten Klubs trafen jetzt in der »Ehrendivision« aufeinander. Eindhoven verzeichnete meist nur mäßigen Erfolg, was sich 1972 mit der Verpflichtung des Trainers Kees Rijvers entscheidend änderte. Der frühere Nationalspieler hatte bei Stade Francaise und St. Etienne Profierfahrung gesammelt und baute nun eine neue, schlagkräftige PSV-Mannschaft auf, die bald in ganz Europa gefürchtet war: Torwart war Jan van Beveren, Jan Poortvliet galt als exzellenter Deckungsspieler, die Zwillinge René und Willy van de Kerkhof bestimmten das Mittelfeldspiel, der Schwede Ralf Edström genoß einen Ruf als gefährlicher Kopfballspezialist und Willy van der Kuylens Stärke war das schnelle Erfassen von Torsituationen. Mit diesen hervorragenden Akteuren gewann der PSV dreimal die Meisterschaft (1975, 1976 und 1978) und – bisheriger Höhepunkt der Vereinsgeschichte – 1978 den UEFA-Pokal gegen SEC Bastia (3:0, 0:0).
In den 80er Jahren nahm das Interesse des Philips-Konzerns am PSV ständig zu, weil der wachsende Stellenwert des Fußballs im Fernsehen bessere Werbemöglichkeiten versprach. Als der niederländische Verband 1983 erstmals Trikotwerbung zuließ, änderte sich die Haltung des Konzerns geradezu schlagartig. Philips, das dem Verein zuvor stets Geld geschenkt hatte, wurde nun zum Sponsor.
Die investierten Beträge steckte PSV in den Kauf hochklassiger Spieler: Torwart Hans van Breukelen (vorher Nottingham Forest), Starstürmer Ruud Gullit (Feyenoord Rotterdam), Verteidiger Eric Gerets (Maastricht), Mittelfeldspieler Frank Arnesen (Anderlecht), später Libero Ronald Koeman (Ajax Amsterdam) und Abwehr-As Ivan Nielsen (Feyenoord) – Eindhoven wurde in den Niederlanden konkurrenzlos, einmal von Ajax abgesehen. Beinahe zwangsläufig stellten

PSV Eindhoven

Gründung
1913

Anschrift
PSV Eindhoven,
PSV-Stadion,
Frederiklaan 10a,
5615 NH Eindhoven,
Niederlande

Vereinseigentum
3 Mehrfamilienhäuser

Vereinsfarben
Rot-Weiß-Schwarz

Spielkleidung
Rote Hemden, weiße oder schwarze Hosen, weiße Stutzen

Stadion
PSV-Stadion Frederiklaan, 27000

Die Erfolge

Landesmeister
1929, 35, 51, 63, 75, 76, 78, 86, 87, 88, 89

Pokal
1937, 50, 74, 76, 88, 89

Europapokal der Meister
1988

UEFA-Pokal
1978

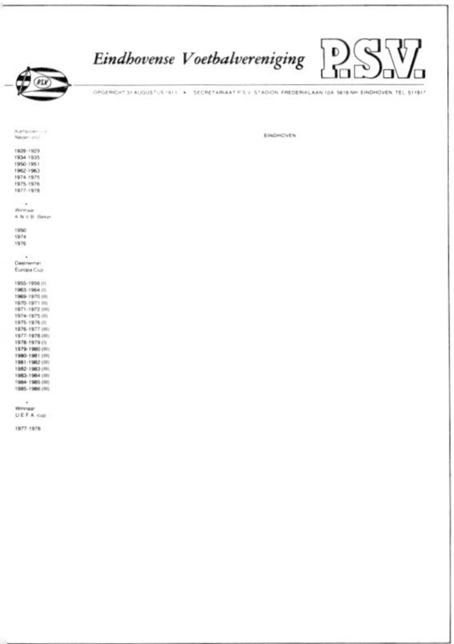

sich die Meistertitel in den Jahren 1986 und 1987 ein. Im Sommer '87 allerdings wurde wie erwartet Ruud Gullit, den Experten für den besten europäischen Stürmer halten, für die enorme Summe von 17 Millionen Mark an den AC Mailand verkauft. Doch eine Schwächung wurde vermieden und durch die Verpflichtung von Sören Lerby (AS Monaco, vorher Bayern München) und Wim Kieft (AC Turin) sogar in noch mehr mannschaftliche Geschlossenheit umgesetzt.

Heutige Organisation

Die Eindhovense Voetbalvereniging, Philips Sportvereniging, besitzt drei Mehrfamilienhäuser in der Nähe des PSV-Stadions, das wiederum dem Philips-Konzern gehört.
Seit 1983 besteht zwischen PSV und der Philips Gloeilampenfabrik ein Sponsor-Verhältnis, dessen Ziel es ist, aus dem Klub einen der führenden und werbeträchtigsten Europas zu machen.

Niederländischer Meister 1986/87: Obere Reihe von links: van Roij, Koeman, van de Kerkhof, McDonald, van Breukelen, Gullit, Nielsen, Koot, van Schijndel, Viscal. Mittlere Reihe von links: Vanenburg, Arnesen, Gerets, Thoresen, Lodewijks, Valke, Heintze, van Aarle, Kolhof, Veldman. Untere Reihe von links: Yilmaz, van der Kuylen (Trainerassistent), Hiddink (Assistenztrainer), Krey (Cheftrainer), Doesburg, Ploegsma (Geschäftsführer), van Schijndel (Psycho-Trainer), van de Ven, Dorje (Teamleiter), van der Gijp.

Philips Stadion
PSV

Philips-Stadion.
Kleines Bild: Eingang bei der Haupttribüne.

Austria Wien

Wie überall in Europa, so war es auch im österreichisch-ungarischen Königreich: Engländer – natürlich – brachten den Fußball gegen Ende des 19. Jahrhunderts ins Land. Einer der ältesten Vereine war der »Vienna Cricket & Football Club«, der 1894 gegründet wurde. Sein erstes Wettspiel trug er am 15. November dieses Jahres aus und bezwang »First Vienna« 4:0. Doch nach Meinungsverschiedenheiten unter den Mitgliedern spaltete sich eine Mehrheit ab, die sich vom 15. März 1911 ab im »Wiener Amateur-Sportverein« wiederfand. Der spielte von Anfang an in lila Hemden und weißen Hosen. Schon 1911 kämpften »die Amateure« in der Ersten Liga, wurden jedoch erstmals 1924 Sieger, als die Brüder Konrad von MTK Budapest als Verstärkung gekommen waren. Am 21. September 1924 war übrigens bereits der Profifußball in Österreich eingeführt worden.

Viele Leute fanden es unpassend, daß sich die Berufsfußballer ausgerechnet »die Amateure« nannten, und so beschloß die Mitgliederversammlung am 28. November 1926 im Donau-Café in der Singerstraße eine Umbenennung in »Fußball-Klub Austria«.

Bis zum Zweiten Weltkrieg schnitt die Austria mit wechselndem Erfolg in der Tabelle ab. Das ist eigentlich erstaunlich gewesen, denn in den Reihen des Teams stand eine Reihe hervorragender, ja sogar brillanter Spieler. Zum Beispiel der linke Läufer Walter Nausch, ein harter, aber fairer Spieler von hoher technischer und taktischer Begabung und als solcher eine Zentralfigur des »Wunderteams«, wie man Österreichs Nationalmannschaft in den 30er Jahren wegen des teils berauschenden Fußballs getauft hatte. Nausch wanderte 1938 in die Schweiz aus, als die Nationalsozialisten in Österreich einmarschiert waren. Das Hauptmanko der Austria war ihre Ballverliebtheit; häufig vergaßen die Spieler über ihren fliegenden Kombinationen den erfolgreichen Torschuß. So kamen sie nur zu zwei Meisterschaften in den Jahren 1924 und 1926.

Dafür war vor allem der überragende Kicker dieser Zeit, Matthias Sindelar, verantwortlich. Er war am 10. Februar 1903 im böhmischen Dorf Kezlau als Sohn eines Maurers geboren worden. Die Familie wanderte nach Wien aus, der Vater wurde 1917 im Ersten Weltkrieg an der Isonzo-Front getötet. Matthias, den sie wegen seiner schlanken Figur »den Papierenen« nannten, entwickelte sich zwischen den beiden großen Kriegen zum besten Mittelstürmer Europas: In 43 Länderspielen schoß der großartige Fußball-Ästhet 27 Tore, wurde zweimal, 1933 und 1936, Mitropacup-Sieger, was in etwa dem heutigen Europapokal der Landesmeister entspricht, und wurde sechsmal Cupsieger Wiens. Matthias Sindelar, der Maradona dieser Epoche, war Jude. Schon ab

Austria Wien

Gründung
1911

Anschrift
Austria Wien,
Wiener Praterstadion:
Sektor D
Meireistraße, 1020 Wien

Vereinseigentum
Privatwohnung im
Zentrum von Wien

Vereinsfarben
Violett-Weiß

Spielkleidung
Violette Hemden, weiße
Hosen, violette Stutzen

Stadion
Prater, 74 000 (vorher
Horrplatz-Stadion, 12 000)

Die Erfolge

Landesmeister
1924, 26, 49, 50, 53, 61, 62,
63, 69, 70, 76, 78, 79, 80, 81,
84, 85, 86

Pokal
1948, 49, 60, 62, 63, 67, 71,
74, 77, 80, 82, 86

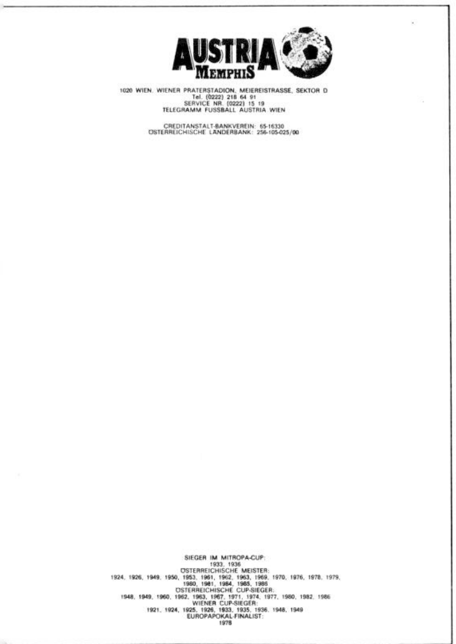
AUSTRIA MEMPHIS
1020 WIEN, WIENER PRATERSTADION, MEIEREISTRASSE, SEKTOR D
Tel. (0222) 218 64 91
SERVICE NR. (0222) 15 19
TELEGRAMM FUSSBALL AUSTRIA WIEN

CREDITANSTALT-BANKVEREIN: 65-16330
ÖSTERREICHISCHE LÄNDERBANK: 256-105-025/00

SIEGER IM MITROPA-CUP:
1933, 1936
ÖSTERREICHISCHE MEISTER:
1924, 1926, 1949, 1950, 1953, 1961, 1962, 1963, 1969, 1970, 1976, 1978, 1979, 1980, 1981, 1984, 1985, 1986
ÖSTERREICHISCHE CUP-SIEGER:
1948, 1949, 1960, 1962, 1963, 1967, 1971, 1974, 1977, 1980, 1982, 1986
WIENER CUP-SIEGER:
1921, 1924, 1925, 1926, 1933, 1935, 1936, 1948, 1949
EUROPAPOKAL-FINALIST:
1978

1935 befiel ihn eine wachsende innere Unruhe in Anbetracht der Verhältnisse im Nachbarland Deutschland, wo die Nazis ihr Ziel der Judenvernichtung immer deutlicher äußerten. Als 1938 der »Anschluß ans Altreich« verkündet worden war, rutschte Sindelar in tiefe Depression ab. Seine Freunde wurden weniger. In der Nacht auf den 23. Januar 1939, ein knappes Jahr nach dem Einmarsch der Deutschen, beschlossen Sindelar und seine Freundin, in ihrer Wohnung in der Wiener Annagasse Selbstmord zu begehen.

Nach dem Ende des Zweiten Weltkrieges wurde der österreichische Fußball wieder auf Amateurbasis zurückgeführt. Die Austria freilich stabilisierte sich und gehörte weiterhin zu den mächtigen Klubs des Landes. Zusammen mit Rapid dominierte man die Liga, Austria holte sich von 1949 bis 1963 sechsmal die Meisterschaft. Die großen Spielerpersönlichkeiten waren vor allem der Mittelläufer Ernst Ocwirk, 1953 im Londoner Wembleystadion Kapitän der Europa-Auswahl im Spiel gegen England und ein offensiver Mittelläufer der technisch glanzvollen Wiener Schule, und die Stürmer Huber, Stojaspal und Aurednik, die großenteils bei der Weltmeisterschaft 1954 in jener österreichischen Mannschaft standen, die erst im Halbfinale dem späteren Sieger Deutschland 1:6 unterlegen war.

Obwohl der Profifußball 1974 in Österreich wieder eingeführt worden war, vermochten die Vereine auf internationaler Ebene nur ausnahmsweise zu konkurrieren. So reichte es zwar zu etlichen Landestiteln für die Austria, doch ins Finale des Europapokals zogen sie nur einmal ein, bei den Pokalsiegern im Jahr 1978. Die 0:4-Niederlage gegen den RSC Anderlecht zeigte das Dilemma des österreichischen Fußballs nur zu deutlich, doch dies wurde ebenso wie das Erreichen des Halbfinales im Landesmeistercup der folgenden Jahre trotz des Ausscheidens gegen Malmö FF durchaus als Erfolg gewertet.

Heute liegt der Publikumsschnitt bei etwa 5000, die ökonomischen Schwierigkeiten treten mehr und mehr zu Tage. Austria war daher zunehmend gezwungen, seine besten Spieler zu verkaufen, wie 1980 Herbert Prohaska an Inter Mailand oder Toni Polster 1987 an den AC Turin.

Die aktuelle Organisation

Der »Fußball-Klub Austria Wien« ist ein gemeinnütziger Sportverein ohne Gewinnabsicht. Der Verein ist finanziell nicht auf Rosen gebettet, sein ganzer Besitz besteht aus einer Privatwohnung im Zentrum Wiens. Mit Blick auf die Zukunft muß dieser traditionsreiche europäische Klub eine durchgreifende Lösung seiner Strukturprobleme finden, um nicht in der Bedeutungslosigkeit zu versinken.

»Das Wunderteam« läuft ein. Von links: Hiden, Schramseis, Hoffmann, Blum, Mock, Braun, Smistik, Gall, Zischek, Sindelar, Vogel, Gschweidl, davor: Teamchef Hugo Meisl, Rainer, Schall, rechts davon Sesta, vorn Nausch. Ölgemälde von Prof. Meissner.

Rapid Wien

Im September 1898 erschien im »Neuen Wiener Abendblatt« die Notiz: »Erster Wiener Arbeiter Fußball-Club gegründet«. Was sich wie eine nüchterne Vereinsgründung liest, führte in den darauffolgenden Monaten in der österreichischen Gesellschaft zu heftigen Streitigkeiten und gegenseitigen Beschimpfungen. Denn das Wort »Arbeiter«, mehr wohl noch der gesamte mit dem Wort bezeichnete Stand, galt nicht viel in der restriktiven österreichisch-ungarischen Monarchie. Der »Erste Wiener Arbeiter Fußball-Club« war also Provokationen ausgesetzt; deshalb entschloß sich die Vereinsführung bereits vier Monate nach Gründung zu einer Namensänderung: Rapid Wien war geboren.

Der Name war dem Eisenbahnermilieu entnommen: Rapid hieß eine Lokomotive und bedeutet »schnell, rasant«. Daß auch eine Lokomotive von Arbeitern bedient wird, mag der feinen Wiener Gesellschaft nicht aufgefallen sein, wohl aber müssen sie gemerkt haben, daß sich der Verein – gemäß seinem Namen – rasant nach oben entwickelte. 1903 qualifizierte sich Rapid für die oberste österreichische Liga (in der der Verein bis heute vertreten ist) und schaffte 1914 den ersten Meistertitel.

In den Jahren nach dem Ersten Weltkrieg entwickelte sich eines der berühmtesten Merkmale der Spielweise: die »Rapid-Viertelstunde«. Häufig wurde der Mannschaft allzugroße Lässigkeit zu Beginn des Spiels vorgeworfen, was öfters auch zu Rückständen geführt hatte, in der zweiten Halbzeit aber, in einer »wirbelnden Viertelstunde«, gelang es meist, diesen Rückstand wieder mehr als wettzumachen.

1927 nahm Rapid am Mitropacup teil. Angeregt wurde dieser Vorläufer heutiger Europapokalwettbewerbe von Hugo Meisl, dem damaligen Trainer der österreichischen Nationalmannschaft. Rapid stieß gleich im ersten Jahr des Mitropacups ins Finale vor, unterlag dort aber Sparta Prag 2:6 und 2:1. Drei Jahre später aber war die Mannschaft reif genug. Wiederum gegen Sparta Prag gewann der Klub nach dem 2:0-Auswärtssieg und dem 3:2 im heimischen Stadion als erste österreichische Mannschaft diesen Mitropacup.

1933 reiste der Verein ins Mutterland des Fußballs nach Großbritannien. Der österreichische Fußball war in seiner ersten Hochphase, was sich auch in den durchaus achtbaren Freundschaftsspiel-Ergebnissen gegen britische Mannschaften niederschlug. Gegen den schottischen Meister Glasgow Rangers spielte Rapid 3:3, verlor dann zwar gegen den FC Liverpool, schon damals nicht nur auf der Insel berühmt und gefürchtet, 2:5, siegte abschließend aber gegen Leicester City 3:1. Offenbar konnte diese österreichische Mannschaft mithalten. Sie verfügte bereits über genügend Spielwitz und Erfahrung, um nicht bloß einen ehrbaren, aber letztlich leicht

Rapid Wien

Gründung
1899

Anschrift
Rapid Wien,
Keißlergasse 6,
1140 Wien, Österreich

Vereinseigentum
Spielerverträge

Vereinsfarben
Grün-Weiß

Spielkleidung
Grün-weiß gestreifte Hemden, weiße Hosen, weißgrün gestreifte Stutzen

Stadion
Hanappi-Stadion, 22000;
ab 1986 Prater, 74000

Die Erfolge

Landesmeister
1912, 13, 16, 17, 19, 20, 21, 23, 29, 30, 35, 38, 40, 41, 46, 48, 51, 52, 54, 56, 57, 60, 64, 67, 68, 82, 83, 87, 88

Pokal
1961, 68, 69, 72, 76, 83, 84, 85, 87

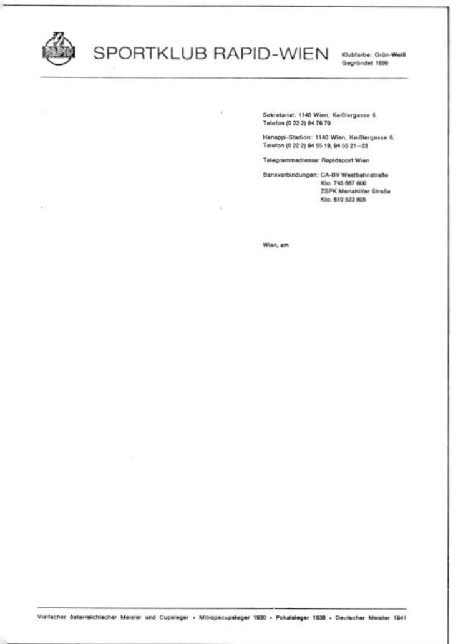
SPORTKLUB RAPID-WIEN
Klubfarbe: Grün-Weiß
Gegründet 1899

Sekretariat: 1140 Wien, Keißlergasse 6,
Telefon (0 22 2) 94 76 70

Hanappi-Stadion: 1140 Wien, Keißlergasse 6,
Telefon (0 22 2) 94 55 19, 94 55 21–23

Telegrammadresse: Rapidsport Wien

Bankverbindungen: CA-BV Westbahnstraße
Kto. 745 667 600
ZSPK Mariahilfer Straße
Kto. 610 523 805

Wien, am

Vielfacher österreichischer Meister und Cupsieger • Mitropacupsieger 1930 • Pokalsieger 1938 • Deutscher Meister 1941

zu besiegenden Gegner in einem repräsentativen Freundschaftsspiel zu geben. Auch in Großbritannien war dieser Verein zu Siegen in der Lage, und er besaß – last not least – die Fähigkeit, seine neuen Spielerfahrungen sofort umzumünzen.

Es war dies auch die Zeit des Wunderteams; jener österreichischen Nationalmannschaft, die zwischen dem 16. Mai 1931 (5:0 über Schottland) und dem 12. Februar 1933 (4:0 in Paris über Frankreich) 16 Länderspiele hintereinander ungeschlagen blieb. Erst im 17. Spiel, am 9. April 1933, verlor das Team, dem die drei Rapid-Spieler Roman Schramseis, Pepi Smistik und Franz Wesselik angehörten, gegen die CSSR 1:2.

Im März 1938 marschierten die Truppen des nationalsozialistischen Deutschland in Österreich ein. Kurz darauf erfolgte der »Anschluß« Österreichs an das Großdeutsche Reich. Auch der österreichische Sport wurde in die deutschen Sportorganisationen eingegliedert. So gewann also Rapid Wien 1938 den deutschen Pokal, zwei Jahre darauf nach einem 4:3-Sieg über Schalke 04 gar die deutsche Meisterschaft. Blankes Erstaunen wird wohl als die harmloseste Reaktion der

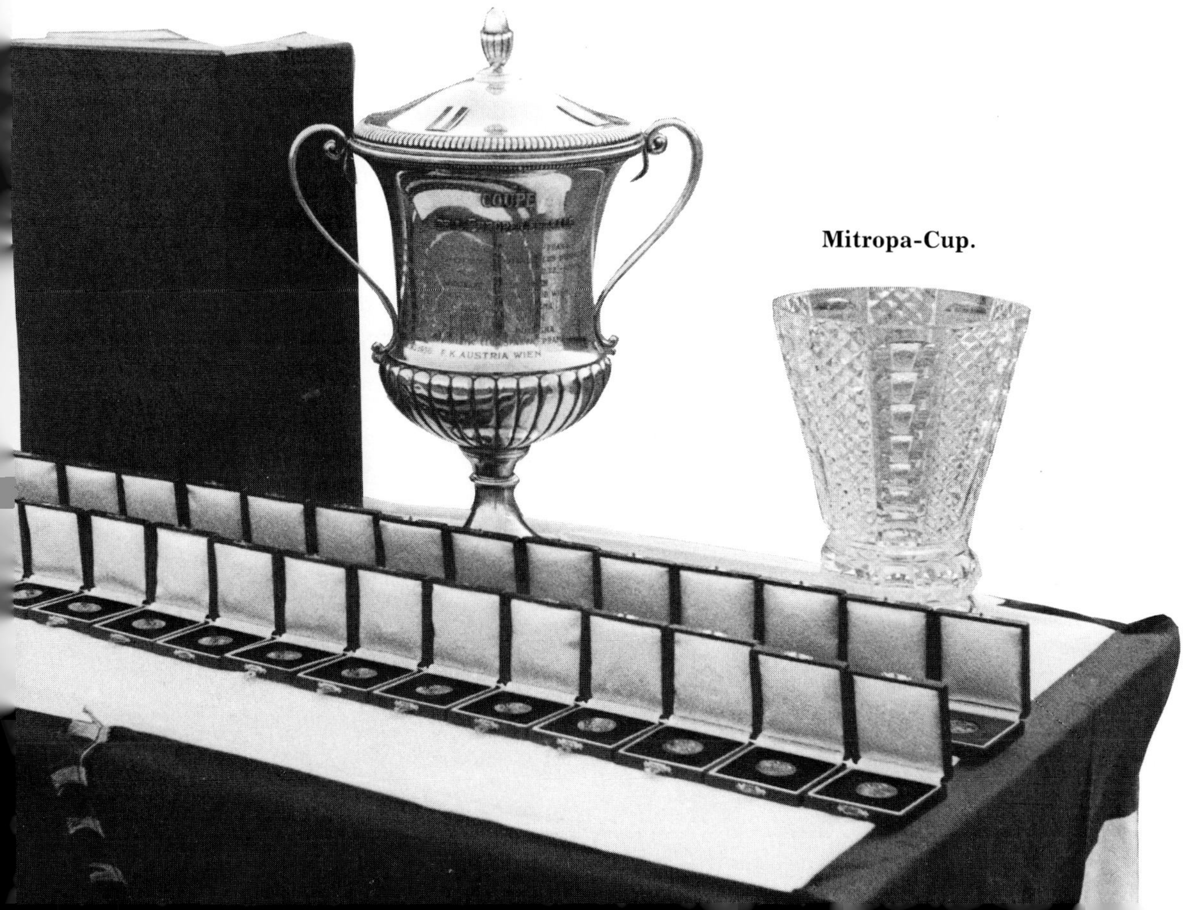

Mitropa-Cup.

**Rapid 1953.
Stehend von links: Riegler, Dienst, Giesser, Robert Körner, Hala, Golobic.
Untere Reihe von links: Alfred Körner, Merkel, Zeman, Ernst Happel, Gerhard Hanappi.**

deutschen Fußballfans vermutet werden. In jener so erfolgreichen Mannschaft stand ein Spieler, der zu Weltruhm gelang: Franz Binder, genannt »Bimbo«. Der Mittelstürmer besiegte in jenem Endspiel Schalke 04 durch einen Hattrick fast alleine und galt als einer der torgefährlichsten Angreifer seiner Zeit.

Rapid überstand die fürchterliche Zeit einschließlich des Zweiten Weltkrieges relativ schadlos. 1946 und 1948 gewannen die Wiener die nun wieder rein österreichische Meisterschaft und leiteten Rapids Glanzzeit ein. In der Mannschaft, die zwischen 1951 und 1960 sechs von zehn möglichen Titeln gewann, standen so namhafte Fußballer wie der Torwart Walter Zeman, die ungemein raffinierten Verteidiger Max Merkel und Ernst Happel, der Außenläufer Gerhard Hanappi und das Angriffstrio Erich Probst und die Gebrüder Robert und Alfred Körner. Sie und ihre Kollegen bildeten eine der stärksten Vereinsmannschaften Europas, aber auch das Gerüst einer überaus schlagkräftigen Nationalmannschaft. Bei der Weltmeisterschaft 1954 in der Schweiz errang dieses Team den dritten Platz hinter Deutschland und Ungarn.

Danach verlor der österreichische Fußball langsam, aber sicher in Europa an Boden. Rapid kam im europäischen Landesmeistercup 1961 zwar noch ins Halbfinale, unterlag dort aber Benfica Lissabon 0:3 und 1:1. Auch national rutschte der ehemalige Erste Wiener Arbeiter Fußball-Club ins Mittelmaß.

Erst 1974, mit der Einführung des Profifußballs in Österreich, gelang es Rapid wieder, sich der europäischen Spitze zu nähern. Und 1977 wurde ein neues Stadion eingeweiht; entworfen hatte es der ehemalige Außenläufer Gerhard Hanappi, nach dem es auch benannt wurde, als er 1980 an Krebs gestorben war. Und in diesem Stadion kehrte Rapid Wien allmählich zu altem Glanz und Ruhm zurück.

Gerhard-Hanappi-Stadion.

Die aktuelle Situation

Im Sommer 1987 errang der Sport-Klub Rapid Wien unter der Führung des jugoslawischen Trainers Otto Baric zum sechsten Mal in der Geschichte des Vereins das Double, den Gewinn von Meisterschaft und Pokal innerhalb eines Jahres. Um eine europäische Spitzenmannschaft zu sein, sind die wirtschaftlichen Verhältnisse allerdings zu unsicher; der Verein besitzt nur die Spielerverträge. Für die Zukunft aber soll eine schon seit langem bestehende Geschäftsverbindung mit einer der größten Banken des Landes intensiviert werden, so daß die ökonomischen Voraussetzungen für einen Wiederaufstieg Rapids in die europäische Spitzenklasse geschaffen wären. Doch auch im Falle von Rapid Wien mußte einiges an spielerischer Kompetenz hinzukommen, damit sich die Macht der Gelder schließlich auszahlt.

Gornik Zabrze

Um das sportliche Niveau anzuheben, trafen sich am 12. Dezember 1948 die Vertreter von sechs Klubs auf dem polnischen Zechengebiet. Am Ende ihrer Verhandlung fusionierten die Vereine RKS Concordia, KS Pogon, RKS Skra, Scaley, TFMG und KS Zjednoczenie. Der Einfachheit halber wählte man den passenden Namen „Gornik“, was auf deutsch nichts anderes als „Grubenarbeiter“ bedeutet. Denn das waren sie fast alle, die Mitglieder des neuen Klubs: Die von KSC Concordia waren meist deutscher Abstammung, die auf Zeche Concordia gearbeitet hatten. Die Leute von KS Skra kamen von Zeche Königin Luise, einer der größten in Polen; aus deren Ostteil rekrutierten sich die Mitglieder von KS Pogon, aus dem westlichen Teil die von RKS Pogon. Nur die Leute von KS Zjednoczenie waren meist Rechtsanwälte, Ingenieure oder Ärzte.
1956 schaffte Gornik den Aufstieg in die erste Liga und belegte auf Anhieb Rang sechs. Gleich im folgenden Jahr gewann der Klub die Meisterschaft mit 33 Punkten aus 22 Spielen und fünf Zählern Vorsprung vor Gwardia Warschau. Star dieser Mannschaft war Ernst Pohl, der von Legia Warschau nach Zabrze gestoßen war. Pohl schoß in zehn Jahren 186 Tore für Gornik, und in 49 Länderspielen für Polen 40 Treffer.
Der entscheidende Schritt nach vorn gelang durch die immer enger werdende Verknüpfung zwischen dem Verein und den großen Grubenbetrieben in und rund um Zabrze, das nur ein paar Kilometer südwestlich von der Kohlen-Großstadt Kattowitz liegt. Gornik erhielt ein Stadion, in dem die Mannschaft auch heute noch spielt; überdies wurde viel Geld in die Nachwuchsarbeit investiert. Weil man auch bekannte Trainer engagierte, wuchs allmählich eine sportliche Organisation, die sich durchaus mit den großen Klubs Westeuropas messen konnte. Zwischen 1957 und 1972 siegte Gornik zehnmal in der Liga-Meisterschaft und holte sich sechsmal den Pokal, war also ohne Zweifel die stärkste Mannschaft Polens zu dieser Zeit. 1970 gelangte das Team sogar nach Erfolgen über Olympiakos Piräus (2:2, 5:0), Glasgow Rangers (3:1, 3:1), Levski Spartak Sofia (2:3, 2:1) und AS Rom (1:1, 2:2, 1:1 weiter nach Losentscheid) ins Finale des Europapokals der Pokalsieger. Am 29. April im Wiener Praterstadion unterlag Gornik allerdings vor 7900 Zuschauern Manchester City 1:2 (Torschützen 0:1 und 0:2 Lee, 1:2 Oslizlo).
Auch wenn Gornik Zabrze in den nächsten beiden Jahren jeweils das Double (Meisterschaft und Pokal gleichzeitig) gelang, so handelte es sich doch bereits um eine alternde Mannschaft. Als der große Stürmerstar Wladimir Wlodzimierz Lubanski nach Belgien zu Lokeren wechselte, sich die Vernachlässigung der Jugendarbeit bemerkbar und eine nahezu überhebliche Einstellung im Verein breit machten,

Gornik Zabrze

Gründung
1948
Anschrift
K. S. Gornik, 41-8000 Zabrze, ul. Roosevelta 81, Polen
Vereinseigentum
Gornik-Stadion und Sportpark
Vereinsfarben
Blau-Weiß
Spielkleidung
Blaue Hemden, weiße Hosen, blau oder weiße Stutzen
Stadion
Damrota-Stadion, 35 000

Die Erfolge
Landesmeister
1957, 59, 61, 63, 64, 65, 66, 67, 71, 72, 85, 86, 87, 88
Pokal
1965, 68, 69, 70, 71, 72

Die erfolgreiche Mannschaft von 1970/1971. Stehend von links: Kuchta, Gomola, Oslizlo, Kostka, Florenski, Deja, Olek. Untere Reihe von links: Banas, Wilczek, Lubanski, Szarynski, Szoltysik.

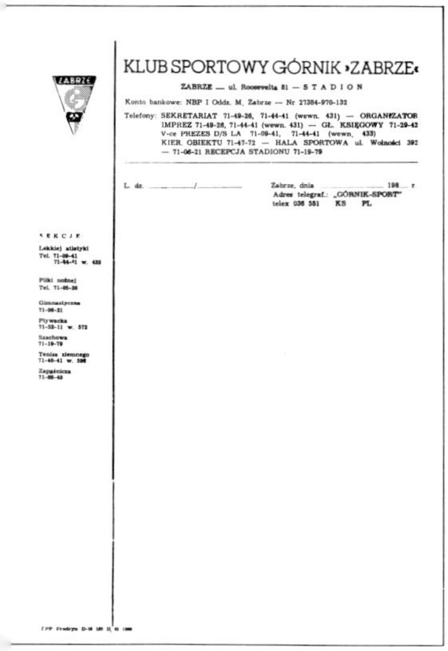

KLUB SPORTOWY GÓRNIK »ZABRZE«

ZABRZE — ul. Roosevelta 81 — STADION

Konto bankowe: NBP I Oddz. M. Zabrze — Nr 27384-970-132

Telefony: SEKRETARIAT 71-49-26, 71-44-41 (wewn. 431) — ORGANIZATOR IMPREZ 71-49-26, 71-44-41 (wewn. 431) — GŁ. KSIĘGOWY 71-29-42 V-ce PREZES D/S LA 71-09-41, 71-44-41 (wewn. 433) KIER. OBIEKTU 71-47-72 — HALA SPORTOWA ul. Wolności 392 — 71-06-21 RECEPCJA STADIONU 71-19-79

L. dz. ..../..........

Zabrze, dnia .... 198... r.
Adres telegraf.: „GÓRNIK-SPORT"
telex 036 551 KS PL

SEKCJE

Lekkiej atletyki
Tel. 71-09-41
71-44-41 w. 433

Piłki nożnej
Tel. 71-05-30

Gimnastyczna
71-06-21

Pływacka
71-33-11 w. 372

Szachowa
71-19-79

Tenisa ziemnego
71-40-41 w. 396

Zapaśnicza
71-06-40

wurde Gornik schwächer und schwächer und stieg 1978 sogar ab.

Doch schon im Sommer 1979 war der Klub wieder da, und mit der Wahl von Jan Slachta zum Präsidenten Anfang 1980 begann sozusagen die Wiederaufbauarbeit des Vereins, von der vor allem die Jugendabteilung profitierte. Der Erfolg ließ nicht lange auf sich warten: 1985 wurde Gornik wieder polnischer Meister, und mit dem vierten Titel im Sommer 1988 bewies der Verein, daß er wieder an die Spitze der polnischen Fußballklubs zurückgekehrt ist.

Die heutige Organisation

Der Klub Sportowy Gornik Zabrze besitzt das Gornik-Stadion, das mitten in einem 40000 m^2 großen Sportgelände liegt. Neben einem großen Schwimmbecken gibt es noch fünf Fußballfelder. Hinter der Haupttribüne liegt das Verwaltungsgebäude mit 50 Zimmern, einem Spieler-Hotel und zwei Restaurants. Gornik muß seine Abteilungen selbst unterhalten, bekommt jedoch Unterstützung von der Zechenindustrie Zabrzes. Der Präsident des Vereins wird alle vier Jahre von den Direktoren der großen Gruben gewählt.

Benfica Lissabon

Wie in ganz Europa schossen auch in Portugal um die Jahrhundertwende Sportvereine wie Pilze aus dem Boden. Cosme Damiao, ein junger Mann aus dem noblen Lissabonner Stadtteil Belem, war von den neuen Ideen angetan. Mit einigen Freunden, von denen die meisten in der Rua Direita wohnten, gründete er am 28. Februar 1904 einen Klub, dem sie den Namen »Sport Lisboa« gaben. Zwei Jahre später, 1906, begann in der Hauptstadt die erste regionale Fußballmeisterschaft, an der Sport Lisboa, Lisbon Cricket, der Club Internacional de Futbol und Casavol teilnahmen. Letzterer wurde übrigens erster Stadtmeister.
Etwa um die gleiche Zeit, genau am 16. Juli 1906, gründeten 15 Radsport-Enthusiasten den »Sport Clube de Benfica«, der wiederum am 13. September 1908 mit Sport Lisboa zum »Sport Lisboa e Benfica« fusionierte. Erster Präsident wurde selbstverständlich Cosme Damiao. Vier Jahre später durfte er sich über die erste regionale Meisterschaft freuen.
Obwohl der Klub in den ersten drei Jahrzehnten keine weiteren Titel erringen konnte, spielte er doch eine wichtige Rolle im portugiesischen Fußball. Drei Spieler von Benfica – Victor Goncalves, Antonio Ribeiro dos Reis und Alberto Augusto – standen am 19. Dezember 1921 in jener portugiesischen Nationalelf, die ihr erstes Länderspiel überhaupt in Madrid gegen Spanien 1:3 verlor.
Mit dem Olympischen Turnier von 1928 in Amsterdam, wo Portugal immerhin Chile (4:2) und Jugoslawien (2:1) besiegt hatte und nur gegen Ägypten (1:2) unterlegen war, bekam der Fußballsport in Portugal einen erheblichen Zuwachs an Popularität, hinkte aber dennoch hinter dem europäischen Standard hinterher. Erst 1938 wurde ein landesumfassendes Ligasystem eingeführt, wobei Benfica seine erste Blütezeit erlebte: Nach dem ersten Landesmeistertitel 1936 gewannen die Lissabonner auch 1937, 1938, 1942, 1943 und 1945.
Erste internationale Erwähnung fand der Klub nach dem Ligasieg von 1950, womit sich Benfica für die Copa Latina, ein Turnier der südeuropäischen Meister, qualifiziert hatte. Im Halbfinale bezwang Benfica Lazio Rom, und zeigte sich im Endspiel dem französischen Titelträger Girondins Bordeaux (3:3 und 2:0) überlegen.
Im selben Jahr unternahm das siegreiche Team eine ausgedehnte Tournee durch die portugiesischen Kolonien Angola und Moçambique, gewann von 15 Spielen elf und verlor drei. Eines davon fand gegen eine Auswahl aus Lourenco Marques statt, der Hauptstadt Mocambiques. Benfica unterlag 1:3, gewann aber die Erkenntnis, daß beim Gegner einige vorzügliche Leute mitgespielt hatten: Der Torwart Costa Pereira war nahezu unbezwingbar, der Mittelstürmer José Aguas, ein Großwildjäger, hatte sich als außerordentlich gefährlicher Mittelstürmer entpuppt. Sie erlangten ebenso Weltruhm wie

Benfica Lissabon

Gründung
1904

Anschrift
Benfica Lissabon, Av. General Norton de Matos, 1500 Lissabon, Portugal

Vereinseigentum
Estadio da Luz und zwei Trainingsanlagen sowie vier Häuser in Lissabon

Vereinsfarben
Rot-Weiß

Spielkleidung
Rote Hemden, weiße Hosen, rote Stutzen

Stadion
Estadio da Luz, 120 000

Die Erfolge

Landesmeister
1936, 37, 38, 42, 43, 45, 50, 55, 57, 60, 61, 63, 64, 65, 67, 68, 69, 71, 72, 73, 75, 76, 77, 81, 83, 84, 87, 89

Pokal
1930, 31, 35, 40, 43, 49, 51, 52, 53, 55, 57, 59, 62, 64, 69, 70, 72, 80, 81, 83, 85, 86, 87

Europapokal der Meister
1961, 62

SPORT LISBOA E BENFICA

INSTITUIÇÃO DE UTILIDADE PÚBLICA

MEMBRO HONORÁRIO DA ORDEM DO INFANTE D. HENRIQUE
COMENDADOR DA ORDEM MILITAR DE CRISTO
1ª MEDALHA DE OURO DE MÉRITO TURÍSTICO
OFICIAL DA ORDEM DE BENEMERÊNCIA
MEDALHA DE MÉRITO DESPORTIVO
MEDALHA DE OURO DA CIDADE

SEDE E SECRETARIA: R. Jardim do Regedor, 9 · Telefs. PPCA 36 45 41/2/3/4/5/6/7 · 32 35 16 · 36 43 51 · 36 43 52 · DIRECÇÃO Telefone 36 19 20
ESTÁDIO DA LUZ: Av. General Norton de Matos · 1500 LISBOA · Telefones · 72 08 33 · 72 07 75 · 72 07 62 · 72 06 66 · 72 05 95 · 72 05 24
ENDEREÇO TELEGRÁFICO: "DESPORTOS" · JORNAL "O BENFICA" Telefone 32 02 52
TELEX 14 662 BENFIX P

TODA A CORRESPONDÊNCIA DEVE SER DIRIGIDA AO APARTADO 21 111 - 1 128 LISBOA CODEX

die später ebenfalls aus Lourenco Marques geholten Halbstürmer Joaquim Santana und Mario Coluna.

Am 1. Dezember 1954 wurde das Estadio da Luz in Lissabon eingeweiht; es war hauptsächlich durch freiwilligen Arbeitseinsatz und Spenden der Mitglieder entstanden. Da außerdem der Industrialisierungsprozeß Portugals allmählich fortschritt, waren nun die Bedingungen geschaffen, um den Professionalismus einzuführen, was ebenfalls in diesem Jahr geschah.

Neues Stadion, Professionalisierung, die Früchte der Afrika-Reise und, etwas später im Jahr 1959, die Verpflichtung des ungarischen Trainers Bela Guttmann wurden zu einem einzigen Glücksfall für Benfica. Guttmann hatte als Spieler beim MTK Budapest gespielt, und seine Trainerlaufbahn 1937 in Enschede begonnen. Seine größten Triumphe feierte er 1955 beim Gewinn der italienischen Meisterschaft mit dem AC Mailand, und mit dem Sieg bei der Sao Paulo-Meisterschaft 1958 mit dem FC Sao Paulo, wo er im übrigen das 4-4-2-System praktizierte, mit dem Vicente Feola 1958 Brasiliens Team zum Weltmeister machte. Danach war der kleine Ungar mit dem FC Porto 1959 gleich portugiesischer Meister geworden.

Auch Benfica war sofort siegreich in der Liga, zum zehnten Mal insgesamt. Überdies wurden der schnauzbärtige, hünenhafte Stopper Germano von Atletico Lissabon und der flinke Rechtsaußen José Augusto von CUF Barreiro verpflichtet. Als auch noch ein blutjunger, schüchterner Mann aus Lourenco Marques namens Eusebio dazu kam, hatte Benfica eine überragende Mannschaft. Obwohl Eusebio noch nicht spielberechtigt war, weil er noch nicht die von der UEFA verlangten drei Monate im Verein war, erreichte Benfica am 31. Mai 1961 in Bern das Endspiel um den Europapokal der Landesmeister gegen den favorisierten FC Barcelona, der immerhin den Erzrivalen und fünfmaligen Pokalgewinner Real Madrid ausgeschaltet hatte. Doch Benfica Lissabon war an diesem Abend nicht zu schlagen, durch Tore von Aguas, Augusto und Coluna gewannen die Portugiesen zur Verblüffung der Fachleute und Fans 3:2.

Eusebios Durchbruch kam ein paar Monate später bei einem gut besetzten Turnier in Paris. Gegen die seinerzeit weltbeste Vereinsmannschaft, Brasiliens FC Santos mit dem Phänomen Pélé, lag Benfica zur Halbzeit schon 0:5 zurück. Nach der Pause wurde Eusebio eingewechselt, und später sprach niemand mehr von der 3:5-Niederlage, sondern vielmehr von dem traumhaften Hattrick des schlanken, dunkelhäutigen Stürmers.

Schon ein Jahr später, am 2. Mai 1962 beim Europacupfinale in Amsterdam gegen Real Madrid, sollte sich die Klasse des jungen Burschen endgültig zeigen. Noch einmal versuchte

Der Sieger im Endspiel des Europapokals der Landesmeister 1961: Benfica Lissabon. Stehend von links: Germano, Angelo, Cavem, Mario Joao, Cruz, Costa Pereira. Untere Reihe von links: Augusto, Eusebio, Aguas, Coluna, Simoes.

Real mit seinen Weltstars di Stefano, Puskas oder Gento die Aufsteiger aus dem Nachbarland niederzuhalten. Man sagt bis heute, es sei das schönste und erregendste Finale dieses Wettbewerbs gewesen. Allein die Torfolge zeigt schon, welch ein Krimi es gewesen war: 0:1 Puskas (17.), 0:2 Puskas (23.), 1:2 Aguas (25.), 2:2 Cavem (34.), 2:3 Puskas (38.), 3:3 Coluna (51.), 4:3 Eusebio (63.), 5:3 Eusebio (78.).
Noch dreimal kam Benfica bis 1968 ins Endspiel, verlor jedoch jedesmal (1963 gegen AC Mailand 1:2, 1965 gegen Inter Mailand 0:1 und 1968 gegen Manchester United 1:4).
Seine Ursache hatte das vor allem darin, daß Guttmann den Verein 1962 verlassen hatte und nach Montevideo gegangen war. Auf ihn folgten sechs Trainer, die mindestens drei völlig verschiedene taktische Vorstellungen verfolgten. Gleichwohl war Benfica der nationalen Konkurrenz hoch überlegen. 1963, 1964, 1965, 1967, 1968, 1969 wurde das Team mit dem Superstar Eusebio jeweils Liga-Erster. Darüber hinaus führte der Stürmer die Nationalelf bei der WM 1966 in England auf den dritten Platz und wurde mit neun Treffern bester Torschütze.
Danach aber ging es bergab mit dem portugiesischen Fußball im allgemeinen – bei den folgenden vier WM-Turnieren fehlte die Auswahl – und mit Benfica im speziellen. Das hatte vor allem gesellschaftliche Ursachen: Die Diktatur, die 1925 an die Macht gekommen war, wurde 1975 gestürzt, weil die Offiziere und Soldaten sie nicht länger stützen wollten. Noch im gleichen Jahr riefen Angola und Moçambique ihre Unabhängigkeit aus. Beide Ereignisse sorgten für große Umwälzungen im Mutterland, das Leben und die Interessen der Menschen veränderten sich, die Fußballindustrie geriet zunächst völlig in den Hintergrund. An der Dominanz Benficas auf nationaler Ebene freilich änderte dies nichts, die Hauptstadt-Fußballer hamsterten in den 70er Jahren (1971, 1972, 1973, 1975, 1976, 1977) fleißig Titel.
Eine grundlegende Änderung des eher langweiligen Geschehens trat erst 1982 mit der Verpflichtung des schwedischen Trainers Sven-Göran Eriksson ein, der kurz zuvor IFK Göteborg zu einem triumphalen UEFA-Cup-Erfolg über den Hamburger SV geführt hatte. Eriksson führte eine professionellere Einstellung ein, härteres Training, ernsthaftere Arbeit und ein System, das er »Druck mit Unterstützung« nannte. Im Mai 1983 erreichte Benfica die Endspiele im UEFA-Pokal, unterlag jedoch dem RSC Anderlecht (0:1, 1:1). Dafür waren 1983 und 1984 die Meisterschaften Nummer 25 und 26 fällig.
Die heutigen Spitzenspieler sind der reaktionsschnelle Torwart Veloso, der von Flamengo Rio de Janeiro gekommene Libero Mozer und die vier Stürmer Diamanthino, Rui Aguas (aus Portugal), Tueba (Zaire) und Hakiri (Marokko).

Estadio da Luz. Mit 120 000 Plätzen heute eines der größten Fußballstadien Europas.

Die heutige Organisation

Ziel von »Sport Lisboa e Benfica, Instituciao de utilidade publica« ist es, Sport zu treiben, ohne Gewinne zu erzielen. Der folglich gemeinnützige Verein ist eine Organisation mit 80 000 zahlenden Mitgliedern und 24 Abteilungen, die allesamt nur von der Profifußballmannschaft und den Mitgliedsbeiträgen versorgt werden. Dies mindert die Konkurrenzfähigkeit des Klubs auf dem internationalen Transfermarkt.
Zum Eigentum gehört das Stadion »da Luz«, zwei Trainingsanlagen und vier Grundstücke in Lissabon.
Die Jugendabteilung steht in harter Rivalität mit dem FC Porto, 18mal hat das Juniorenteam bisher die nationale Meisterschaft gewonnen. Derzeit bereisen sechs ehemalige Spieler ganz Europa, um Talente zu entdecken.

FC Porto

Um die Jahrhundertwende gab es in der nordportugiesischen Stadt Porto eine Gruppe von Freunden, die sich »O Groupo do destino«, also »Freunde des Schicksals« nannte. Der Zweck ihrer Zusammenkünfte war es, gemeinsam möglichst viel zu essen und zu trinken. Eines der Mitglieder, José Monteiro da Costa, versuchte, die anderen zu einem körperlichen Ausgleich in Form von Sport oder Spiel zu gewinnen. Als häufiger England-Besucher hatte es ihm das Fußballspiel besonders angetan, das jedoch erst Anklang fand, als ein Italiener namen Gatulo Gaddo seine Kicker-Künste unter Beweis stellte.

Am 2. August 1906 gründeten sie unter Führung von da Costa den »Football Club Porto«, einen Sportverein mit Abteilungen für Gymnastik, Tennis, Boxen, Gewichtheben, Schwimmen und anderes. Man einigte sich auf die Farben Blau (für die Hemden) und Weiß (für die Hosen); also die Farben des Königshauses, denn die Monarchie war beim FC Porto überaus beliebt.

Zweimal gewann der FC Porto die regionale Liga (1911 und 1912). Und als 1921 der portugiesische Fußballverband gegründet wurde, siegte der FC Porto 1922 bei der ersten nationalen Meisterschaft, die in Form eines Pokalturniers ausgetragen wurde, durch ein 3:1 über Sporting Lissabon.

Ab 1934/35 wurde der Titel unter acht regionalen Siegern ausgespielt, auch hier hieß der erste Sieger FC Porto. Die nächsten Meisterschaften holte sich der Provinzklub 1939 und 1940, als es bereits ein einheitliches Ligasystem gab.

Danach aber verlor der FC Porto völlig an Bedeutung und verkam regelrecht zu einer lokalen Größe. Diese Epoche, in deren Verlauf das 0:5 im Finale des portugiesischen Pokals 1953 gegen Benfica Lissabon noch einen einsamen Höhepunkt bildete, wird von den Mitgliedern »die lange Wüstenwanderung« genannt. Sie dauerte 15 Jahre.

Gleichwohl gab es Kräfte im Verein und in der Stadt, die den Kampf gegen die Rivalen aus der Hauptstadt Lissabon – Benfica und Sporting – nicht aufgeben mochten. Die Annäherung zwischen dem FC und der Wirtschaft der Stadt ermöglichte die Diskussion über ein neues, großes Stadion, das neue ökonomische Voraussetzungen schaffen sollte. 1948 erstand man ein 48 000 m^2 großes Gelände, und am 28. Mai 1952 wurde das 50 000 Zuschauer fassende »Estadio das Antas« eingeweiht.

Unter dem brasilianischen Trainer Dorival Knippe, genannt »Yustrich«, beendete man 1956 mit dem Gewinn des Meistertitels die »lange Wüstenwanderung«. Doch nach der neuerlichen Meisterschaft 1959 dominierte Benfica zwischen 1960 und 1977 mit 14 Titeln eindeutig. Diese Serie wiederum wurde vom FC Porto beendet, der 1978 und 1979 die Nase vorn hatte in Portugal.

FC Porto

Gründung
1906

Anschrift
FC Porto, Avenida Fernao de Magalhaes, 4300 Porto, Portugal

Vereinseigentum
Estadio Das Antas mit großer Sportanlage

Vereinsfarben
Blau-weiß

Spielkleidung
Blaue Hemden, weiße Hosen, weiß-blau-gestreifte Stutzen

Stadion
Estadio Das Antas, 90 000

Die Erfolge

Landesmeister
1935, 39, 40, 56, 59, 78, 79, 85, 86, 88

Pokal
1922, 25, 32, 37, 56, 58, 68, 77, 84, 88

Europapokal der Meister
1987

Weltcup für Vereinsmannschaften (inoffiziell)
1987

FUTEBOL CLUBE DO PORTO
INSTITUIÇÃO DE UTILIDADE PUBLICA
Fundado em 2 de Agosto de 1906

Auf dem Weg zum internationalen Durchbruch war der 16. Mai 1984 eine wichtige Station. An diesem Tag unterlag der FC Porto im Baseler Jakob-Stadion Juventus Turin in einem hochklassigen und fairen Endspiel um den Europacup der Pokalsieger mit 1:2 Toren. Drei Jahre später, genau am 27. Mai 1987, standen die Nordportugiesen in Wien zum zweiten Mal in einem europäischen Endspiel, diesmal gegen den hohen Favoriten Bayern München im Landesmeister-Pokal: Mlyarczyk, Joao Pinto, Luis, Celso, Inacio (Frasco), André, Magalhaes, Quim (Juary), Sousa, Futre und Madjer gewannen fast sensationell mit 2:1 (0:1) Toren.
Charakteristisch war das schnelle, technisch brillante Kurzpaßspiel, das den körperlich überlegenen Bayern sichtlich Probleme bereitete. Außerdem besaß Porto in den drei Konterspezialisten Futre, Madjer und Juary Spieler, die dieser Mannschaft eine ganz neue Offensiv-Dimension verliehen. Eine weitere Stärke war es, daß die Portugiesen über die 13 Kicker hinaus, die im Finale dabei waren, mit 29 Leuten über

FC Porto, Sieger im Europapokal der Meister 1987.

»Das Antas-Stadion«.

Eingang zur Verwaltung des FC Porto.

eine ganze Reihe hervorragender Fußballer verfügten. Zu ihnen zählte unter anderen der brasilianische Mittelstürmer Walter Casagrande, der zu Anfang 1987 von Corinthians Sao Paulo gekauft worden war, im Finale jedoch wegen Verletzung fehlte.
Nach diesem Triumph verließ Trainer Arthur Jorge den Klub, sein Nachfolger wurde Tomislav Ivic von Panathinaikos Athen, Futre ging zu Atletico Madrid, Casagrande zu Ascoli in Italien. Madjer, der Algerier, wurde nach Sevilla ausgeliehen und in dubiose Transfergeschäfte mit Bayern München und diversen italienischen und spanischen Klubs verwickelt. Den Verlust kompensierte die Mannschaft durch den Erwerb der lange verletzt gewesenen Stars Lima Pereira und Fernando Gomes. Trotzdem schied das Titelverteidiger-Team gegen Real Madrid durch zwei 1:2-Niederlagen aus dem Europacup aus. Doch am 13. Dezember 1987 machte der FC Porto endgültig Fußballgeschichte, als er im Finale um den inoffiziellen Weltcup Penarol Montevideo 2:1 besiegte.

Die heutige Organisation

Der »Futebol Clube de Porto, Instituticiao Utilidade Publica« ist Besitzer des Stadions »Das Antas«, das nach dem jüngsten Ausbau 90000 Zuschauer faßt. Die Arena ist von einem großen Freizeit- und Sportgelände umgeben, dem Sporthalle, Schwimmbad und Traningsplätze angeschlossen sind. Heute besitzt der FC Porto die führende Jugendabteilung des Landes, die etwa drei Viertel der Meisterschaften in den 80er Jahren gewonnen hat. Der FC Porto ist auf einem guten Weg, sich zu einem der führenden Vereine Europas zu entwickeln.

Steaua Bukarest

Englische Arbeiter und Ingenieure, die mit der Entwicklung der Ölindustrie in Ploesti, 50 Kilometer nördlich von Bukarest, beschäftigt waren, brachten das Fußballspiel nach Rumänien. Zwischen den beiden Weltkriegen gab es einige Profivereine im Königreich, Klubs aus Bukarest und dem Handelszentrum Timisoara gaben den Ton an.

Anfang 1947 übernahm die kommunistische Partei die Macht im Land, der gesamte Sport wurde neu organisiert. Am 7. Juni gründete man die ASA, die Asociatia Sportiva Armata, einen Verein für Sportler aller Sparten in der rumänischen Armee. In der ersten rumänischen Liga-Saison, 1947/48, belegte die ASA Rang 14; abgestiegen ist der Verein seitdem nicht mehr.

In der Folge wurde mehrfach der Name gewechselt. Als CSCA (Clubul Sportiv Central al Armatei) gewann man 1949 erstmals den rumänischen Pokal durch ein 2:1 über Stiinta Cluj, 1950 kam die nächste Änderung in CCA, Casa Centrala al Armatei (Zentrales Armeehaus, ein riesiges Gebäude im Bukarester Zentrum). Damit begann die erste große Erfolgsperiode, die 1951 und 1952 das »Double«, Meisterschaft und Pokal, einschloß. Die wohl endgültige Bezeichnung für den Klub fand man 1961: Der Clubul Sportiv al Armatei Steaua (Stern) entwickelte sich neben dem Lokalrivalen Dinamo zum bedeutendsten Verein des Landes.

Als sich Rumänien im Sommer 1984 für die Europameisterschaft in Frankreich qualifiziert hatte, stand nicht ein Spieler von Steaua in der Mannschaft. Dort hatte man eine Einheit aus ganz jungen Kickern geformt, die zu diesem Zeitpunkt einfach noch nicht reif war. Doch schon 1985 gewannen die Nachwuchsfußballer die Landesmeisterschaft. Nach Erfolgen über Vejle aus Dänemark, Honved Budapest, Lahti und den RSC Anderlecht erreichte der Stern aus Bukarest das Finale im Europacup der Landesmeister gegen den FC Barceolona, das am 7. Mai 1986 im Stadion Sanchez Pizjuan von Sevilla vor 70000 Zuschauern ausgetragen wurde. Der unebene Rasen ließ kaum flüssige Kombinationen zu, Steaua kam nur selten zu den gefürchteten schnellen Kontern. Die Abwehr hingegen hielt den FC Barcelona mit seinem deutschen Star Bernd Schuster sicher in Schach. Auch die Verlängerung brachte keiner der beiden Mannschaften einen zählbaren Erfolg, somit mußte ein Elfmeterschießen die Entscheidung bringen. Während für Steaua immerhin Lacatus und Balint ins gegnerische Tor trafen, wehrte Torhüter Helmut Ducadam gleich vier Schüsse spanischer Schützen ab – Steaua Bukarest hatte somit als erster Klub aus dem Osten Europas die wertvollste Trophäe für Vereinsteams gewonnen.

Herausragender Akteur ist heute der Mittelfeldspieler Ghe-

Steaua Bukarest

Gründung
1947

Anschrift
Steaua Bukarest,
Calea Plevnei Nr. 114,
Bukarest 77107, Rumänien

Vereinseigentum
Sportgelände Ghenca in Bukarest

Vereinsfarben
Rot-Blau

Spielkleidung
Rote Hemden, blaue Hosen, rote Stutzen

Stadion
Ghenca, 30000

Die Erfolge

Landesmeister
1951, 52, 53, 56, 60, 61, 68, 76, 78, 85, 86, 87, 88, 89

Pokal
1949, 50, 51, 52, 55, 62, 66, 67, 69, 70, 71, 76, 79, 85, 87, 88, 89

Europapokal der Meister
1986

CLUBUL SPORTIV AL ARMATEI
„STEAUA" BUCUREŞTI

Verwaltung vom Hauptverein Steaua Bukarest.

orge Hagi, der 1986 im Alter von 19 Jahren von Sportul Studentesc kam. Hagi ähnelt in Statur und Spielweise dem besten Fußballer der Welt, Diego Maradona. Doch auch sein Mitwirken konnte nicht verhindern, daß Steaua im Spiel um den sogenannten Weltpokal für Vereinsmannschaften gegen River Plate Buenos Aires mit 0:1 den kürzeren zog. Dagegen gewannen die Rumänen den »Supercup« gegen den Europapokalgewinner der Pokalsieger, gegen Dynamo Kiew, 1:0. Im Sommer 1987 wurde Steaua mit 15 Punkten Vorsprung vor dem ewigen Rivalen Dinamo Bukarest souveräner rumänischer Landesmeister.

Steaua Bukarest, der Sieger im Europapokal der Landesmeister 1985/1986. Stehend von links: Ducadam, Piturca, Bumbescu, Iovan, Bölöni. Untere Reihe von links: Belodedici, Balint, Balan, Barbulescu, Majearu, Stoica.

Die aktuelle Situation

Der Clubul Sportiv al Armatei Steaua Bukarest ist der Klub des rumänischen Verteidigungsministeriums und als solcher ein reiner Eliteverein, der lediglich Spitzensportler aufnimmt.

Das Stadion Ghenca liegt in einem südwestlichen Vorort Bukarests und ist von einem großen Sportgelände umgeben, das Fußballern, Rugbyspielern, Handballern, Leichtathleten, Schwimmern und anderen Athleten Platz bietet. Die erfolgreichste Abteilung bei Steaua bilden die Handballer, die schon mehrfach den Europapokal der Landesmeister nach Rumänien holten.

Gemeinsam mit Dynamo Bukarest beherrscht Steaua den rumänischen Fußball völlig. Die besten Kicker des Landes werden stets in die Hauptstadt delegiert, wo sie gute Ausbildungsmöglichkeiten und nach bedeutenden Erfolgen auch Privilegien erhalten.

IFK Göteborg

Göteborg war um die Jahrhundertwende Schwedens Tor zur Welt. Die damals wie heute führende Hafenstadt des Landes war Anlaufstation vieler seefahrender Nationen, natürlich auch Englands. Und dessen Seeleute brachten nicht nur Waren an Land, sondern auch ihr Freizeitvergnügen: Fußball. Schnell verbreitete sich das Spiel über die ganze Halbinsel, die englische Leidenschaft war ansteckend. Doch vielerorten wurde das neue Spiel recht unorthodox und arg improvisiert betrieben.
Am 4. August 1904 traf sich eine Gruppe Jugendlicher, die bis dahin auf Spielplätzen dem Ball nachhetzten, beschloß das wilde Treiben zu beenden und einen Verein zu gründen: den Idrottsföreningen Kamraterna Göteborg.
Am 12. Mai 1907 spielte eine Kombination von Spielern des IFK und von Jonsereds I.F. gegen die absolut führende Mannschaft der Fußballpionierzeit Schwedens, gegen Örgryte IS. Das Spiel endete sensationell 3:3, und es gab nicht wenige, die eine Fusion von IFK und Jonsereds forderten. Dazu kam es nicht, aber vier Jonseredspieler schlossen sich dem IFK an, was die erste erfolgreiche Phase des Klubs einleitete.
1908 gewann Göteborg erstmals die schwedische Meisterschaft durch einen 4:3-Sieg über den IFK Uppsala. As der siegreichen Mannschaft war Erik Börjesson, einer der ehemaligen Jonseredspieler. Er wurde in der Folge zum ersten schwedischen Fußballstar, schoß im ersten Länderspiel Schwedens, ebenfalls 1908, gegen Norwegen (11:3) vier Tore und wurde bereits 1914 vom FC Liverpool umworben. Doch war er wohl zu bodenständig, dem verlockenden Angebot aus England nachzugeben. Das sollte nicht immer so bleiben – später gab so mancher Spieler dem Ruf des Geldes nach.
1910 und 1918 folgten weitere Meisterschaften, dann wurde 1924 Allsvenskan eingeführt, die landesumfassende Liga, und in den folgenden zwei Jahrzehnten mußte sich der IFK Göteborg der Dominanz anderer Klubs unterwerfen. Erst 1935 gewann der Verein seine nächste, die vierte, Meisterschaft.
Welche Talente der schwedische Fußball hervorzubringen vermochte, fiel zahlungskräftigen ausländischen Vereinen schon früh auf. Der FC Liverpool im Falle Börjesson gab davon ein erstes Zeugnis. 1949 wurde auch der AC Mailand aufmerksam. Das heißt, aufmerksam wurden die Italiener schon früher, in diesem Jahr aber wurden sie tätig. Sie verpflichteten Gunnar Gren, den bis dahin wohl talentiertesten schwedischen Fußballer. 1941 war er erstmals für den IFK aufgelaufen und half entscheidend, im folgenden Jahr die Meisterschaft zu gewinnen. Gren wurde später zum Aushängeschild schwedischer Fußballkunst. Doch für den IFK war er verloren. Der Verein gewann zwar 1958 wieder

IFK Göteborg

Gründung
1904

Anschrift
IFK Göteborg,
Storgatan 33,
41138 Göteborg, Schweden

Vereinseigentum
Gebäude der Trainingsanlage
Verträge der Spieler
+10 Mill. DM, die in Banken investiert sind

Vereinsfarben
Blau-Weiß

Spielkleidung
Blau-weiß-gestreifte Hemden, blaue Hosen, blau-weiß-gestreifte Stutzen

Stadion
Nya Ullevi, 50000

Die Erfolge

Landesmeister
1908, 10, 18, 35, 42, 58, 69, 82, 83, 84, 87

Pokal
1979, 82, 83

UEFA-Pokal
1982, 87

UEFA-Pokalsieger 1982 bei der Meisterehrung im Hamburger Volksparkstadion. Stehend von links: Corneliusson, Carlsson, Karlsson, Hysén. Sitzend von links: Strömberg, Wernersson, Schiller, Nilsson, Tord Holmgren, Svensson, Fredriksson, Tommy Holmgren, Sandberg, Holm, Holmberg.

IFK GÖTEBORG

1904

Besöks- o. Postadress	Telefon	Telefax	Telex	Bankgiro	Postgiro	Bank
Drottninggatan 36 411 14 Göteborg	031-10 05 65	031-13 82 77	2390 sjtravl s	409-3910	4 30 60-3	Första Sparbanken

UEFA-Pokalsieger 1987.
Obere Reihe von links: Radahl, Hysén, Tobiasson, Tommy Holmgren, Wernersson, Nilsson, Larsson.
Mittlere Reihe von links: Bengtsson (Trainer), K. Pettersson (2. Trainer), Mordt, Johansson, S. Pettersson, Carlgren, Schiller, Svärd, Reese, Johansson.
Untere Reihe von links: Fredriksson, Tord Holmgren, Carlsson, Nilsson, Hedman, Ekström, Andersson.

den schwedischen Titel, in dem Jahr, in dem in Schweden die Weltmeisterschaft ausgetragen wurde; aber danach dauerte es elf Jahre, bis Göteborg diesen Erfolg wiederholen konnte. Und dann stieg der Klub ab.

Aus diesen wechselvollen, bitteren Jahren zog der Verein schließlich eine Konsequenz, und es ist kein Wunder, daß er sich dabei an erfolgreichen Vorbildern orientierte: 1974 startete der Verein eine Werbekampagne, nahm Kontakt zu möglichen Sponsoren auf und kaufte eine Reihe bekannter Spieler. Unter ihnen Torbjörn Nilsson von Jonsered, Ove Kindvall von Feyenoord Rotterdam sowie Björn Nordquist und Ralf Edström vom PSV Eindhoven. Die Spieler zeigten bald, was sie wert waren. 1977 stieg der IFK in die erste Liga auf, verpflichtete 1979 Sven-Göran Eriksson zum Trainer und schaffte 1979 den Pokalsieg sowie 1982 das Double.

Nya Ullevi-Stadion.

Der größte Erfolg in dieser Zeit aber war der Gewinn des UEFA-Pokals 1982. Gegner im Finale war der Hamburger SV. 1:0 gewannen die Schweden das Hinspiel, nach allgemeiner Meinung stand der Sieger des Pokals schon fest: Ein solch knapper Vorsprung würde nicht reichen, der HSV sollte kaum Probleme haben, diesen Rückstand wettzumachen. Doch es kam anders, vor 61000 Zuschauern im Hamburger Volksparkstadion siegte der IFK souverän 3:0.

Eriksson ging im gleichen Jahr zu Benfica Lissabon nach Portugal, für ihn kam sein ehemaliger Assistent Gunde Bengtsson. Es war ein Wechsel ohne größere Einschnitte, 1983 schaffte der IFK wiederum das Double. Entscheidend für die andauernd führende Rolle des Vereins im schwedischen Fußball war die gute Ein- und Verkaufspolitik. Man investierte in die talentiertesten Spieler Skandinaviens und verkaufte sie später mit Gewinn an ausländische Klubs. Strömberg wechselte nach Benfica, Corneliusson zum VfB Stuttgart und Nilsson sowie Hysen zum PSV Eindhoven. Geld für weitere Verpflichtungen skandinavischer Spieler war so immerzu vorhanden. Und die waren gut genug, um 1987 zum zweiten Mal den UEFA-Cup nach Schweden zu holen.

Heutige Organisation

Der Idrotts-Föreningarna Kamraterna Göteborg ist kein armer Fußballverein. Er besitzt neben den Spielerverträgen ein Kapital von 10 Millionen Mark. Zwar ist das Trainingsgelände Kamratgarden von der Stadt angemietet, die Gebäude jedoch sind Eigentum des Vereins. Auf dieser Anlage leistet sich der Verein eine Jugendabteilung, die zu den besten des Landes gehört.

FC Servette Genf

Es lag nahe, daß die Schüler der Ecole professionelle in Genf für ihren neugegründeten Klub den Namen »Servette« wählten, schließlich wohnten die meisten von ihnen in diesem Stadtviertel. Und hauptsächlich spielten sie zunächst Rugby, der Fußballsport setzte sich erst allmählich durch. Federführend bei der Konstituierung des Vereins am 20. März 1890 war Aimé Schwob, der angesehene Chefredakteur der »La Suisse Sportive«. Zehn Jahre später, am 21. Oktober 1900, wurde Servette Mitglied des Schweizer Fußball-Verbandes und gewann schon 1904 erstmals den Titel des Meisters der französischen Schweiz.

Ein wesentliches Datum der Vereinsgeschichte ist das Jahr 1921 gewesen. Wie so viele ambitionierte Klubs, verpflichtete auch Servette einen englischen Trainer. Der hieß Terry Duckworth, ein junger Mann, der in der Endphase des Ersten Weltkrieges in der Schlacht an der Somme schwer verletzt worden war und 18 Monate in einem Genfer Krankenhaus hatte liegen müssen. Zehn Jahre lang betreute der Brite die Genfer und hatte großen Erfolg, was vier Meistertitel deutlich unterstreichen. Sein größter Verdienst lag möglicherweise darin, daß er die taktische Neuorientierung glänzend vollzog, die sich aus der Änderung der Abseitsregelung im Jahre 1925 ergab. Seine behutsame, intensive Arbeit fand ihren Niederschlag allerdings schon zuvor. Bei den Olympischen Spielen 1924 in Paris standen neun Servette-Kicker im Schweizer Team und somit auch im Finale, das die Eidgenossen jedoch gegen die weit über allen anderen stehenden Uruguayer 0:3 verloren.

Terry Duckworth wurde in der Saison 1930/31 von Spielertrainer Karl Rappan abgelöst, der das alte, andernorts noch Jahrzehnte übliche »WM-System« abschaffte und statt dessen das defensiv geprägte Konterspiel des »Schweizer« oder »Rappan-Riegels« einführte, dessen erste Schlüsselfigur der weltberühmte Mittelläufer Passello war. Mit dem neuen Mann und dem neuen System holte Servette 1933 und 1934 wieder den nationalen Titel und hätte dies vermutlich noch einige Male wiederholt, wenn Rappan nicht 1935 zu seinem Stammverein Grasshoppers nach Zürich zurückgekehrt wäre. Prompt gelang die Meisterschaft, als sich Rappan 1949 wieder Servette anschloß. Doch schon 1951 verließ er Klub und Stadt endgültig und brachte die Nationalmannschaft auf Vordermann, die bei der WM 1954 im eigenen Land große Spiele lieferte.

Eine neue, kurze Blüte erreichte Servette zu Beginn der 60er Jahre unter dem Trainer Jean Snella und dem Klasse-Linksaußen Jacques Fatton, zwei Meisterschaften legen davon Zeugnis ab (1961/62).

Mit der allgemeinen Professionalisierung des Fußballs geriet Servette auf europäischer Ebene mehr und mehr ins Hinter-

FC Servette Genf

Gründung
1890

Anschrift
FC Servette Genf, Stade des Charmilles, Case Postale 1219, Chatelaine, Schweiz

Vereinseigentum
Stade des Charmilles

Vereinsfarben
Rot-Weiß

Spielkleidung
Rote Hemden, weiße Hosen, rote Stutzen

Stadion
Stade des Charmilles, 35 000

Die Erfolge

Landesmeister
1907, 18, 22, 25, 26, 30, 33, 34, 40, 46, 50, 61, 62, 79, 85

Pokal
1928, 49, 71, 78, 79, 84

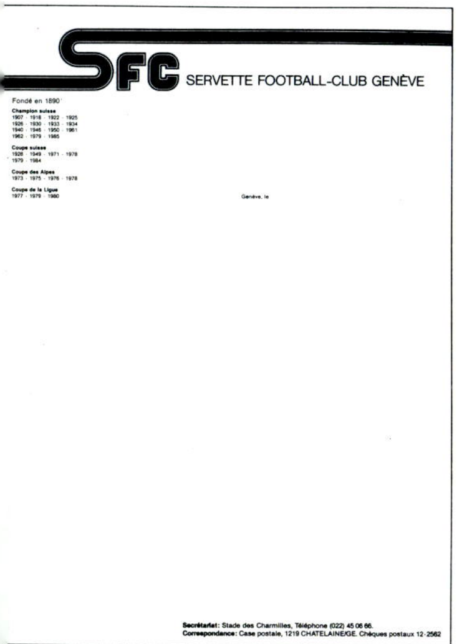

SFC SERVETTE FOOTBALL-CLUB GENÈVE

Fondé en 1890

Champion suisse
1907 · 1918 · 1922 · 1925
1926 · 1930 · 1933 · 1934
1940 · 1946 · 1950 · 1961
1962 · 1979 · 1985

Coupe suisse
1928 · 1949 · 1971 · 1978
1979 · 1984

Coupe des Alpes
1973 · 1975 · 1976 · 1978

Coupe de la Ligue
1977 · 1979 · 1980

Genève, le

Secrétariat: Stade des Charmilles, Téléphone (022) 45 06 66.
Correspondance: Case postale, 1219 CHATELAINE/GE. Chèques postaux 12-2562

Der modern gestaltete Haupteingang zum Stade de Charmilles.

Stade de Charmilles.

treffen, in der Schweiz aber spielten die Genfer ab und zu noch eine gute Rolle: 1985 wurde die Mannschaft zum 15. und bisher letzten Mal Meister.
Seitdem versuchen die Verantwortlichen mit Macht, Anschluß an die europäische Spitze zu bekommen; auch aus diesem Grund wurde 1987 der weltberühmte bundesdeutsche Stürmer Karl-Heinz Rummenigge (vorher Inter Mailand und Bayern München) verpflichtet.

Die heutige Organisation

Das Stadion des Charmilles gehört dem Servette Football Club Genf und soll bis zum 110jährigen Jubiläum im Jahr 2000 zu einer Allzweck-Sportanlage umgebaut werden. Die enormen Kosten werden zwischen Stadt und Klub geteilt, wobei der Verein jedoch Alleinbesitzer bleibt.
Die Profi-Abteilung ist ein selbständiger Teil der Aktiengesellschaft Société Immobilière de Servette. Im Unterschied zu vielen anderen Profiklubs, die aufgrund veralteter Organisation zu Umstrukturierungen gezwungen sein werden, unternimmt Servette schon heute einen modernen, planvollen und zukunftsweisenden Aufbau.

Grasshoppers Zürich

Zu Anfang der 80er Jahre des vorigen Jahrhunderts gab es im Züricher Stadtteil Selnau einen Freundeskreis, in dem man gerne schwamm, turnte und Schlittschuh lief. Einer der jungen Männer war der Engländer Tom E. Griffith, der eine Vorliebe für das Fußballspiel von der Britischen Insel mitgebracht hatte. An einem der letzten August-Tage 1886 gründeten die Freunde im Café Stäubli in der Flößnergasse einen Verein: »Grasshoppers Zürich«. Auf den höchst eigenwilligen Namen waren sie gekommen, weil Griffith kurz zuvor zufällig eine Heuschrecke der Gattung »Acridiidae« beobachtet hatte, deren Besonderheit die langen, kräftigen Hinterbeine sind, mit denen sie 200mal weiter springen kann, als sie selbst lang ist. Dies schien den jungen Leuten das passende Symbol für ihren Verein mit großem Ehrgeiz und dem Ziel, weit über den bescheidenen Anfang hinauszukommen.
Präsident in den Jahren 1898 bis 1903 war der in Wien geborene Robert C. Westermann, der mitsamt seinen sechs Brüdern nach Zürich gezogen war und sich den Grasshoppers angeschlossen hatte. Die Brüder Emil J. und Ernst A. ergriffen im übrigen die Initiative zur Schaffung des Schweizer Fußballverbandes am 7. April 1895 und zur Einführung einer Landesmeisterschaft, die 1898 erstmals die Grasshoppers gewannen. Sie siegten auch 1900, 1901 und 1905. Doch wirtschaftliche Not – zuletzt besaß man nicht einmal mehr ein eigenes Spielfeld – zwang den Klub zum Rückzug aus dem Spielbetrieb und schließlich sogar am 25. November 1909 zum Austritt aus dem Schweizer Verband.
Acht Jahre lang bestritt GC, wie man den Klub bis heute nennt, nur Freundschaftsspiele. Am 13. August 1916 allerdings wurde der Verein wieder in den Verband aufgenommen und bekam außerdem mit 43:35 Stimmen das Recht zugestanden, seinen alten Platz in der Liga direkt wieder einzunehmen. Fünf Jahre später gewannen die Grasshoppers bereits wieder ihren fünften Titel, dem 1927, 1928 und 1931 die nächsten folgten.
1935, zwei Jahre nach dem Start der gesamtschweizerischen Nationalliga, verpflichtete man als Coach den Österreicher Karl Rappan. Der hatte aktiv bei Wacker, Austria und Rapid Wien gespielt und war anschließend als Spielertrainer zu Servette Genf gegangen, wo er 1934 und 1935 die Meisterschaft zu erringen mithalf. Mit Rappan, der inzwischen die Fußballschuhe an den berühmten Nagel gehängt hatte, begann die erfolgreichste Ära der GC-Vereinsgeschichte: Fünf Schweizer Meisterschaften (1937, 1939, 1942, 1943 und 1945) und sieben Pokalsiege (1937, 1938, 1940, 1941, 1942, 1943, 1946) gab es unter dem Österreicher zu feiern.
Vor allem das von ihm kreierte Spielsystem, das die Franzosen »le verrou«, die Engländer »the bolt« und die Deutsch-

Grasshoppers Zürich

Gründung
1886

Anschrift
Grasshoppers Zürich, Hardturmstraße 321, 8005 Zürich, Schweiz

Vereinseigentum
Hardturm-Stadion

Vereinsfarben
Blau-Weiß

Spielkleidung
Blau-weiße Hemden, weiße Hosen, weiße Stutzen

Stadion
Stadion Hardturm, 40 000

Die Erfolge

Landesmeister
1898, 1900, 01, 05, 21, 27, 28, 31, 37, 39, 42, 43, 45, 52, 56, 71, 78, 82, 83, 84

Pokal
1926, 27, 32, 34, 37, 38, 40, 41, 42, 43, 46, 52, 56, 83, 88, 89

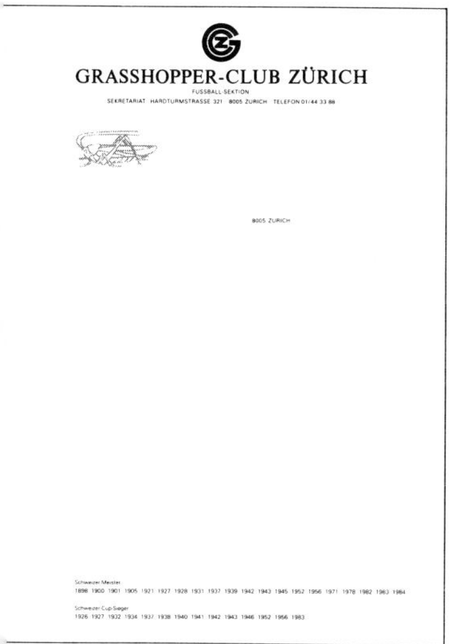
GRASSHOPPER-CLUB ZÜRICH
FUSSBALL-SEKTION
SEKRETARIAT HARDTURMSTRASSE 321 8005 ZÜRICH TELEFON 01/44 33 88

8005 ZÜRICH

Schweizer Meister
1898 1900 1901 1905 1921 1927 1928 1931 1937 1939 1942 1943 1945 1952 1956 1971 1978 1982 1983 1984
Schweizer Cup-Sieger
1926 1927 1932 1934 1937 1938 1940 1941 1942 1943 1946 1952 1956 1983

sprachigen den »Riegel« nannten, wurde weltweit bekannt. Bildlich muß man sich den von einer Pyramide ausgehend vorstellen, mit dem Unterschied, daß einer der fünf Stürmer zurückgezogen agierte. Hinter der Abwehr spielte ein Verteidiger quasi letzter Mann, während ein zweiter den gegnerischen Mittelstürmer bekämpfte. Eine wesentliche Rolle kam dem Mittelläufer zu, der sowohl Deckungs- wie auch Angriffsaufgaben zu übernehmen hatte. Zur Vollendung führte Rappan sein System, das er schon bei Servette eingeführt hatte, in den vier Zeiträumen von 1937 bis 1964, in denen er Schweizer Nationaltrainer war. Sinn und Zweck des Riegels war es, den großen Fußball-Ländern, die über eine größere Anzahl von Einzelspielern verfügten, durch taktische Klugheit Paroli zu bieten.
1939 wurde Walter Schöller zum Klubpräsidenten gewählt. Er blieb 40 Jahre im Amt, änderte die Organisation des Vereins von Grund auf und knüpfte enge Kontakte zur Schweizer Wirtschaft. Schöller stand hinter dem sogenannten »Donnerstagsklub«, einer exklusiven Gruppe hochgestellter Persönlichkeiten, die jedes Jahr eine hohe Summe zugunsten von GC spendet.
Gleichwohl wurden die Erfolge nach 1945 rarer: GC gewann die Meisterschaft zunächst »nur« noch viermal (1952, 1956, 1971 und 1978). Beim letzten Titel war Karl Oberholzer genau zehn Jahre im Verein, ein Mann, der sich fest vorgenommen hatte, die Grasshoppers langfristig in die internationale Elite zu führen. Immerhin erreichte man 1978 das Halbfinale im UEFA-Cup, wobei man knapp an Gegner Bastia scheiterte, und im Jahr darauf das Viertelfinale im Landesmeistercup, in dem der spätere Sieger Nottingham Forest eine zu hohe Hürde bildete.

Vielleicht wäre der Durchbruch in die europäische Spitze mit dem 1982 verpflichteten deutschen Star-Trainer Hennes Weisweiler gelungen. Weisweiler hat bekanntlich Mönchengladbach, Barcelona, Köln und Cosmos New York zu Triumphen geführt. Mit GC wurde er 1983 Schweizer Meister und Pokalsieger, verstarb jedoch im selben Jahr plötzlich.
1984 schaffte GC noch einmal den Landesmeistertitel, ehe Xamax Neuchatel die führende Rolle im Schweizer Fußball übernahm.

Stadion Hardturm. Klassischer europäischer Fußballboden. Hier wurde schon in den 30er Jahren das »Riegel-System« gespielt.

Die heutige Organisation

Der »Grasshoppers Club Zürich« besitzt das Stadion Hardturm, das nach seinem Umbau 40000 Zuschauern Platz bieten wird.
Der Verein verfügt über eine moderne Verwaltung, die sich dank kräftiger Umstrukturierungen bestens auf die Veränderungen vorbereitet, die dem Profifußball in den nächsten Jahren bevorstehen.

Atletico Madrid

Aus Studiengründen waren einige baskische Studenten aus Bilbao 1906 nach Madrid gekommen. Weil sie ihr Hobby, das Fußballspiel, auch in der Hauptstadt pflegen wollten, gründeten sie am 26. April des Jahres einen Verein, den sie »Athletic Club de Madrid« nannten. Natürlich hatte der neue Klub erhebliche wirtschaftliche Probleme, die in den Jahren 1909 bis 1912 sogar existenzbedrohend wurden.

Doch mit der Hilfe eines neuen, vermögenden Mitglieds, Don Manuel Rodriguez Arzoaga, gelang es, eine 10000 Zuschauer fassende Arena in der O'Donnelstraße zu erwerben. Und dieses O'Donnel-Stadion sollte in den ersten Jahrzehnten der spanischen Fußballgeschichte eine bedeutende Rolle spielen. Hier wurde 1921 unter anderem das erste iberische Länderspiel zwischen Spanien und Portugal ausgetragen, das 3:1 für die Gastgeber endete. Vier Akteure von Atletico standen in den Reihen des Siegers: Pololo, Desiderio, Fajardo und Olaso. Im selben Jahr erreichte Athletic erstmals das Finale um die spanische Meisterschaft, unterlag jedoch Athletic Bilbao in zwei Spielen (2:1 und 1:4). Die Fortschritte auf sportlichem Gebiet führten zu einem merklichen Anstieg der Mitgliederzahl. 1922 wurde eine Jugendabteilung eröffnet, weswegen der Bedarf an einem neuen, größeren Stadion entstand. Man fand ein großes Gelände am Fluß Manzanares südwestlich der Innenstadt, und am 13. Mai 1923 wurde dort das 25000 Zuschauer fassende »Estadio Monumental« seiner Bestimmung übergeben. Doch der Athletic Club de Madrid spielte nach der Einführung des Professionalismus 1926 nur eine bescheidene Rolle, stieg 1936 sogar einmal ab. In diesem Jahr wurde wegen des Ausbruchs des Spanischen Bürgerkriegs jeglicher organisierte Spielbetrieb eingestellt. Dem Verein ging es zu dieser Zeit ausgesprochen schlecht, vor allem, weil das Stadion einem Bombenhagel zum Opfer gefallen war. Deshalb kam es den Verantwortlichen gerade recht, daß ihnen der Präsident des spanischen Luftwaffenvereins, Francisco Salamanca, ein Fusionsangebot unterbreitete. Der Zusammenschluß wurde am 4. Oktober 1939 vollzogen, einzige Bedingung war eine Namensänderung und die Übernahme des Wappens der Luftwaffe. Atletico Aviacion, wie der Klub jetzt hieß, nahm mit einer nun wesentlich verbesserten Organisation seinen Platz in der Liga wieder ein und gewann 1940 und 1941 den Landesmeistertitel. 1947 änderte man auf Druck der Mitglieder den Namen in »Club Atletico de Madrid«, wie der Verein bis heute korrekt heißt.

Ende der 40er Jahre wurde das Team durch zwei bedeutende Spieler verstärkt. Aus Marokko kam Larbi Ben Barek, der erste berühmte farbige Fußballer in Europa, und aus Schweden Henry »Garvis« Carlsson, der viel zum Gewinn der olympischen Goldmedaille der Schweden 1948 beigetragen

Atletico Madrid

Gründung
1903

Anschrift
Atletico Madrid,
Estadio Vicente Calderon,
PO. Virgen del Puerto,
67 – Puerta 7, Madrid
Spanien

Vereinseigentum
Estadio Vicente Calderon und Sportkomplex für verschiedene Sportarten

Vereinsfarben
Rot-Weiß und Blau

Spielkleidung
Gestreifte rot-weiße Hemden, blaue Hosen, rotgestreifte Stutzen

Stadion
Estadio Vicente Calderon, 70000

Die Erfolge

Landesmeister
1940, 41, 50, 51, 66, 70, 73, 77

Pokal
1960, 61, 65, 72, 76, 85

Europapokal der Pokalsieger
1962

Weltcup für Vereinsmannschaften (inoffiziell)
1974

**Atletico de Madrid 1974
Stehend von links: Leal, Alberto, Reina, Marcelino, Benegas, Salcedo
Untere Reihe von links: Leivinha, Ruben Cano, Robi, Ayala, Luiz Pereira**

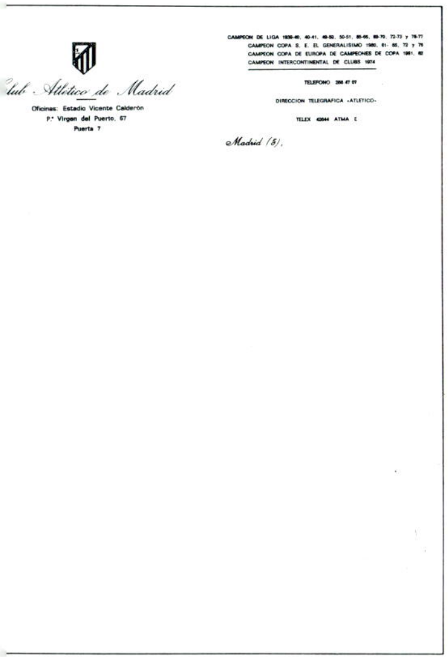
Club Atlético de Madrid
Oficinas: Estadio Vicente Calderón
P.° Virgen del Puerto, 67
Puerta 7

CAMPEON DE LIGA 1939-40, 40-41, 49-50, 50-51, 65-66, 69-70, 72-73 y 76-77
CAMPEON COPA S. E. EL GENERALISIMO 1960, 61, 65, 72 y 76
CAMPEON COPA DE EUROPA DE CAMPEONES DE COPA 1961, 62
CAMPEON INTERCONTINENTAL DE CLUBS 1974

TELEFONO 266 47 07

DIRECCION TELEGRAFICA «ATLETICO»

TELEX 42644 ATMA E

Madrid (5),

hatte. Mit diesen beiden Stürmern und dem Trainer Helenio Herrera, der später als »Sklaventreiber« in die Fußballgeschichte einging, holte sich Atletico 1950 und 1951 die Meisterschaften drei und vier.

Im Sommer 1958 kaufte man den Mittelstürmer der brasilianischen Weltmeisterelf, Vava. Daneben machte sich ein außergewöhnliches, eigenes Talent bemerkbar, der Linksaußen Enrique Collar. Obwohl die Mannschaft durchaus also über Glanzpunkte verfügte, war sie – mit Ausnahme des 3:1-Sieges über den zu diesem Zeitpunkt fünfmaligen Europapokalgewinner Real Madrid im Finale des spanischen Pokals 1960 – zu unausgeglichen, um Real und Barcelona ernsthaft Konkurrenz zu machen. Trotzdem gelang es, 1962 nach dem erneuten Gewinn des Landespokals diesmal auch den Europacup der Pokalsieger gegen den AC Florenz (1:1 n. V. und 3:0) mit folgender Elf zu gewinnen: Madinabeytia; Rivilla, Calleja, Ramiro, Griffa, Glaria, Jones, Adelardo, Mendoza, Peiro, Collar.

BACK ROW (left to right): Leal, Alberto, Reina, Marcelino, Benegas, Salcedo.
FRONT ROW: Leivinha, Ruben Cano, Robi, Ayala, Luiz Pereira.

Atletico Madrid

Die Stärke dieses Teams lag vor allem im Sturm, mit ein Grund, weshalb 1966 erstmals nach 15 Jahren wieder ein Meisterschaftssieg gelang. Die Angreifer Adelardo, Ufarte, Mendoza, Luis und Collar waren daran maßgeblich beteiligt, Im Herbst dieses Jahres wurde das neue, 62000 Zuschauer fassende Stadion »Vicente Calderon« eingeweiht.
Die folgende Ära der 70er Jahre entwickelte sich zur stärksten Atleticos. 1970, 1973 (unter dem bekannten österreichischen Trainer Max Merkel) und 1977 gewann der Klub den Meistertitel, 1972 und 1976 den Pokal wie zuvor 1965.
Und zum erstenmal erreichte Atletico 1974 sogar das Finale im Europacup der Landesmeister. Lange Zeit sah die Mannschaft gegen Bayern München nach einem Freistoß-Tor von Luis wie der sichere Sieger aus, doch Schwarzenbeck glich in der 120. und letzten Minute der Verlängerung aus und erzwang ein Wiederholungsspiel. Das beherrschten die Münchner deutlich, nach je zwei Toren von Gerd Müller und Uli Hoeneß behielten sie klar mit 4:0 Toren die Oberhand. Die Madrider entschädigten sich durch den Gewinn des inoffiziellen Weltpokals für Vereinsmannschaften, den sie in Vertretung des FC Bayern gegen Independiente Buenos Aires eroberten. Dieses Team war geprägt von vier Ausländern: den beiden Brasilianern Leivinha, den sie den »weißen Pélé« nannten, und den technisch und körperlich starken Libero Luiz Pereira. Sie hatten in der WM-Auswahl ihres Landes 1974 eine zentrale Rolle gespielt. Was im selben Maß für die beiden Argentinier galt, den Mittelfeldspieler Heredia und den schnellen Angreifer Ayala.
Danach begannen eher magere Jahre für Atletico Madrid, das freilich 1985 durch ein 2:1 über Atletico Bilbao den spanischen Pokal eroberte und im entsprechenden Europacup erst im Endspiel mit 0:3 Toren an Dynamo Kiew scheiterte. 1987 aber erreichte der Klub nicht einmal die in diesem Jahr eingeführte Endrunde der sechs bestplazierten Klubs.

Der Mißerfolg führte zur Wahl des Großunternehmers Jesus Gil zum Vereinspräsidenten. Er versprach, den Verein zu einem der führenden Europas zu machen. Zu diesem Zweck warf er förmlich mit Geld um sich: Vom Europapokalsieger FC Porto verpflichtete er den Starstürmer Paolo Futre; aus der spanischen Liga kam eine Reihe bekannter Spieler wie Goicoechea von Athletic Bilbao, Lopez von Real San Sebastian oder Marcos vom FC Barcelona. Zuvor schon war der bekannte brasilianische Nationalspieler Alemão von Botofogo Rio nach Madrid gewechselt. Der größte Coup jedoch war das Engagement des Trainer-Weltstars Cesar Luis Menotti, der 1978 Argentinien zum Weltmeister gemacht hatte. Nachdem er die Mannschaft in der Meisterschaft 1987 auf Rang zwei hinter Real Madrid gebracht hatte, setzte man ihm im Frühjahr 1988 den Stuhl vor die Tür.

Konferenzzimmer der Direktion im Vicente Calderon-Stadion.

Vicente Calderon-Stadion bei Flutlicht im Entscheidungsspiel gegen den FC Barcelona.

Die heutige Organisation

Der »Club Atletico de Madrid, Organisacion sin animo de lucro«, also »Verein ohne Gewinnausrichtung«, besitzt das inzwischen auf ein Fassungsvermögen von 70 000 Menschen ausgebaute Stadion »Vincente Calderon«. Dem Verein gehört außerdem eine Anlage, die sämtliche sportlichen Aktivitäten zuläßt. 1986 zum Beispiel wurde die Handballmannschaft des Klubs Zweiter im Europapokal.
Atletico hat 35 000 zahlende »sacios«, Mitglieder, die im Jahr rund 180 Mark Beitrag zahlen. Der Zuschauerschnitt ist zuletzt auf knapp 60 000 angewachsen.

FC Barcelona

Der Schweizer Hans Gamper, begeisterter Fußballspieler beim Klub »Excelsior« in Zürich, wanderte 1897 nach Barcelona aus, der Hauptstadt Kataloniens. Seinen dort kaum bekannten Sport mochte er nicht aufgeben und rief deshalb in der Zeitung »Desportes« zur Bildung eines Vereins auf. Interessenten sollten sich bei ihm melden: 1899 wurde der »Club de Futbol Barcelona« gegründet.

Dessen bester Spieler war zunächst Gamper selbst, der von 1901 bis 1903 allein 103 Tore für »Barca« schoß, wie man den Verein bald getauft hatte. Doch der Schweizer, der sich inzwischen spanisch »Juan« nannte, war auch ein hervorragender Organisator. Deshalb wählten ihn die Mitglieder bis 1930 fünfmal zum Präsidenten. Besonders geehrt wurde der Einwanderer übrigens 1966 durch ein großes Turnier, das man seitdem unter seinem Namen mit hervorragender ausländischer Beteiligung alljährlich veranstaltet. Lediglich sechsmal (Ujpest Dosza Budapest 1970, Borussia Dortmund 1972, der 1. FC Köln 1978 und 1981, Internacional Porto Alegre 1982 und der FC Porto 1987) haben die Gäste das »Juan-Gamper-Turnier« gewonnen, sonst war stets Barcelona erfolgreich.

Unter Gampers Führung entwickelte sich der Klub beinahe ebenso rapide wie das Interesse am Fußball allgemein. 1905 kam es zum ersten Aufeinandertreffen mit Real Madrid, Barca gewann 5:2. Dieses Duell sollte größten Einfluß, selbst in politischer Hinsicht, haben.

1910 teilte sich der FC den ersten spanischen Meistertitel mit Bilbao, 1913 mit Irun. Im Jahr zuvor hatte die Mannschaft erstmals allein gewonnen. Weitere Meisterschaften folgten: 1920, 1922, 1926, in jenem Jahr also, als der Professionalismus eingeführt worden war, durch ein 3:1 gegen Atletico Madrid und 1928 mit demselben Ergebnis gegen Real Sociedad.

Bis dahin hatte man die Meisterschaft in einem Pokalturnier der Besten aus den regionalen Ligen ausgetragen, ab 1929 wurde die Nationalliga eingeführt, an deren Ende Barcelona erster Sieger war. Die Liga hatte von Anfang an einen Star, einen Superstar: Ricardo Zamora, den Torwart, den sie den »Göttlichen« nannten und der zum ersten Fußball-Nationalidol Spaniens wurde. Zamora spielte in seiner Karriere in drei Vereinen: FC Barcelona, Español Barcelona, der einzige Lokalrivale Barcas, und bei Real Madrid.

Mit dem Gewinn der olympischen Bronzemedaille 1920 in Antwerpen hatte sich der Fußballsport endgültig auf der Iberischen Halbinsel etabliert. Der FC Barcelona konnte 1922 die Einweihung des eigenen Stadions »Las Corts« feiern, das 35 000 Menschen faßte und im Volksmund »die Kathedrale des Fußballs« hieß. Bis Mitte der 20er Jahre war

FC Barcelona

Gründung
1899

Anschrift
FC Barcelona,
Av. Aristides Maillol,
s/n 080208 Barcelona,
Spanien

Vereinseigentum
Nou Camp-Stadion, Sportgelände Nou Camp mit kleinem Stadion für 16 000 Zuschauer; Blaugrana-Gelände, ein Basketball-Sportpalast, ein Eishokkey-Palast, 6 Fußballplätze, 1 Leichtathletikplatz, Rugby- und Hockeyplätze

Vereinsfarben
Rot-Blau

Spielkleidung
Rot-blau-gestreifte Hemden, blaue Hosen, blau-rot gestreifte Stutzen

Stadion
Nou Camp, 115 000

Die Erfolge

Landesmeister
1929, 45, 48, 49, 52, 53, 59, 60, 74, 85

Pokal
1910, 12, 13, 20, 22, 25, 26, 28, 42, 51, 52, 53, 57, 59, 63, 68, 71, 78, 81, 83, 88

Europapokal der Pokalsieger
1979, 82, 89

UEFA-Pokal
1960, 66

FUTBOL CLUB BARCELONA

Avda. Aristides Maillol, s/n. (Palau Blaugrana) · Tel. 330 04 11
Direcció Telegràfica "FUTBARNA"
Telex: 51804 FCBX E
Apartat de Correus 5330

BARCELONA · 28

die Mitgliederzahl auf über 10 000 gestiegen. Mit den Beiträgen konnte sich der FC den Südamerikaner Hector Scarone leisten, den besten Stürmer dieser Ära. Der Mann von Nacional Montevideo hatte großen Anteil gehabt, daß Uruguay 1924 in Paris und 1928 in Amsterdam Goldmedaillengewinner im Fußball wurde. 1928 schoß Scarone sogar das Siegtor im Finale gegen Argentinien. Er war der erste prominente ausländische Zugang einer enormen Zahl bis zum heutigen Tag.

Am 18. Juli 1936 brach der Spanische Bürgerkrieg mit der Revolte des faschistischen Generals Franco gegen die demokratisch gewählte Regierung aus. Der Krieg dauerte bis 1939. Die gewaltsamen Auseinandersetzungen verhinderten selbstverständlich jedes organisierte Fußballspiel. Besonders Barcelona, wo der Widerstand gegen die Franco-Diktatur am heftigsten war, hatte zu leiden. Auch der FC. Als die allerschlimmsten Wunden verheilt waren, rappelte sich die Mannschaft auf und ertrotzte 1942 den spanischen Pokal. Später mischte Barca auch in der Liga wieder an der Spitze mit: 1945, 1948 und 1949 gab es jeweils die Meisterschaft zu bejubeln. Der Bürgerkrieg und die eisenharten Repressalien des Franco-Regimes hatten die Basis für eine brennende Rivalität zwischen Barcelona und der Hauptstadt Madrid geschaffen. Die katalanische Metropole war bis zur Auflösung der Diktatur 1976 das Symbol für den kulturellen und politischen Widerstand gegen die Faschisten.

Ein Jahrzehnt schöner Erfolge wurde 1951 mit der Verpflichtung des Exil-Ungarn Ladislaus Kubala eingeleitet. Gleich in seiner ersten Partie für Barca erzielte er gegen Atletico Bilbao den Siegtreffer. Und mit 24 Saisontoren war er wesentlich am Titelgewinn des Jahres 1952 beteiligt. Kubala hatte drei Länderspiele für Ungarn, sechs für die CSSR und später 19 für Spanien bestritten, ist somit der einzige Spieler der Welt, der in drei Ländermannschaften angetreten ist. Bevor er nach Barcelona kam, hatte er fünf Vereinen angehört: Ferencvaros Budapest (1945/46), SK Bratislava (1947), Vasas Budapest (1948/49), Pro Patria (1949/50) und AC Mailand, wo er jedoch dem Schweden-Trio Gren-Nordahl-Liedholm weichen mußte. Ladislaus Kubala hatte außerordentlichen Einfluß auf das Spiel Barcas, noch heute spricht man von der »Epoche Kubala«. 1958 kamen seine Landsleute Czibor und Kocsis aus Ungarn hinzu, die vier Jahre vorher Mitglieder jener ungarischen Elf gewesen waren, die im WM-Finale in Bern 2:3 gegen Deutschland verloren hatte.

Im Herbst 1953 hatte Real Madrid den argentinischen Weltstar Alfredo di Stefano verpflichtet, womit eine regelrechte Jagd auf die besten Kicker im In- und Ausland begann. 1954 stieß der junge Luis Suarez aus La Coruna zum FC Barcelona, das größte spanische Talent der Nachkriegszeit, 1957 der

Brasilianer Evaristo von Flamengo Rio de Janeiro, später Czibor und Kocsis, deren Verpflichtung im Grunde eine Antwort für Real Madrid war, das den ungarischen Fußballkünstler Ferenc Puskas gekauft hatte. Mit diesem Team, vielleicht dem besten seiner Geschichte, holte sich Barcelona erstmals nach sieben Jahren wieder den spanischen Titel, mit vier Punkten Vorsprung vor Real und mit insgesamt 95 Saisontoren. Alle waren exzellente Fußballspieler, die vom »Sklaventreiber«, dem Trainer Helenio Herrera, zu außerordentlichen Leistungen geführt wurden. Überragend dabei die kosmopolitische Sturmreihe, die den offensiven Stil bestimmte. Es war eine phantasievolle Mischung aus ungarischem und spanischem Stil, gewürzt mit brasilianischer Explosivität.

Daß Spanien in dieser Zeit das Eldorado des europäischen Fußballs war, zeigte sich 1960 im Europapokal. Mit der Tordifferenz von 24:7 und Erfolgen über ZSKA Sofia, AC Mailand und Wolverhampton Wanderers kam Barca ins Halbfinale gegen Titelverteidiger Real Madrid. Eine unerklärliche Formschwäche führte zu zwei 1:3-Niederlagen. Herrera mußte gehen. Zwar gewann Barca dafür den Landesmeistertitel dieses Jahres und stieß sogar bis ins Europapokalfinale 1961 vor, verlor jedoch dort gegen Benfica Lissabon mit 2:3 Toren. Damit war der Höhepunkt der Mannschaft überschritten, 14 Jahre bewegte sich der Verein auf bescheidenerem Niveau. Erst 1974 mit den holländischen Stars Johan Cruyff, der 1988 Trainer im Verein wurde, und Johan Neeskens war wieder einmal ein Titel möglich.

1979, nach einem Intermezzo des deutschen Trainers Hennes Weisweiler, gewann der FC sogar den Europacup der Pokalsieger durch ein 4:3 nach Verlängerung gegen Fortuna Düsseldorf mit seinem Star Klaus Allofs. Neeskens, der Österreicher Hans Krankl und Außenstürmer Rexach waren die besten Katalanen gewesen. Drei Jahre später, diesmal mit dem deutschen Trainer Udo Lattek, wiederholte der FC Barcelona diesen Erfolg mit einem 2:1 gegen Standard Lüttich. Folgende Mannschaft war beteiligt: Urruti; Gerardo, Alesanco, Migueli, Manolo, Sanchez, Esteban, Moratalla, Simonsen, Quini, Carrasco. Die Tore hatten der von Borussia Mönchengladbach gekommene Däne Allan Simonsen und Spaniens Nationalmittelstürmer Quini erzielt. Neue Spielmacher wurden kurzfristig Diego Maradona und vor allem der blonde Bernd Schuster vom 1. FC Köln, der seine Leute 1985 zum ersten Meistertitel nach elf Jahren führte. Trainer war der Engländer Terry Venables und Torjäger der Schotte Steve Archibald. Im Mai 1986 kam Barca ins Finale des Europapokals, verlor jedoch in Valencia überraschend im Elfmeterschießen gegen Steaua Bukarest nach torlosem Stand am Ende der regulären Spielzeit. Schu-

FC Barcelona 1986/1987. Stehend von links: Zubizarreta, Gerardo, Moratalla, Lineker, Julios Alberto, Migueli. Untere Reihe von links: Marcos, Hughes, Victor, Roberto, Pedraza.

ster und Archibald mußten weichen, die Briten Gary Lineker und Mark Hughes wurden gekauft, außerdem Spaniens Nationaltorwart Andoni Zubizarreta aus Bilbao. Zwar belegte dieses Team in der Saison 1986/87 mit nur einem Punkt Rückstand hinter Real Madrid den zweiten Rang in der Liga, doch hatte sich gezeigt, daß Lineker und Hughes häufig zu sehr isoliert waren. Die Mannschaft splitterte sich in einen spanischen und einen britischen Teil auf. In der Folge litt die Mannschaft derart, daß sich Präsident Nunez gezwungen sah, Schuster zurückzuholen, obwohl er mit ihm einige Arbeitsprozesse geführt hatte. Trainer Venables wurde mit mäßigem Erfolg durch Luis Aragones ersetzt, Barca belegte nur einen Mittelplatz. Und Bernd Schuster wechselte 1988 ausgerechnet zum Erzfeind, zu Real Madrid.

Die heutige Organisation

Der »Club de Futbol Barcelona, Asociacion sen animo de lucro (ohne Gewinnabsicht)« hat 110 000 Mitglieder, die etwa 6500 Pesetas (ca. 100 Mark) jährlich an Beitrag zahlen. Diese Summe berechtigt zu Stehplatzkarten für jedes Spiel, für einen Sitzplatz muß man noch einmal bis zu 100 Mark aufbringen. Zum Besitz von Barca gehört die Multisportanlage »Nou Camp«, die 1957 eingeweiht worden war. Sie faßt 115 000 Zuschauer.
Daneben ist ein gigantischer Sport- und Freizeitkomplex zwölf Kilometer südlich von Barcelona in Planung.
»La Masia« nennt sich das Heim für junge, vielversprechende Spieler aus ganz Spanien, die dort zu Profis ausgebildet werden und eine Berufslehre erhalten. Der FC Barcelona, der allein 1987 einen Überschuß von drei Millionen Mark erwirtschaftet hat, gehört zu den reichsten Klubs überhaupt. Der Verein kann sich deshalb wohl jeden Spieler der Welt leisten.

Nou Camp. Das bedeutet »Neues Stadion« auf katalonisch. Berühmt ist sein Publikum für die große Fachkenntnis und die harte Kritik an der eigenen Mannschaft.

CAMPARI DANONE

FC Real Madrid

Das Auffälligste aus den Anfängen von Real Madrid ist zweifellos die ständige Änderung des Vereinsnamens. Nachdem einige junge Leute aus den adeligen Kreisen der spanischen Hauptstadt 1897 den »Football Sky« gegründet hatten, tauften sie ihn flugs in »New Football Club« um. Nach dessen Auflösung riefen sie 1902 den »Madrid Football Club« ins Leben, der sich unter dieser Bezeichnung im März des Jahres mit dem Universitäts-Fußballklub zusammenschloß.

Schon ein Jahr später fand die erste spanische Meisterschaft statt, zu der König Alfonso VIII. den nach ihm benannten Pokal gestiftet hatte. Den sollte die Mannschaft behalten dürfen, die ihn dreimal hintereinander gewann. Der FC Madrid verlor beim ersten Versuch im Finale gegen Athletic Bilbao 2:3. Das gleiche Team siegte bei diesem Pokalturnier der Sieger aus den regionalen Ligen auch 1904, doch vom nächsten Mal ab brach die Zeit der Madrider an: bis 1908 eroberte der FC viermal den Pokal und bekam ihn folglich für immer.

Ein entscheidendes Ereignis für den Verein trat 1912 ein, als der Mittelstürmer Santiago Bernabeu debütierte, ein Mann, der später die treibende Kraft bei der Entwicklung des Klubs zu dem besten und vornehmsten Europas war. Beinahe ebenso wesentlich war am 29. Juni 1920 die Bekanntgabe von König Alfonso, der im übrigen ein gern und häufig gesehener Gast bei Spielen des FC Madrid war, daß der Klub von nun an den Beinamen »Real« tragen dürfe. Von da an also hieß der Verein »Real Madrid Club de Futbol«.

Die Einführung des Professionalismus 1926 führte drei Jahre später zur Schaffung einer nationalen Liga für Berufsfußball-Mannschaften. Diese Profi-Meisterschaft gewann Real 1932 erstmals, ohne auch nur ein Spiel zu verlieren (zehn Siege, acht Unentschieden bei einem Torverhältnis von 37:15), hauptsächlich dank des berühmten Torhüters Ricardo Zamora, der für die damalige Rekordsumme von 150 000 Peseten aus Barcelona gekommen war. Zamora galt als der Beste seines Fachs auf der Welt, sein Können garantierte die hervorragende Stellung Reals in diesen Jahren: 1933 eroberte der Verein zum zweitenmal die Profi-Meisterschaft, 1934 und 1936 auch den spanischen Pokal. Beim zweiten Cup-Erfolg feierte Zamora gleichzeitig seinen Abschied. Wenig später, im Juli 1936, brach der Bürgerkrieg aus, der Fußball verschwand zunächst einmal von der Tagesordnung, erst 1939 wurde der Spielbetrieb in der Liga wieder aufgenommen.

Als Santiago Bernabeu am 14. September 1943 zum Präsidenten gewählt wurde, war der Verein auf Mittelmaß abgesunken. Doch Bernabeu hatte große Ambitionen, Real auf höchstes Niveau zu bringen. Umgehend startete er eine Sammelaktion für den Bau eines riesigen Stadions, für das

FC Real Madrid

Gründung
1902

Anschrift
FC Real Madrid,
Estadio Santiago Bernabeu,
Concha Espina 1,
28036 Madrid, Spanien

Vereinseigentum
Santiago-Bernabeu-Stadion und eine große private Sportanlage von Real Madrid

Vereinsfarben
Weiß

Spielkleidung
Weiße Hemden, weiße Hose, weiße Stutzen

Stadion
Santiago-Bernabeu-Stadion, 98 947

Die Erfolge

Landesmeister
1932, 33, 54, 55, 57, 58, 61, 62, 63, 64, 65, 67, 68, 69, 72, 75, 76, 78, 79, 80, 86, 87, 88, 89

Pokal
1905, 06, 07, 08, 17, 34, 36, 46, 47, 62, 70, 74, 75, 80, 82, 89

Europapokal der Meister
1956, 57, 58, 59, 60, 66

UEFA-Pokal
1985, 86

Weltcup für Vereinsmannschaften (inoffiziell)
1960

Real Madrid Club de Futbol
SJ/MM 28036 - Madrid
GERENCIA Y OFICINAS
ESTADIO SANTIAGO BERNABEU
CONCHA ESPINA, 1
TELÉFONO 250 06 00
TELEX 23157 RMCF E

der erste Spatenstich am 27. Oktober 1944 erfolgte. Drei Jahre danach, am 14. Dezember 1947, wurde »Estadio Chamartin« eingeweiht. Der Bau hatte enorme Summen verschlungen – allein der erste Abschnitt hatte 68 Millionen Peseten gekostet –, folglich fehlte es Real an Kapital zur Verstärkung der Mannschaft, die während der folgenden neun Jahre in der Tabelle zwischen Platz zwei und elf pendelte, aber nie ganz nach oben gelangte.
Die Wende trat im März 1952 ein, als Real ein Turnier mit IFK Norrköping und den Millionarios aus Bogotá, die später Sieger wurden, veranstaltete. Die Kolumbianer spielten in einer »wilden«, also vom Verband nicht sanktionierten Liga, genannt »Dimajor« – die Besten. Sie bestand zwischen 1949 und 1952, und ihre Klubs hatten derart viel Geld zur Verfügung, daß es 69 der stärksten argentinischen Kicker an die kolumbianischen Futtertröge zog. Neben anderen spielten die berühmten Nestor Rossi und Adolfo Pedernera bei den

Im Garten der Verwaltung von Real Madrid findet man diese Büste des Mittelstürmers Santiago de Bernabeu, der Anfang dieses Jahrhunderts die treibende Kraft des Vereins war.

Estadio Santiago de Bernabeu. 30 Jahre lang eine Hochburg des europäischen Fußballsports.

Millionarios; ein Mann aber überstrahlte sie alle: Alfredo di Stefano, ein 25jähriger Stürmer, der die Beobachter von Real außerordentlich beeindruckte, genau allerdings so wie die Leute vom FC Barcelona. Der Kampf der beiden großen spanischen Klubs um den Spieler endete mit dem Sieg Reals, Alfredo di Stefano gab sein Debüt für den königlichen Klub am 27. September 1953 im Meisterschaftsspiel gegen Real Santander und steuerte zum 4:2-Sieg das letzte Tor bei. Und in dieser Saison errang Real erstmals seit 21 Jahren wieder den spanischen Titel mit vier Punkten Vorsprung vor Barcelona. Auch in der Torschützenliste lag ein Madrilene vor einem Kicker aus Barcelona, di Stefano nämlich mit 28 Treffern vor Kubala (23).

Damit war die erste Glanzperiode des Vereins eingeleitet, die sich über ein Jahrzehnt lang hinzog. Bis 1964, als di Stefano den Klub verließ, nachdem er in 624 Spielen 402 Tore geschossen, aber noch weit größere Wirkung als Regisseur und Kopf der Mannschaft erzielt hatte. An seiner Seite standen Weltklassespieler wie Verteidiger Marco Marquitos, der Außenläufer Miguel Munoz, der später spanischer Nationaltrainer wurde, oder Linksaußen Francisco Gento, schnellster Stürmer seiner Zeit. Trainer war José Villalonga.

Mit dieser Ansammlung von überragenden Fußballern war Real Madrid so gut wie unschlagbar, was der 1955 geschaffene Europapokal sehr eindrucksvoll beweisen sollte. In dessen ersten Finale bezwang Real in Paris am 12. Juni 1956 Stade Reims 4:3. Dessen glänzenden Rechtsaußen Raymond Kopa verpflichteten die Madrider umgehend. Überhaupt gelang es den Vereinsverantwortlichen um Bernabeu, zu dessen Ehren man das Stadion in »Estadio Bernabeu« umgetauft hatte, die Mannschaft in idealer Weise zu verstärken: 1957 kam der Mittelläufer José Santamaria von Nacional Montevideo, der in der Defensive ebenso wichtig war wie di Stefano in der Offensive, Torhüter Rogelio Dominguez (vorher Racing Buenos Aires) trug viel zur Sicherheit der Abwehr bei, und 1958 stieß der Ungar Ferenc Puskas zu den Königlichen, der seine Heimat nach der Revolte 1956 verlassen hatte. Puskas, Lenker der ungarischen Nationalelf, die 1954 im Weltmeisterschaftsfinale gegen Deutschland 2:3 unterlegen war, machte zu dieser Zeit einen leicht desolaten Eindruck, und die Experten konnten nicht verstehen, daß Real einen übergewichtigen, arbeitslosen, 30jährigen Spieler verpflichtete. Die Kritik verstummte nach dem ersten Spiel, in dem Puskas beim 5:1 über Gijon mit seinem berühmten linken Schußbein den Hattrick, also drei Tore in Folge erzielte.

Puskas wurde für seine Elf nicht weniger bestimmend wie di Stefano und Santamaria. Keine Mannschaft hat das deutlicher feststellen müssen als Eintracht Frankfurt am 18. Mai

1960, als Real im Hampden Park zu Glasgow durch einen 7:3-Sieg zum fünftenmal in ununterbrochener Reihenfolge den Europacup gewann. Vor exakt 127621 Zuschauern gerieten die Frankfurter in den Wirbel traumhafter Kombinationen, in die reibungslose Maschinerie von perfektem Abwehr-, Mittelfeld- und Angriffsspiel. Folgende Elf wurde mit dem Pokal belohnt: Dominguez; Marquitos, Pachin, Vidal, Santamaria, Zarraga, Canario, del Sol, di Stefano, Puskas, Gento. Im Herbst holte sich Real obendrein den inoffiziellen Weltcup für Vereinsmannschaften gegen Penarol Montevideo.
Nach einer Pause von sechs Jahren wiederholte Real 1966 den Europacup-Triumph durch ein 2:1 gegen Partizan Belgrad. Freilich mit einer völlig anderen Mannschaft. Von den großen »Alten« war nur Gento übriggeblieben, die neuen Asse hießen de Felipe, Sanchiz, Zocco, Pirri, Velazquez oder Amancio. Doch sie paßten nicht ganz in die Fußstapfen ihrer Vorgänger, auch wenn Real im Laufe der 60er Jahre achtmal den spanischen Meistertitel erspielte.
Bis zum heutigen Tag hat der Verein versucht, Anschluß an die Jahre des ständigen Triumphes zu finden. Berühmte Namen standen auf der »Einkaufsliste«: 1973 Günter Netzer (Borussia Mönchengladbach) und Oscar Mas (River Plate Buenos Aires), 1974 Paul Breitner (Bayern München), später Henning Jensen und Uli Stielike (beide Mönchengladbach). Kaum weniger prominent waren die Trainer, ob Miguel Munoz, Luis Malowny oder der Jugoslawe Miljan Miljanic. National verdiente sich Real durch etliche Meisterschaften (zum Beispiel 1976, 1978 und 1979) Meriten, international jedoch blieben ähnliche Erfolge aus. Zwar erreichten die Madrilenen zweimal europäische Endspiele, verloren jedoch 1981 im Meisterpokal gegen den FC Liverpool 0:1 und 1983 im Cupsieger-Wettbewerb gegen den FC Aberdeen 1:2 nach Verlängerung.
Beinahe 20 Jahre sollte es dauern, bis der ruhmreiche Klub 1985 wieder in den Besitz einer derartigen Auszeichnung gelangte, als nämlich im Endspiel um den UEFA-Pokal Videoton Szekesfehervar aus Ungarn (3:0, 0:1) bezwungen wurde. Anschließend verpflichtete der Verein zwei Nationalspieler, Libero Maceda von Sporting Gijon und Gordillo von Betis Sevilla und obendrein den besten Torjäger der Liga, den Mexikaner Hugo Sanchez von Atletico Madrid. Darüber hinaus wurden vielversprechende Talente, die mit Spaniens U-21-Mannschaft das Endspiel der Europameisterschaft erreicht hatten, in das Team integriert: Verteidiger Chendo, Libero Sanchis, die Mittelfeldspieler Michel und Vazquez sowie Angreifer Butragueño. Von der Zweitligamannschaft Castilla, sozusagen einem Ableger Reals, bei dem junge Leute die Zeit zur Reife bekommen, holte man sich Solana. Gemeinsam mit den etablierten Stars wie Gallego und Camacho

Kraftvolle Skulptur von zwei Fußballspielern im Zweikampf (Eingangshalle der Verwaltung von Real Madrid).

sowie dem argentinischen Linksaußen Valdano bildeten sie wieder ein Ensemble erster Ordnung, das 1986 nicht nur den ersten spanischen Meistertitel nach sechs Jahren Pause, sondern gegen den 1. FC Köln auch noch die Wiederholung des UEFA-Cup-Sieges (5:1, 2:2) bewerkstelligte.
Im Herbst 1986 unterschrieb der niederländische Trainer Leo Beenhakker einen Vertrag, und der exzellente Francisco Buyo vom FC Sevilla löste das Torhüter-Problem. Etwas später kamen Mittelfeldspieler Jankovic von Roter Stern Belgrad, Außenstürmer Francisco Llorente Gento, der Neffe des einstigen Weltstars, sowie Abwehrspieler Tendillo. Und wieder reichte es 1987 zum spanischen Titel, aber wieder ging der Lorbeer auf internationaler Ebene verloren: Erst schied Real im Landesmeisterpokal gegen Bayern München aus, ein Jahr später, 1988, gegen den späteren Gewinner PSV Eindhoven, dies freilich, nachdem man sich über so harte Konkurrenten wie Maradonas SSC Neapel, Titelverteidiger FC Porto sowie die Münchner hinweggesetzt hatte.

Die heutige Organisation

»Real Madrid Club de Futbol, Organisaçion sin animo de lucro«, ist ein Verein, der ohne die Absicht auf Gewinn arbeitet, doch ständig solchen verzeichnen kann. Real Madrid hat gut 60 000 zahlende Mitglieder, die so betrachtet über ungeheure Besitztümer verfügen. Dazu zählt das »Estadio Santiago de Bernabeu«, dessen Fassungsvermögen nach der tödlichen Katastrophe im Brüsseler Heysel-Stadion auf genau 98 947 Zuschauer verringert wurde. Die riesige Sportanlage »La Ciudad deportiva del Real Madrid Club de Futbol«, auf der sämtliche olympischen Sommerdisziplinen ausgetragen werden können, gehört ebenfalls zum Vereinseigentum.
Neben dem Fußball ist Basketball die zweite professionelle Abteilung, dreimal gewannen die langen Kerls aus Madrid den Europapokal.
Basis der Fußballabteilung ist die Jugendsektion, die als eine der bestbetreuten Europas gilt. Der ehemalige Spieler und jetzige Trainer Amancio hält als Talentsucher in ganz Europa Ausschau.
Darüber hinaus gibt es noch den FC Castilla, eine Art Dependance. Real gibt junge Leute an den Zweitligaklub weiter, die wieder übernommen werden, wenn sie als ausreichend leistungsstark erachtet werden. Castilla erreichte 1980 sogar das spanische Pokalfinale, verlor aber ausgerechnet gegen Real.
Der königliche Klub, wie man ihn nennt, ist einer der einflußreichsten und vermögendsten der Welt. Mit einem Publikumsschnitt von 70 000 liegt Real hinter dem FC Barcelona auf dem zweiten Rang in der Welt.

Dukla Prag

Die enormen innenpolitischen Veränderungen, von denen die Tschechoslowakei nach der Machtübernahme durch die kommunistische Partei im Juni 1948 betroffen war, erfaßten natürlich auch den Sport, der bekanntlich ein wesentliches gesellschaftliches Gebiet darstellt. Ein nationaler Verband wurde gegründet, der alle Sportarten organisieren sollte. Auch innerhalb der Armee setzte sich die sportliche Zentralisierung schnell durch: Am 1. Oktober 1948 entstand in der Hauptstadt ein Klub für Soldaten und Offiziere, der viele Sportarten anbot und ATK Prag (Armandni Telocvini Klub Praha) genannt wurde.
Der neue Verein kam auf Anhieb in die erste Liga, deren 14 Mannschaften zunächst lediglich 13 Spiele zur Ermittlung des Meisters bestritten. Erster CSSR-Titelträger wurde Dynamo Slavia Prag mit 18 Punkten; ATK placierte sich im ersten Jahr an achter Stelle mit zwölf Zählern. Bis 1952 hielt man in etwa die Leistungsstärke und erreichte die Ränge 4, 5, 5 und 8. Zur Meisterschaft jedoch langte es erst 1953, nachdem sich der Verein in UDA (Estredni Dom Armadi = Zentralgebäude der Armee) umbenannt hatte. Im folgenden Jahr gab ein 21jähriger junger Mann auf der Außenläuferposition sein Debüt, Josef Masopust.
1956 tauschte man schon wieder den Namen des Klubs aus: Statt UDA hieß es nun Dukla. Dies ist ein Bergpaß in der Slowakei, den russische Soldaten im April 1945 im Zuge der Befreiung der Tschechoslowakei von den Deutschen erobert hatten. Mit der neuen Bezeichnung begann eine äußerst erfolgreiche Periode: Dukla gewann den Landestitel 1956 sowie 1958. Mit der vierten Meisterschaft 1961 aber setzte die stärkste Zeit in der Vereinsgeschichte ein, die bis 1966 dauern sollte und die eng verknüpft war mit Mittelfeld-As Masopust.

Die Liste der Triumphe ist lang: Meister wurde Dukla 1961, 1962, 1963, 1964 und 1966, den Pokal gewann das Team 1961, 1965 und 1966. In der letzten großen Saison 1966/67 bahnte sich auch eine Überraschung im Europapokal der Meister an, als hintereinander Anderlecht und Ajax Amsterdam ausgeschaltet wurden, Dukla dann am späteren Sieger Celtic Glasgow (1:3, 0:0) hängenblieb. Der Regisseur dieses Teams war natürlich Masopust, dem die französische Fachzeitschrift „France Football" 1962 sogar den „Goldenen Ball" als bestem europäischem Spieler verliehen hatte. Die Außenstürmer Brumovsky und Jelinek brachten mit ihren genauen Flanken auf die gefährlichen Vollstrecker Borovica und Kucera, der einer der besten Nachkriegsfußballer des Landes war, große Gefahr in das offensiv ausgerichtete, von hoher taktischer Disziplin gekennzeichnete Spiel Duklas. In der Abwehr galt Svatopluks Stopper Pluskal, ebenso wie Masopust ein herausragendes Mitglied der CSSR-Nationalmann-

Dukla Prag

Gründung
1948

Anschrift
Armandi Strédisko Dukla Praha, Dejvice Post. Schr. 59, Praha 6, CSSR

Vereinseigentum
Juliska-Stadion

Vereinsfarben
Gelb-Rot

Spielkleidung
Rot-gelbe Hemden, gelbe Hosen, rot-gelb-gestreifte Stutzen

Stadion
Juliska-Stadion, 28000

Die Erfolge

Landesmeister
1953, 56, 58, 61, 62, 63, 64, 66, 77, 79, 82

Pokal
1961, 66, 69, 81, 83, 85

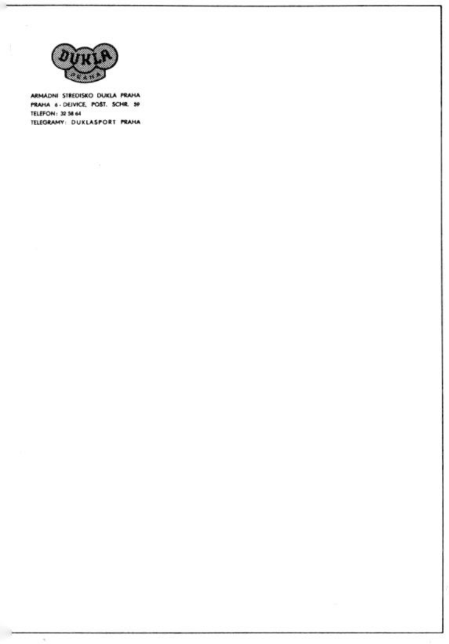

DUKLA PRAHA

ARMADNI STREDISKO DUKLA PRAHA
PRAHA 6 - DEJVICE, POŠT. SCHR. 59
TELEFON: 32 58 64
TELEGRAMY: DUKLASPORT PRAHA

schaft, die bei der WM 1962 erst im Finale an Brasilien (1:3) gescheitert war, als herausragender Könner.
1968 wechselte Masopust nach Belgien zu Lokeren und mit ihm ging auch der Erfolg, wenngleich es 1969 mit dem Gewinn des Pokals noch einmal zu einer Scheinblüte kam. Anteil am Abstieg der Soldatenelf hatte auch eine schwere Verletzung des Stürmers Kucera, die seine Laufbahn 1967 beendete. Der Umstand, daß viele Spieler nach ihrer Dienstzeit den Armee-Klub verließen, trug ebenfalls zum sinkenden Niveau bei.
Es dauerte elf Jahre, bis Dukla 1977 wieder den Meistertitel eroberte, was sich noch zweimal – 1979 und 1982 – wiederholte. Und obwohl die Mannschaft daran noch drei Pokalerfolge (1981, 1983, 1985) reihte, konnte sie sich nie wieder der Qualität der 60er Jahre annähern.

Die heutige Organisation

Dukla Prag ist der offizielle Sportverein der CSSR-Armee, ein Klub mit vielen Sportarten, der nur Offizieren und Soldaten offensteht. Die Dukla-Fußballer treten im 28000 Zuschauer fassenden Juliska-Stadion auf. Die wenig beliebte Mannschaft erreichte zuletzt aber nur einen Schnitt von 2500 Besuchern, womit sie in der gesamten ersten Liga ganz am Ende rangiert.

Das Team in der Saison 1964/1965. Stehend von links: Masopust, Borovica, Cadek, Safranek, Pluskal, Novak, Kucera. Untere Reihe von links: Vacenovsky, Brumovsky, Kouba, Adamec.

Sparta Prag

Weil sie endlich auch in einem Verein ihrem Hobby nachgehen wollten, trafen sich die Brüder Bohumil, Rudolf und Vaclav Rudl am 17. Dezember 1893 mit Funktionären des AC Vinohrady, um über die Gründung einer Fußballabteilung zu diskutieren. Am Abend entschloß man sich, diesem Vorschlag zu folgen. Aber schon bald gab es Konflikte, weil viele Vereinsmitglieder dem neuen Sport skeptisch gegenüberstanden. Die Rudl-Brüder also pfiffen auf den AC Vinohrady und hoben statt dessen am 9. August 1894 den Atletic Club Sparta aus der Taufe; der verlor sein erstes Spiel am 28. September gleich mit 0:5 Toren gegen Malostranskym.

Im damaligen Böhmen wurde 1912 die erste tschechische Liga gestartet, Sparta belegte auf Anhieb Platz eins. 1917 zog der Verein ins Letna-Stadion, hoch über der Moldau im Norden Prags gelegen. Diese Arena wurde in den folgenden 20 Jahren zu einer Hochburg des europäischen Fußballs. Fast alle Gäste, ob Klub- oder Nationalmannschaften, gingen hier im Tempofußball Spartas unter.

Wie stark Sparta war, zeigte sich schon 1927, dem ersten Jahr des Mitropacups, eines Vorläufers des Europapokals, den der Verein im Finale gegen Rapid Wien (6:2, 1:2) klar gewann. Diesen Erfolg wiederholten die „Spartaner" 1935.

Auch auf noch höherer Ebene war dies eine Glanzzeit des Fußballs in der Tschechoslowakei. Bei der Weltmeisterschaft 1934 zog die Nationalelf ins Endspiel ein, wo sie mit viel Pech und nach Verlängerung 1:2 gegen Gastgeber Italien unterlag. Beim Vizeweltmeister wirkten von Sparta der linke Verteidiger Ctyrocky, der rechte Läufer Kostalek und der überragende Halblinke Oldrich Nejedly mit. Letzter übrigens wurde mit fünf Treffern WM-Torschützenkönig.

Der Spielbetrieb einer gesamttschechoslowakischen Liga war 1925 angelaufen und hatte Spartas Erzrivalen Slavia als ersten Sieger hervorgebracht. Danach allerdings begann die große Periode von Sparta: 1926, 1927, 1932, 1936 und 1938 gewannen die Prager den Landestitel.

Nachdem die Deutschen das Land okkupiert hatten, wurde die Nationalliga aufgeteilt: im Westen die tschechisch-mährische Liga, die Sparta 1939 und 1944 als Sieger beendete, und im Osten die slowakische. Als nach dem Krieg die Nationalliga 1946 wieder gestartet wurde, war Sparta erneut nicht zu besiegen. Im Februar 1948 übernahm die Kommunistische Partei die Macht und stellte nahezu den gesamten Sport des Landes auf den Kopf. Viermal mußte Sparta einschneidende Veränderungen der Organisation und des Namens hinnehmen: 1948 hieß der Klub Sokol Sparta, 1949 Sokol Bratrstvi Sparta, 1951 Sokol Sparta Sokolovo und 1953 Spartak Sokolovo. CSSR-Meister in den Jahren 1948, 1952 und 1954 also wurde die Mannschaft unter verschiede-

Sparta Prag

Gründung
1894

Anschrift
Sparta C. K. D. Praha,
Obrancu Miru 98,
17082 Prag 7, CSSR

Vereinseigentum
–

Vereinsfarben
Rot-Weiß

Spielkleidung
Rote Hemden, weiße Hosen,
rot-schwarz-gestreifte
Stutzen

Stadion
Letna, 38 000

Die Erfolge

Landesmeister
1926, 27, 32, 36, 38, 46, 48,
52, 54, 65, 67, 84, 85, 87, 88, 89

Pokal
1964, 65, 67, 84, 88, 89

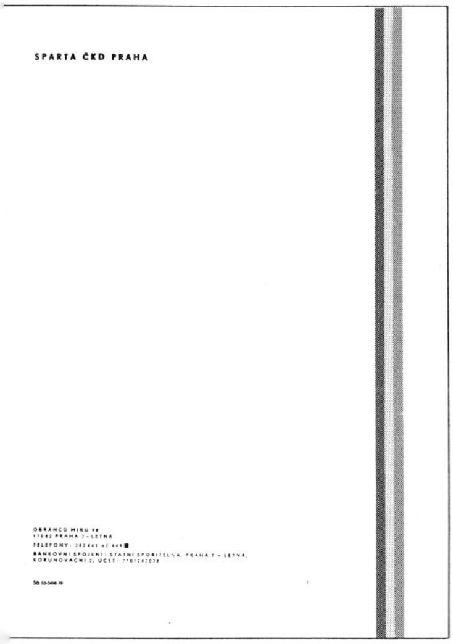
SPARTA ČKD PRAHA

OBRANCO MIRU 98
17082 PRAHA 7 – LETNA
TELEFONY: 382441 až 449
BANKOVNI SPOJENI: STATNI SPORITELNA, PRAHA 7 – LETNA,
KORUNOVACNI 2, UCET:

Letna-Stadion.
In den 20er und 30er Jahren wurde hier der beste Fußball Europas gespielt.

nen Bezeichnungen. Danach jedoch folgte eine Talfahrt, die elf Jahre andauern sollte und während deren der lokale Rivale Dukla deutlich dominierte.
Einflußreichen Mitgliedern Spartas, die auch in der Partei etwas zu sagen hatten, war dieser Umstand ein Ärgernis, und so suchten sie nach Möglichkeiten, die alte Stärke wiederherzustellen. Vor allem intensivierten sie den Kontakt zur mächtigen Maschinenfabrik CKD (Ceskomoravska Kolben Danek). Sparta wurde quasi eine Abteilung des Industrie-Riesen und erfuhr eine letzte Namensänderung: Heute heißt der Verein Telovychna Jednota (Sportverein) Sparta Ceskomoravska Kolben Danek Prag: Ökonomische Kraft und sportliches Können sind also ein Bündnis eingegangen.
Das machte sich durch den Gewinn der Meisterschaft 1965 schnell bezahlt. Zu dieser Zeit allerdings erlebte der CSSR-Fußball insgesamt eine Blüte dank hervorragender Kondition, starker Physis und Psyche sowie guter technischer Fähigkeiten der Spieler, was eben auch Sparta auszeichnete. Bester Mann bei den Pragern war der Mittelstürmer Kvasnak, Torschütze und Vorbereiter in einer Person. Er spielte auch bei der Weltmeisterschaft 1962 in Chile eine besondere Rolle. Gemeinsam mit den Vereinskollegen Tichy und Pospichal erreichte Krasnak im Nationaltrikot das Finale. Die CSSR unterlag den seinerzeit fast nicht zu bezwingenden Brasilianern 1:3.
Nach einem Zwischenhoch, das 1967 die Meisterschaft brachte, und einem weiteren Aufbäumen, das 1973 bis ins Halbfinale im Europacup der Pokalsieger führte, versank Sparta bis in die 80er Jahre im Mittelmaß. Während dieser Epoche regierten im CSSR-Fußball die Provinzklubs Slovan Bratislava und Spartak Trnava.
Mit den beiden Meisterschaften 1984 und 1985 knüpfte Sparta jedoch wieder an die guten alten Zeiten an. Vor allem der glänzende Regisseur Jan Berger und der großartige Libero Josef Chovanec hatten daran erheblichen Anteil. Obwohl Berger seinen Stammverein 1986 verließ und zum FC Zürich ging, blieb der Erfolg Sparta mit den Landesmeistertiteln 1987 und 1988 treu.

Die heutige Organisation

TJ Sparta CKD Prag ist ein Sportverein, der keinen Gewinn erzielen darf. Die Spieler sind bei der Maschinenfabrik CKD angestellt, die ihnen alle Möglichkeiten zum Training einräumt. Der hohe Zuschauerschnitt von etwa 20000 aus den 60er und 70er Jahren ist inzwischen auf die Hälfte geschrumpft. Deshalb ist Sparta auf Zuschüsse seitens CDK und der Staatlichen Lotteriegesellschaft angewiesen.
Wegen seiner engen Kontakte zu Politik und Wirtschaft ist Sparta Prag der dominierende Fußballklub der CSSR.

Dynamo Kiew

Lange Zeit galt die Ukraine mit ihrer Hauptstadt Kiew als eines der stärksten Bollwerke des zaristischen Rußlands. Um die reaktionären Kräfte einzudämmen, die Zarismus und Kapitalismus wieder einführen wollten, gründeten die neuen sozialistischen Machthaber nach der Oktoberrevolution 1917 Polizeiorganisationen, aus denen später auch die Dynamo-Vereine hervorgingen.
In der Ukraine war dies demnach Dynamo Kiew. Offiziell wurde der Fußballklub 1927 gegründet, von Anfang an zählte er zu den besten dieser sowjetischen Republik. Seit ihrer Einführung 1936 gehört Dynamo ohne Unterbrechung der »Höchsten Liga« an. An ein tragisches Geschehen des Zweiten Weltkrieges erinnert ein Monument vor dem Dynamo-Stadion, das zu Ehren von vier Spielern geschaffen wurde. Sie waren Häftlinge des Konzentrationslagers Babijar, außerhalb von Kiew, und sollten mit anderen Gefangenen gegen eine deutsche Heeresmannschaft spielen. Der Lagerkommandant hatte die Order an die Ukrainer gegeben, unter allen Umständen die deutschen Soldaten gewinnen zu lassen, andernfalls drohe die Hinrichtung. Die vier Spieler von Dynamo und ihre Freunde spielten – und siegten. Anschließend wurden sie auf Befehl des Lagerkommandanten von Babijar erschossen.
1961 gelang es dem Dynamo-Team als erster Mannschaft aus der Provinz, die Vorherrschaft der Moskauer Klubs zu brechen. Dynamo wurde sowjetischer Fußballmeister. Auf Linksaußen übrigens wirbelte ein langer, blonder junger Mann, der gut zehn Jahre als Trainer des Vereins Weltberühmtheit erlangte: Valerij Lobanowski. Der gelernte Bauingenieur, der seine Trainer-Arbeit im Oktober 1973 übernahm, hatte das bescheidene Ziel, Dynamo Kiew zu einer der besten Mannschaften der Welt zu machen.
Dazu begann er mit der Entwicklung seiner »Fußball-Logarithmen«, einem speziellen, wissenschaftlichen Trainingssystem, das die physische, technische und taktische Leistungsfähigkeit seiner Athleten erhöhen sollte. Dank dieser Methode war es Lobanowski möglich, auch die Formhöhepunkte innerhalb der Saison genau zu berechnen und zu steuern.
Der Erfolg: Am 14. Mai 1975 erreichte Dynamo Kiew im Baseler St.-Jakob-Stadion das Endspiel im Pokal der Pokalsieger gegen Ferencvaros Budapest. Die Besetzung mit Rudakow – Fomenko, Reschko, Konkow, Troschkin – Matwienko, Muntjan, Burjak, Kolotow – Onitschenko und Blochin siegte leicht mit 3:0 Toren. Im selben Jahr wurde Linksaußen Oleg Blochin von den Journalisten zum »besten Fußballer Europas« gewählt. Zu guter Letzt gewann Dynamo gegen Bayern München auch noch den sogenannten Supercup.
Dieser großen Mannschaft sagte man nach, sie hätte an

Dynamo Kiew

Gründung
1927

Anschrift
Dynamo Kiew,
Kirova 3, Kiew 29, UdSSR

Vereinseigentum
Dynamo-Stadion mit Sportanlagen

Vereinsfarben
Weiß-Blau

Spielkleidung
Weiße Hemden mit blauem »D«, weiße oder blaue Hosen, weiße Stutzen

Stadion
Zentralstadion der Republik Ukraine
80 000

Die Erfolge

Landesmeister
1961, 66, 67, 68, 71, 74, 75, 77, 80, 81, 85, 86

Pokal
1954, 64, 66, 74, 78, 82, 85, 87

Europapokal der Pokalsieger
1975, 86

Dynamo Kiew 1986/198
Sieger im Pokal der Pokalsiege
und sowjetischer Meiste
Stehend von links: Baltatsch
Bal, Tschanow, Blochi
Demjanenkow, Bessonov
Untere Reihe von link
Kusnetsow, Raz, Sawaro
Belanow, Evtutschenko

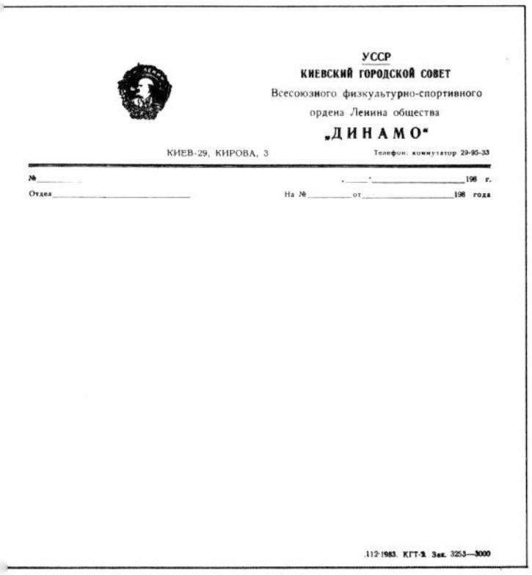
УССР
КИЕВСКИЙ ГОРОДСКОЙ СОВЕТ
Всесоюзного физкультурно-спортивного
ордена Ленина общества
„ДИНАМО"
КИЕВ-29, КИРОВА, 3
Телефон: коммутатор 29-95-33
№ ________ . ____ . ________ 198 г.
Отдел ________ На № ________ от ________ 198 года

.112·1983. КГТ-3. Зак. 3253—3000

Eingang zur Verwaltung von Dynamo Kiew.

Erfolgen mit Real Madrid konkurrieren können, das sechsmal den Europapokal gewonnen hatte. Der sowjetische Verband machte jedoch einen Strich durch die optimistische Rechnung. Hemmungslos wurden die Dynamo-Asse in allen möglichen Auswahlteams eingesetzt, bis die Kräfte schwanden, die Spieler ausgelaugt waren.
Das alte Niveau erreichte Trainer Lobanowski erst ein Jahrzehnt später wieder, wobei er sich auf die Basis der Juniorennationalauswahl stützte, die 1977 Weltmeister geworden war. Bei Dynamo spielten deren Abwehrleute Baltatscha, Bal und Bessonow. Und wieder erreichte Dynamo das Finale im Cup der Pokalsieger und traf am 2. Mai 1986 in Lyon auf den Favoriten Atletico Madrid. Den 40000 Zuschauern gingen beinahe die Augen über, und die Fachleute sprachen hinterher vom »Fußball aus dem Jahr 2000«; Dynamo spielte mit höchstem Tempo und gleichzeitig größter Präzision, Atletico wurde förmlich gedemütigt. Die Kiewer in der Besetzung: Tschanow – Baltatscha (Bal), Bessonow, Kusnetsow, Demjanenkow – Raz, Jakowschenkow, Jaremtschuk, Sawarow – Belanow und Blochin siegten 3:0. Und wiederum wurde einer von ihnen, Stürmer Igor Belanow, zu Europas Fußballer des Jahres gewäht. Auch diesmal jedoch tanzte Dynamo nur einen Sommer, schon im folgenden Jahr war ein starker Leistungsabfall festzustellen.

Die heutige Organisation

Der »allunionelle Sportverband Dynamo Kiew«, wie er vollständig heißt, zählt mit zwölf Meisterschaften und acht Pokalsiegen zu den stärksten Klubs der UdSSR, hat international aber ein wenig Boden verloren. Die Mannschaft wird gebildet von Spielern aus der gesamten Ukraine, und innerhalb der Sowjetunion konkurriert Dynamo heftig mit Spartak Moskau um die Position des beliebtesten Klubs. Seit 1985 ist der Zuschauerschnitt auf über 45000 angewachsen, womit zum erstenmal in der Vereinsgeschichte der »Lokalrivale« Dynamo Tiflis übertroffen wurde.
Als erster sowjetischer Klub bereitet Dynamo Kiew augenblicklich eine Professionalisierung nach westlichem Muster vor.

Zentralstadion der Republik Ukraine. Hier spielt Dynamo die Heimspiele vor einem Publikum, das zu dem enthusiastischsten der Welt zählt.

Dynamo Kiew

Sieger des sowjetischen Pokals 1985: Stehend von links: Burjak, Vereinsrepräsentant, Michailtschenko, Raz, Funktionär, Blochin, Kusnetsow, 2. Trainer, Michailow, Lobanowski (Trainer), Jakowschenkow, Evtutschenkow. Untere Reihe von links: Masseur, Belanow, zwei physische Trainer, Jaremtschuk, Sawarow, Bal, Baltatscha, Bessonow, Demjanenkow.

Gleich nach der Oktoberrevolution wurde die gefürchtete Tjeka ins Leben gerufen, die »Außerordentliche Kommission für den Kampf gegen konterrevolutionäre Aktivitäten«, die Geheimpolizei also, die man 1922 in G.P.U. umbenannte. Für die dort arbeitenden Polizisten wurde ein Jahr später der Sportverein Dynamo Moskau gegründet, dessen Fußballteam bis 1935 siebenmal die Moskauer Stadtmeisterschaft gewann. 1936 holte Dynamo gleich bei der Einführung der »Höchsten Liga« den Meistertitel, dem bis zum heutigen Tag zehn weitere folgten. Den Pokal gewann die Mannschaft aus der Hauptstadt sechsmal.
Nach dem Ende des Zweiten Weltkrieges, in dem das organisierte Fußballspiel zeitweise von den deutschen Invasoren unmöglich gemacht worden war, begab sich Spartak aus der sowjetischen Isolation und unternahm eine Reise auf die Britische Insel. Bei vier Spielern zog die Mannschaft aus der fernen, unbekannten Sowjetunion enorme Zuschauermengen an, die verblüfft und in ihrem britischen Dünkel irritiert, die Stadien verließen. Die vermeintlichen Anfänger kamen zu folgenden Ergebnissen: Gegen Chelsea 3:3, gegen Cardiff 10:1, gegen Arsenal 4:3 und gegen die Glasgow Rangers 2:2. Die kraftvollen und technisch beschlagenen Moskauer hatten drei Spieler der Extraklasse in ihren Reihen, den Torhüter Chomitij und die Stürmer Konstantin Beskow, der später Spartak Moskau als Trainer zur Meisterschaft führte, sowie Vsevolod Bobrow, der mit der sowjetischen Eishockeymannschaft einige Male Weltmeister wurde.
Die 50er Jahre waren für Dynamo die erfolgreichsten der Vereinsgeschichte, was nicht unwesentlich mit dem Nachfolger und Schüler des vorzüglichen Schlußmannes Chomitj zusammenhing. Dessen Name lautet Lew Jaschin, der zum vermutlich besten Torwart der Welt avancierte. Jaschin konnte das Spiel auf dem Feld förmlich »mitlesen«, was ihm die Möglichkeit gab, bestimmte Situationen und Gefahrenmomente geradezu vorauszuahnen. Der lange Keeper erfreute sich überall auf dem Globus außerordentlicher Popularität, weil er Vertreter einer sportlichen und kameradschaftlichen Haltung gegenüber Mitspielern und Gegner war. Lew Jaschin spielte von 1949 bis 1970 21 Jahre lang bei Dynamo und 75mal für die Nationalmannschaft der UdSSR. Außerdem wurde er zu zahlreichen Begegnungen von UEFA- und FIFA-Auswahlteams berufen. 1963 wählten ihn die Journalisten zum »Fußballer Europas«.
In den 60er Jahren hatte Dynamo gewissermaßen eine Durst-

Dynamo Moskau

Gründung
1923

Anschrift
Dynamo Moskau,
Leningradskij Prospekt 36,
Moskau, UdSSR

Vereinseigentum
Die Verträge der Spieler

Vereinsfarben
Blau-Weiß

Spielkleidung
Blaue oder weiße Hemden,
weiße Hosen, weiße Stutzen

Stadion
Dynamo-Stadion, 54000

Die Erfolge

Landesmeister
1936, 37, 40, 45, 49, 54, 55, 57, 59, 63, 76

Pokal
1937, 53, 67, 70, 77, 84

Die phantastische Mannschaft Dynamo Moskaus, die nach dem Ende des 2. Weltkrieges bei ihren Reisen nach Großbritannien und Skandinavien für Furore sorgte. Ganz links der fabelhafte Torwart Chomitj; als fünfter von rechts der Stürmer Konstantin Beskow, der jetzt Trainer bei Spartak Moskau ist

СССР

Всесоюзное физкультурно-спортивное ордена Ленина общество «Динамо»

МОСКОВСКИЙ ГОРОДСКОЙ СОВЕТ

125167, Москва, Ленинградский проспект, 36 Центральный стадион «Динамо»

Телеграфный адрес: 125167 Москва Мосторсовет «Динамо» Телефоны 212-83-32; 212-21-92 Расчетный счет 700116 в Мосторбюдбанке

« ___ » ________ 19 г. № ______

strecke zu überwinden, wenngleich immerhin noch ein Meistertitel (1963) und ein Pokalgewinn (1967) heraussprangen. Letzteren wiederholte der Verein 1970 und feierte anschließend den größten Erfolg seiner Geschichte. Im Europacup der Pokalsieger erreichte Dynamo als erster sowjetrussischer Klub das Finale, das allerdings im Stadion Nou Camp von Barcelona 2:3 gegen die Glasgow Rangers verloren ging.

Die heutige Organisation

Derzeit befindet sich Dynamo Moskau, das den offiziellen Namen »Allunionelles Kombinat Dynamo« trägt, in einer Formkrise, was der zwölfte Rang bei der Fußballmeisterschaft 1987 beweist. Der Verein ist die Sportorganisation des Innenministeriums, sein Stadion an der Moskauer Prachtstraße, dem Leningradskij Prospekt, bietet 50 000 Zuschauern Platz. Bei Dynamo werden vor allem auch Eishockey und das verwandte Bandy gespielt.

Dynamo Moskau

Dynamo-Stadion mit Haupteingang (kleines Bild),
das an der gigantischen Paradenstraße Leningradskij Prospekt liegt.

Dynamo Tiflis

Zu den großen sowjetischen Fußballvereinen gehört zweifellos auch Dynamo Tiflis. Der Klub wurde 1925 gegründet, vier Jahre nachdem Georgien als Republik an die UdSSR angeschlossen worden war. Und seit es die sogenannte »Höchste Liga« überhaupt gibt, zählt Dynamo zur Creme des sowjetischen Fußballs.
Tiflis, die Hauptstadt von Georgien, liegt zwischen dem Schwarzen Meer im Westen und dem Kaspischen Meer im Osten, rund 150 Kilometer östlich von der türkischen und 200 Kilometer nördlich von der iranischen Grenze. Wegen seiner abseitigen Lage hat Dynamo Tiflis enorme Anfahrtswege zu Ligaspielen, Dynamo aus Kiew, das 1000 Kilometer entfernt liegt, gilt schon als »Lokalrivale«. Und der war der erste nicht aus Moskau stammende Verein, der die Staatsmeisterschaft gewinnen konnte. Dynamo Tiflis gelang dies ebenfalls im Jahr 1964. Von da an hielt sich das Team stets im oberen Tabellendrittel, zum Titel jedoch reichte es erst 1978 wieder. Der internationale Durchbruch bahnte sich mit dem Pokalgewinn im Herbst 1979 an, durch den sich Tiflis für den Europacup der nächsten Saison 1980/81 qualifizierte. Nach Erfolgen über Kastoria (Griechenland), Waterford (Irland), West Ham United (England) und Feijenoord Rotterdam (Niederlande) erreichten die georgischen Fußballer das Cupsiegerfinale am 13. Mai 1981 gegen Carl Zeiss Jena in Düsseldorf. Nur exakt 4750 Zuschauer hatten sich eingefunden, was an der vermeintlichen Attraktivität der Endspielgegner gelegen haben muß.
In diesem Punkt war man einem gehörigen Irrtum unterlegen. Dynamos technischer Gewandtheit und Individualität setzten die DDR-Kicker ein geschlossenes, kampfstarkes Mannschaftsgefüge entgegen. Das Spiel des Tiflis-Teams war geprägt durch den eleganten, fast südländischen Stil, der ihm viele Freunde in der ganzen UdSSR gemacht hatte und schon seit Jahrzehnten geradezu ein Markenzeichen der georgischen Fußballer ist. Dynamo besaß vor allem jedoch eine Reihe von herausragenden Persönlichkeiten. Torhüter Gabelia war eine, der elegante Libero Tschiwadse, der Ballvirtuose, Taktiker und Mittelstürmer Kipiani, der starke Mittelfeldmann Darasselia oder der schnelle Stürmer Shengelia. Gegen solche Einzelkönner hatte Jena letztlich keine Chance und unterlag 1:2, wobei Gutsajew und Darasselia die Treffer für Tiflis erzielt hatten.
Dieser Mannschaft sagten die Experten eine außergewöhnliche Zukunft voraus, auf nationaler wie internationaler Ebene. Doch schon wenige Wochen nach dem Gewinn des Europapokals brach sich David Kipiani ein Bein. Nach einem mißglückten Comebackversuch mußte er seine Karriere 1982 endgültig beenden. Am Ende dieses Jahres traf Dynamo Tiflis ein noch härterer Schlag: Bei einem Autounfall kam Vitali

Dynamo Tiflis

Gründung
1925

Anschrift
Dynamo Tiflis,
pr. Cereteli 2,
Tiflis, UdSSR

Vereinseigentum
Die Verträge der Spieler

Vereinsfarben
Blau-Weiß

Spielkleidung
Blau-weiß-gestreifte oder blaue Hemden, weiße Hosen, weiße Stutzen

Stadion
Zentralstadion der Republik Georgiens
100000

Die Erfolge

Landesmeister
1964, 78

Pokal
1976, 79

Europapokal der Pokalsieger
1981

Darasselia ums Leben. Ohne diese beiden Stars hat der Klub schnell an Erfolgen eingebüßt, inzwischen ist er innerhalb der ersten Liga nur noch Mittelmaß. Im UEFA-Cup-Achtelfinale 1988 übrigens schied Dynamo Tiflis gegen den bundesdeutschen Vertreter Werder Bremen aus.

Die heutige Organisation

Die Bilanz des »Allunionellen Sportkombinat Dynamo Tblisi« liest sich mit einem Europapokalgewinn und je zwei sowjetischen Meisterschaften (1964, 1978) und Pokalgewinnen (1976, 1979) nicht schlecht. In anderer Hinsicht ist der Verein, der in Georgien geradezu eine Institution darstellt, in der absoluten Weltspitze zu finden. So groß ist die Beliebtheit der Mannschaft, daß 1985 pro Liga-Heimspiel 63 858 Zuschauer kamen. Mehr finden sich nur bei den Spielen des FC Barcelona, von SSC Neapel und Real Madrid ein. Das Zentralstadion von Tiflis bietet 100 000 Plätze.

Zentralstadion in Tiflis (Georgien).

Spartak Moskau

Von welch minderer Qualität der Fußball im russischen Zaren-Reich war, zeigte sich bei der ersten Teilnahme an einem internationalen Turnier, den Olympischen Spielen von 1912 in Stockholm. Das 0:16 der aus Offizieren gebildeten Mannschaft gegen Deutschland muß als getreues Spiegelbild der Kräfte gelten. Die Ursache für das schwache Erscheinungsbild lag in den erbitterten innenpolitischen Auseinandersetzungen, die schließlich 1917 zur Oktoberrevolution und zur Bildung der UdSSR führten, zur »Union der Sozialistischen Sowjetrepubliken«.
Die verbesserten Lebensbedingungen der Bevölkerung hatten einen erhöhten Bedarf an Freizeitaktivitäten zur Folge, und so breitete sich das Spiel mit dem Lederball schnell über die ganze UdSSR aus, vor allem über die Städte, die einen gewaltigen Industrialisierungsprozeß durchlebten.
In der Hauptstadt Moskau wurde 1922 im berühmten Arbeiterviertel »Krasjna Presna« ein Verein mit eben diesem Namen gegründet, der gleich im Jahr darauf das »Frühlingsturnier«, die Stadtmeisterschaft, gewann. Das war zu dieser Zeit die höchste Ebene, weil es wegen der politischen Umwälzungen noch keinen zentralen Fußballverband gab. Der wurde erst 1934 gegründet, die oberste Liga startete 1936 mit ihrem Spielbetrieb. Bis dahin war unser Moskauer Klub zweimal umbenannt worden: Als die Gewerkschaft der Lebensmittelarbeiter, die »Pischewiki«, die Patenschaft für den »Krasjna Presna« übernahm, hieß er nach ihnen; und später wurde er nach der »Prom Korporatie«, der Industriekörperschaft, genannt. Mit der Umorganisation des gesamten sowjetischen Fußballs, wurde unter den Mitgliedern auch nach einer neuen Bezeichnung für den Moskauer Verein gesucht. Schließlich einigte man sich auf »Spartak«, in Erinnerung an einen Deutschland-Besuch der Mannschaft von 1927, die Gast des »Spartakus-Bundes« gewesen war, an dessen Spitze die Mitglieder Rosa Luxemburg und Karl Liebknecht standen. Spartak Moskau diente zunächst allen Lebensmittelunternehmungen der UdSSR als sportliche Organisation.
Nur einmal seit 1936 ist der Verein aus der sogenannten »Höchsten« in die »Erste Liga« abgestiegen, der in Deutschland die »Zweite Bundesliga« entspricht. Spartak pflegte stets einen offensiven Spielstil, der dem Verein viele Anhänger im ganzen Land bescherte und daheim einen Zuschauerschnitt von über 30000. Elfmal gewann die Mannschaft die UdSSR-Meisterschaft, neunmal den Pokal. Die besten Spartak-Teams waren die der Jahre 1956 und 1987. Als die Sowjetunion 1956 in Melbourne Olympiasieger im Fußball wurde, standen gleich acht Spartak-Kicker in ihren Reihen. Die herausragenden Kräfte waren der Weltklasseläufer Igor Netto, von dessen Übersicht und Technik die bundesdeut-

Spartak Moskau

Gründung
1935

Anschrift
Spartak Moskau, ul. Vehrniaia Krasnoselskaia 38/19, Moskau, UdSSR

Vereinseigentum
Tarasovka, ein modernes Trainingszentrum außerhalb Moskaus

Vereinsfarben
Rot-Weiß

Spielkleidung
Rot-weiße Hemden, weiße Hosen, rot-weiß-gestreifte Stutzen

Stadion
Lenin-Stadion, 104000

Die Erfolge

Landesmeister
1936, 38, 39, 52, 53, 56, 58, 62, 69, 79, 87, 89

Pokal
1938, 39, 46, 47, 50, 58, 63, 65, 71

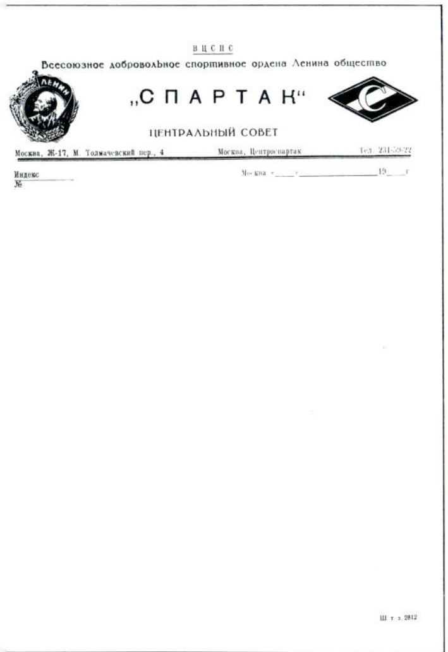

Nikolaj Starostin (links), Mitgründer des Vereins, und Konstantin Beskow (Trainer).

)wjetischer Meister 1987.
bere Reihe von links:
apustin, Rodionow, Tjertje-w, Kusnetsow.
ittlere Reihe von links:
ubin, Khadsji, Nowikow, Tje-nkow, Surow, Chidijatullin, assajew, Pasulko, Suslopa-w, Nowikow, Belenkij.
ordere Reihe von links:
usnetsow, Mostowoj, Kusilew, tarostin (Direktor), Beskow heftrainer), Simarow, Bokij.

schen Nationalspieler um Fritz Walter bei ihrer 2:3-Niederlage 1955 in Moskau verblüfft waren, sowie der pfeilschnelle Linksaußen Iljin.
Die Meistermannschaft von 1987 zeichnete sich durch ihre athletische Kraft in Verbindung mit hohem Tempo aus. Aus einem geschlossenen mannschaftlichen Gefüge ragen Individualisten wie Torhüter Dassajew, Libero Chidijatullin und Stürmer Rodionow heraus. Das weist auf einen Spielstil hin, der nicht nur für Spartak Moskau charakteristisch ist: Die Mannschaftsformation, selbst hervorgegangen aus einer breit angelegten Sportförderung, bildet praktisch die Grundlage für herausragende Einzelleistungen. Wobei letztlich immer die Mannschaft, das Kollektiv, dominiert. Mit diesem System hat die UdSSR viele internationale Siege errungen.

Die heutige Organisation

Die »Allunionelle Freiwillige Sportgemeinschaft Spartak Moskau«, wie sie offiziell und vollständig heißt, ist vor allem ein Verein der Gewerkschaften und verweist stolz auf über 13 Millionen Mitglieder in der ganzen UdSSR. Deshalb sind auch Auswärtsspiele in der Regel ausverkauft. Spartak ist ein Klub, in dem viele Sportarten betrieben werden, wenngleich Fußball und Eishockey deutlich Vorrang genießen. Der Verein besitzt etwas außerhalb von Moskau das moderne Trainingszentrum »Tarasovka« mit Medizinischem Zentrum, Schwimmbad und Hotel. Auf große internationale Erfolge in den europäischen Cup-Wettbewerben mußte Spartak bisher noch warten. Hauptsächlich wohl deshalb, weil die sowjetische Meisterschaft in den entscheidenden Monaten des Frühjahrs Pause macht, die Kicker aus der UdSSR deshalb also ohne Praxis sind.

Ferencvaros Budapest

Ein paar Bürger aus Ferencvaros, einer kleinen Gemeinde, die seinerzeit noch vor den Toren Budapests lag, trafen sich am 3. Mai 1899 unter der Führung des Schnapsfabrikanten Ferenc Springer am Bakatsplatz. Dort gründeten sie den Bürgerverein Ferencvaros Torna Club (Ferencvaros Gymnastik-Verein). Als Farben wählten sie das Grün und Weiß der ungarischen Fahne, ließen jedoch das dazugehörige Rot aus, weil dies die Farbe der Arbeiterschaft war. Im Vereinswappen befanden sich u. a. drei E, die das Motto des Klubs wiedergaben: Erkölcs – Erö – Egyertes (Moral – Stärke – Eintracht).
Von Anfang an war Ferencvaros die treibende Kraft des ungarischen Fußballs. Vereinsmitglieder gründeten 1901 den ungarischen Fußballverband, in jenem Jahr, in dem auch die erste Meisterschaft stattfand. Die Grünweißen gewannen den Titel bereits 1903 und 1905. Im Jahr darauf debütierte ein 17jähriger Stürmer, der der deutschen Minorität Ungarns entstammte, bei „Fradi“, wie Ferencvaros im Volksmund genannt wird. Der junge Mann hieß Imre Schlosser, ein krummbeiniger Dribbelkünstler, der sich zum ersten großen Star des ungarischen Fußballs entwickelte. In den neun Jahren seiner Vereinszugehörigkeit gewann Ferencvaros sechsmal den Titel, davon zwischen 1909 und 1913 ohne Unterbrechung. 1915 fing Schlosser zum Ortsrivalen MTK, der daraufhin gleich zehnmal ungarischer Meister wurde. 1926 unterschrieb Schlosser schließlich einen Profivertrag beim Wiener SK. Der „Wunderstürmer“ hatte in 68 Länderspielen für sein Heimatland 58 Treffer erzielt.
In den Gründerjahren des Berufsfußballs holte sich „Fradi“ dreimal den Titel (1926 bis 1928) und 1928 sogar den Mitropacup, einen Vorläufer des Europapokals, durch einen Gesamterfolg über Rapid Wien (7:1, 3:5).
Der zweite Spieler internationaler Klasse war Dr. György Sarosi, ein hochgewachsener Intellektueller, der als Mittelläufer im alten Pyramidensystem angefangen hatte und nach Einführung der WM-Formation als Mittelstürmer aufhörte. Sarosi kickte bis 1941 bei „Fradi“ und steuerte zu fünf Meistertiteln (1932, 1934, 1938, 1940, 1941) und dem zweiten Gewinn des Mitropacups 1938 (4:2 und 5:4 gegen Lazio Rom) Entscheidendes bei. Beinahe logisch, daß er die herausragende Persönlichkeit der ungarischen Nationalmannschaft war, die 1938 erst im WM-Finale an Italien (2:4) scheiterte.
Obwohl Ferencvaros 1941 den 16. Meistertitel eroberte, hatte der Klub gerade zu dieser Zeit eine sehr unangenehme Periode zu überstehen. Denn die Anhänger brachten den Verein zeitweise in Verruf mit beleidigenden Schlachtrufen gegen die Gästeteams: „Tretet sie tot“, war ein besonders beliebter Spruch.
Mit der Machtergreifung der Kommunistischen Partei im

Ferencvaros Budapest

Gründung
1899

Anschrift
Ferencvaros T. C., Üllöi ut 120, 1091 Budapest IX, Ungarn

Vereinseigentum
Üllöi ut-Stadion

Vereinsfarben
Grün-Weiß

Spielkleidung
Grüne oder weiße und grün-weiß-gestreifte Hemden, grüne oder weiße Hosen, grüne oder weiße Stutzen

Stadion
FTC-Stadion, 29 800

Die Erfolge

Landesmeister
1903, 05, 06, 07, 09, 10, 11, 13, 26, 27, 28, 32, 34, 38, 40, 41, 49, 63, 64, 67, 68, 76, 81

Pokal
1913, 22, 27, 28, 33, 35, 42, 43, 44, 56, 57, 58, 72, 74, 76, 78

UEFA-Pokal
1965

Juni 1949 entstand der Plan, den alten Bürgerklub Ferencvaros aufzulösen, was nur teilweise gelang. Genau zu diesem Zeitpunkt aber begann zunächst die Glanzzeit von Sandor Koscis, dem weltberühmten Kopfballspezialisten, und Zoltan Czibor, dem wieselflinken Außenstürmer, die „Fradi“ gemeinsam zum 17. Titel führten.

Einen Blick in die Zukunft des Vereins konnten Hunderttausende im Herbst 1959 an den Fernsehschirmen ganz Europas tun, als Ungarns Nationalteam im ausverkauften Budapester Nep-Stadion die Bundesrepublik Deutschland 4:3 bezwang. Bester Mann auf dem Feld war ein langer, eleganter und geschmeidiger junger Mann namens Florian Albert gewesen. Der damals erst 18jährige entwickelte sich in den 60er Jahren zu einem Mittelstürmer von Weltklasse, dem eigentlich nur ein wenig Frechheit fehlte. Unter seiner Führung übernahm Ferencvaros wieder die führende Rolle im ungarischen Fußball und gewann viermal den Meistertitel (1963, 1964, 1967, 1968). Nach Erfolgen über den Wiener SK, Atletico Bilbao und Manchester United erreichte die Mannschaft 1965 das Endspiel im Messepokal, der später in UEFA-Cup umbenannt wurde. Bei der WM 1966 ragten Matrai, Albert und Rakosi aus einem ohnehin starken ungarischen Team heraus, das sich nach großartigen Auftritten im Viertelfinale der UdSSR 1:2 beugen mußte.

Alte Qualität bewies „Fradi“ noch einmal 1968, als die Kicker ins Finale im Messepokal vorstießen, dort allerdings gegen die überharten britischen Profis von Leeds United den kürzeren zogen (0:1, 0:0).

Im selben Jahr verließ Zoltan Varga, der Mittelfeldregisseur, den Verein und ging in die deutsche Bundesliga zu Hertha BSC, wo er später im sogenannten „Bundesligaskandal“ eine unrühmliche Rolle spielte. Im Anschluß daran übernahm Ujpest Dozsa Budapest die Macht im Ungarn-Fußball.

Ferencvaros jedoch erlebte durchaus noch Blütezeiten, wie 1976 und 1981, als man jeweils Landesmeister wurde. 1975 kämpften sich die Grünweißen sogar ins Endspiel im europäischen Pokalsiegerwettbewerb vor, wo sie allerdings von Dynamo Kiew 3:0 deklassiert wurden. Heute ist Ferencvaros nicht mehr als einer von einigen Klubs aus dem oberen Tabellendrittel der ansonsten recht schwachen ungarischen Liga.

Messepokalsieger 1965. Stehend von links: Horvath, Juhaz, Matrai, Meszaros (Trainer), Geczi, Novak, Orloz. Untere Reihe von links: Karaba, Varga, Albert, Rakosi, Dr. Fenyvesi.

Die heutige Organisation

Ferencvaros Torna Club Budapest ist seit 1982 ein professionell geführter Verein, der sämtliche Kosten selbst tragen muß. Unterstützt jedoch wird der Klub von der staatlichen ungarischen Lebensmittelindustrie, die für alle Spielergehälter aufkommt, die innerhalb eines festgelegten Tarifs zwischen 300 und 500 Mark monatlich liegen.

Ujpest Dozsa Budapest

Im Industriezentrum Budapest, der expandierenden Vorstadt Ujpest, trafen sich am 16. Juni 1885 genau 78 Bürger, um einen Sportverein zu gründen. Initiator war der Lehrer Janos Goll, in dessen Schule der Ujpest Torna Egylet (Gymnastikverein Ujpest) unter dem Motto Eintracht – Gesundheit – Gemeinschaft gegründet wurde. Zu Anfang trieben 44 Gym-Turner und 34 Fechter hier Sport. Erst später kamen Fußballer hinzu.
Denen stand jedoch zunächst kein Spielfeld zur Verfügung. Einen Platz stellte ihnen erst der Graf Laszlo Karolyi zum symbolischen Preis von einem Goldforint zur Verfügung, weil er von der eleganten Kleidung der Bittstellerdelegation so beeindruckt war. 1905 stieg UTE in die erste Liga auf und belegte auf Anhieb den vierten Platz unter neun Mannschaften. Nach relativ bescheidenen Jahren stieg Ujpest 1912 sogar ab, hatte allerdings das große Glück, in dem 17jährigen Ferenc Langfelder einen glänzenden Sekretär der Fußballabteilung zu besitzen. Langfelder gelang es, den Finanzbaron Lipod Aschner, den Erfinder der Kryptonlampe und Gründer der weltberühmten Firma Tungsram, für den Verein zu engagieren. UTE war somit zu Beginn des 19. Jahrhunderts wohl der erste Fußballverein Europas, der von einem Unternehmen wirtschaftlich unterstützt wurde. Dennoch spielte man in den nächsten 20 Jahren eine relativ bescheidene Rolle und wurde vor allem durch den kampfbetonten, typischen englischen Stil bekannt. Einen zwiespältigen Ruf genoß Ujpest, weil nur Spieler über 1,80 m Größe und 75 kg Gewicht eine Chance in der ersten Mannschaft erhielten.
1922 wurde das Megyeri Ut-Stadion gebaut, Ungarns erstes richtiges Fußballstadion mit Platz für über 50 000 Zuschauer. Tungsram installierte hier schon in den 30er Jahren eine Flutlichtanlage.
Mit der Einführung des Professionalismus 1925 drängte sich Ujpest mehr in den Vordergrund. Das hatte eine Ursache auch in der Person der Brüder Vogli, zwei Verteidigern, die man die „magische Mauer" nannte. Die waren berühmt dafür, daß sie ihren Gegenspielern vor dem Anpfiff derart kräftig die Hände drückten, daß viele von ihnen schon da den Mut verloren. Dies führte u. a. 1930 zur ersten ungarischen Landesmeisterschaft. Auch international machten die Budapester von sich reden: Über Sparta Prag und Rapid Wien gelangte Ujpest ins Finale des Mitropacups, des Vorläufers des Europapokals. Dort wurde Slavia Prag deutlich 5:2 und 2:2 besiegt. National erwies sich die Elf 1931, 1933 und 1935 als beste.
Eine Abkehr vom englischen Kraftfußball führte der trickreiche Dribbler, elegante Techniker und gefürchtete Weitschütze, der Weltklassemann Gyula Zsengeller herbei. Unter Trainer Bela Guttmann, der viele Jahre später Benfica

Ujpest Dozsa Budapest

Gründung
1885

Anschrift
Ujpest Dozsa S. C., Eötvös Ut 7, Budapest VI, Ungarn

Vereinseigentum
Megyeri Ut-Stadion

Vereinsfarben
Lila-Weiß

Spielkleidung
Lila Hemden, lila oder weiße Hosen, lila-weiß-gestreifte Stutzen

Stadion
Ujpest-Stadion, 32 000

Die Erfolge

Landesmeister
1930, 31, 33, 35, 39, 45, 46, 47, 60, 69, 70, 71, 72, 73, 74, 75, 78, 79

Pokal
1953, 62, 69, 70, 71, 75, 82, 83, 87

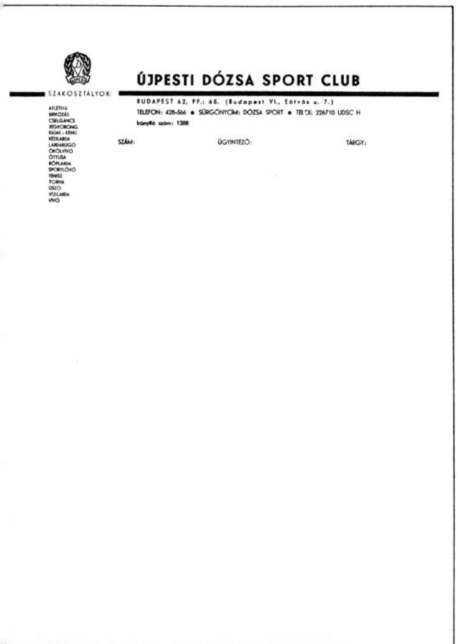
ÚJPESTI DÓZSA SPORT CLUB

SZAKOSZTÁLYOK:
ATLÉTIKA
BIRKÓZÁS
CSELGÁNCS
JÉGKORONG
KAJAK - KENU
KÉZILABDA
LABDARÚGÓ
ÖKÖLVÍVÓ
ÖTTUSA
RÖPLABDA
SPORTLÖVŐ
TENISZ
TORNA
ÚSZÓ
VÍZILABDA
VÍVÓ

BUDAPEST 62, PF.: 66. (Budapest VI., Eötvös u. 7.)
TELEFON: 428-566 • SÜRGÖNYCÍM: DÓZSA SPORT • TELEX: 226710 UDSC H
Irányító szám: 1388

SZÁM: ÜGYINTÉZŐ: TÁRGY:

Lissabon zum Europapokalsieger der Landesmeister machte, prägte nun phantasievolles Kombinationsspiel den Stil, was 1939 erneut zur Landesmeisterschaft führte. In diesem Jahr wurde durch den Gesamterfolg über den Lokalrivalen Ferencvaros (4:1, 2:2) zum zweitenmal der Mitropacup gewonnen.
Einschneidende Veränderungen ergaben sich mit dem Beginn des Zweiten Weltkriegs, zumal Ungarn auch vorher schon faschistisch orientiert gewesen war. Lipod Aschner, der große Gönner, kam ins Konzentrationslager, das er jedoch überlebte. Doch mit seiner Fabrik Tungsram ging es nach der kommunistischen Machtergreifung zunächst steil bergab.
Ujpest jedoch, noch immer mit Zsengeller, hielt seine alte Spitzenstellung auch jetzt und gewann 1945 bis 1947 dreimal die Ligameisterschaft. Zsengeller harmonierte hervorragend mit dem neuen Torschützenkönig Ferenc Szusza, der in 463 Ligaspielen 200 Treffer erzielte. Beide zusammen waren anfangs Stützen jener ungarischen „Wundermannschaft“, die bis zum WM-Finale 1954 in 34 Länderspielen unbesiegt blieb.
Eine 21jährige Talfahrt, nur einmal durch die Meisterschaft 1960 unterbrochen, hörte erst Ende der 60er Jahre auf. Die Hoch-Zeiten von Honved und Vasas Budapest löste dann wieder in erster Linie der brandgefährliche Ferenc Bene ab, der bei den Olympischen Spielen 1964 mit elf Treffern bester Torschütze gewesen war und damit wesentlich zur Goldmedaille für Ungarn beigetragen hatte. Zwischen 1969 und 1975 holte Ujpest siebenmal in Folge den Meistertitel. Obwohl auch in der Abwehr etliche Nationalspieler standen, war das Herzstück des Teams das Innenstürmertrio mit Bene, Dunai II und Göröcs. Letzterer war der große Regisseur, der am Ball alles konnte, jedoch nur Kondition für zweimal 20 Minuten hatte. Schnell und voller Ideen waren auch die beiden Außenstürmer Fazekas und Zsambo. Die Respektsperson im Hintergrund war Trainer Lajos Baroti, der im übrigen Ungarn bei vier Weltmeisterschaftsturnieren (1958, 1962, 1966 und 1978) trainierte.
Auch wenn Ujpest Dozsa Budapest noch zweimal (1978, 1979) sich als beste ungarische Mannschaft erwies, fiel der Klub mehr und mehr ab und ist heute nur noch ein Schatten seiner national und international so stolzen Geschichte.

Das Nepstadion, in dem nur große Begegnungen stattfinden, ist eine Fußballhochburg Europas.

Die heutige Organisation

Als Verein des Innenministeriums ist Ujpest Dozsa Sport Club Budapest ein Polizeisportverein, der viele Sportarten anbietet. Bekannt ist er für seine gute Jugendarbeit. Auf dem Transfermarkt aber hat Ujpest hart zu kämpfen, weil hier viel mit schwarzem Geld gearbeitet wird.

Boca Juniors

Es sind immer wieder kleine Geschichten am Rande, die verdeutlichen können, von welcher Spontaneität der südamerikanische Fußball lebt. Am 3. April 1905 liefen ein paar Jugendliche, vorwiegend Söhne italienischer Einwanderer, die sich an der Mündung des Flusses Riachuelos im südlichen Buenos Aires angesiedelt hatten, zu eben dieser Flußmündung. Unter ihnen war der Ire Paddy Mac Carthy, einer ihrer Lehrer am Collegio Commercial de Buenos Aires, einer Sportschule, in der die Grundlagen des Turnens, Boxens und des Fußballs vermittelt wurden. Die Gruppe wollte die vorbeiziehenden Schiffe beobachten; die Farben des ersten Schiffes, das nach neun Uhr zu sehen war, sollten auch die Vereinsfarben des wenige Augenblicke zuvor von ihnen gegründeten Clubs Atletico Boca Juniors bestimmen. Vorbei kam ein schwedisches Schiff, der neue Verein des Stadtteils Boca (span.: Mund/Mündung) trat also fortan in den Farben Gelb und Blau auf.
Die Boca Juniors etablierten sich schnell in der ersten Liga und im argentinischen Fußball. Bis zur Einführung des Profifußballs 1931 gewann der Klub siebenmal die Meisterschaft. Und auch in den Jahren danach zählten die Juniors zu den führenden Fußballvereinen des Landes.
Am 25. Mai 1940 wurde das berühmte Stadion der Boca Juniors eingeweiht, das La Bonbonera, also »die Pralinenschachtel«. Süße Vergnügen waren es nicht, was die gegnerischen Mannschaften dort erwartete, die hohen Mauern des Stadions stoppten den Schall der lärmenden Zuschauer, von dort prallte er aufs Feld zurück. Das Getöse der Fans wurde bald als 12. Spieler bezeichnet. Besonders zu spüren bekam diese Macht der Lokalkonkurrent River Plate.
Beide Vereine, River Plate und Boca Juniors, hatten im Viertel Boca ihre Heimat. Als aber River 1938 sein Stadion El Monumental im mondänen Belgranodistrikt im Nordosten der Stadt errichtete, war es vorbei mit der doppelten Liebe der Bewohner von Boca für die Juniors und für River Plate. Harte Gegnerschaft entstand zwischen dem als Millionärsklub verschrienen River Plate und den »armen« Boca Juniors.
Die erfolgreichste Zeit des Vereins begann mit der Wahl von Alberto J. Armando zum Präsidenten. Anfang der 60er Jahre war er weitsichtig und ehrgeizig genug, zu erkennen, daß allein mit Talentförderung im bezahlten Fußball kein Erfolg mehr zu verzeichnen ist. Die Investition in bereits fertige und bekannte Spieler wie Torwart Roma etwa, Verteidiger Marzolini, Mittelstürmer Sanfilippo oder den Außenläufer Orlando, der mit Brasilien 1958 Weltmeister geworden war, zahlte sich aus: 1962, 1964 und 1965 wurde Boca Juniors Meister, 1963 erreichte die Mannschaft gar das Finale der Copa Libertadores, der südamerikanischen Meisterschaft, unterlag aber Pélés FC Santos. Die Erfolge hielten an, auch

Boca Juniors

Gründung
1905

Anschrift
Boca Juniors,
Brandsen 805,
1161 Buenos Aires,
Argentina

Vereinseigentum
Estadio Bonbonera; La Candela, Landhaus in San Juste; La Mantanza, 52 000 km² Landgebiet mit Fußballplätzen, Sporthallen etc.

Vereinsfarben
Blau-Gelb

Spielkleidung
Blau-gelbe Hemden, blaue Hosen, gelbe Stutzen

Stadion
Estadio Bonbonera, 80 000

Die Erfolge

Landesmeister
1919, 23, 24, 26, 30, 31, 34, 35, 40, 43, 44, 54, 62, 64, 65, 69, 70, 76

Weltcup für Vereinsmannschaften (inoffiziell)
1977

Südamerika-Pokal
1977, 78

Boca Juniors, Argentinisch Meister 1964 und einzig ernsthafter Herausforderer d großen Pelé-Elf des FC Sant zu Anfang der 60er Jahr Stehend von links: Ratti Marzolini, Roma, Orland Magdalena, Simeon Untere Reihe von link Corbatta, Menéndez, Valentin Silveira, Gonzale

als 1967 der Spielmodus umgestellt wurde und die Mannschaften aus Buenos Aires und Umgebung zunächst ihren Meister in »El Metropolitan« und anschließend im Wettstreit mit den besten Mannschaften der Provinz, im »El Nacional« ermittelten.

Der größte Erfolg in der Vereinsgeschichte gelang 1977. Im Finale des Weltpokals, der inoffiziellen Weltmeisterschaft für Vereinsmannschaften, besiegte Boca Borussia Mönchengladbach nach einem 2:2 im Hinspiel im La Bonbonera und einem 3:0-Sieg in Karlsruhe. Die Einkaufspolitik des Präsidiums hatte den Verein an die Weltspitze geführt, am Ende steuerte sie ihn geradewegs in den Ruin. Im Februar 1980, der Klub war ins Mittelmaß abgerutscht, kaufte Boca Juniors von Argentinos Juniors einen Mann, der schon damals als einer der besten Fußballer der Welt, wenn nicht sogar als der beste galt: Diego Armando Maradona. Es lohnt sich, die Einzelheiten dieses Transfers aufzuzählen; außer vielleicht einigen italienischer oder spanischer Klubs hätte wohl kein Verein

der Welt solch ein Geschäft schadlos abwickeln können. Boca zahlte für Maradona 5 313 200 Dollar, weitere vier Millionen wären fällig geworden, hätte der Klub nach Ablauf des Zweijahresvertrages von seinem Vorkaufsrecht Gebrauch gemacht. Maradona persönlich bekam 15 Prozent der Einkaufssumme, als rund 600 000 Dollar und ein Monatsgehalt von 60 000 Dollar, 10 000 Dollar für jedes Freundschaftsspiel, 750 Dollar Spielprämie, falls der Klub erster oder zweiter würde, 150 Dollar Spielprämie für jede andere Plazierung und Sonderprämien für gewonnene Titel. Darüber hinaus zahlte der Verein alle Steuern des Stars.
Der Wahnsinn amortisierte sich nicht. Man gewann mit Maradona zwar im El Metropolitan, nicht aber im El Nacional. Schon ein Jahr später war man gezwungen, Maradona mit hohem Verlust an den FC Barcelona zu verkaufen. Es

wird nach Schätzungen 15 Jahre dauern, bis der Verein schuldenfrei ist. Auf dem einheimischen Spielermarkt sind auf lange Zeit keine wesentlichen Verstärkungen zu erwarten.

Die heutige Organisation

Die weitere Zukunft des Club Atletico Boca Juniors Associacion Civil, so der vollständige Name, ist angesichts der prekären wirtschaftlichen Situation ungewiß. Immerhin aber besitzt der Verein noch das Stadion La Bonbonera, die Trainingsanlage La Candela, 32 Kilometer außerhalb von Buenos Aires gelegen, und die große Sportstadt, erbaut auf fünf künstlichen Inseln in der Bucht des Rio de la Plata. Ob aber die durchschnittlich 20000 Zuschauer genug Geld einbringen, um diese Besitztümer zu halten, ist fraglich.

»La Bonbonera«. Eines der meistgefürchteten Fußballstadien Südamerikas, und zwar wegen des »zwölften Spielers«, den Fans der »Boca Juniors«. Kleines Bild: Boca Juniors, 1964.

Club Atletico Independiente

In Avellaneda, dem Schlachthofviertel von Buenos Aires, arbeiteten um die Jahrhundertwende viele Spanier und Italiener, die in der zweiten Hälfte des 19. Jahrhunderts nach Argentinien ausgewandert waren.

In diesem Quartier war ebenfalls eine Herrenbekleidungsfirma ansässig, die den Namen Maipu Banfield trug und von Briten geleitet wurde. Im Laden des Betriebes arbeiteten neben Engländern auch Italiener und Spanier; alle zusammen spielten in der Belegschaftsmannschaft Fußball.

Doch ein wirkliches Team bildeten sie nicht, Spannungen, wie sie in Argentinien allgemein zwischen den besitzenden Briten und der Arbeiterklasse der Eingeborenen und südeuropäischen Einwanderern herrschten, drückten auf das Klima und die Leistungen. Daher beschlossen die nichtbritischen Spieler, sich von der Mannschaft zu trennen.

Die Separatisten trafen sich am 4. August 1904 in einer kleinen Bar an der Viktoriastraße in Avellaneda. Um ihre Unabhängigkeit von den verhaßten Engländern zu demonstrieren, gaben sie sich den Vereinsnamen »Independiente (spanisch = unabhängig) Foot Ball Club«. Später entledigte man sich auch des letzten Restes britischen Erbes und nannte sich »Club Atletico Independiente«. Seit 1912 ist der Klub in der höchsten argentinischen Liga, aus der er nicht einmal abgestiegen ist.

Schon zehn Jahre später gewann das Team erstmals den nationalen Meistertitel, vier Punkte vor dem Ortsrivalen River Plate. An der zweiten Meisterschaft 1926 hatte der Linksaußen Raimundo Orsi entscheidenden Anteil. Bei den Olympischen Spielen von 1928 in Amsterdam, bei denen Argentinien mit Silber dekoriert wurde, hinterließ er einen derartigen Eindruck, daß Juventus Turin ihn auf der Stelle verpflichtete. Mit Juve wurde er fünfmal italienischer Meister; schließlich wurde Orsi naturalisiert, so daß er mit der italienischen Nationalelf 1934 Weltmeister werden konnte.

Kurz nachdem Independiente das erste richtige Zementstadion des Landes gebaut hatte, wurde 1931 der Professionalismus eingeführt. Sieben Jahre allerdings dauerte es, bis sich der Verein wieder in der Meisterschaft durchsetzen konnte, erneut vor River Plate. Das Independiente-Team, das noch heute als das beste der Klubgeschichte gilt, brachte es damals auf das Torverhältnis von 115:35, immer noch argentinischer Rekord.

Die großen Stars dieser brillanten Elf waren Antonio Sastre und Arsenio Erico, ein Indianer aus Paraguay. Letzerer hielt den Ball mit Vorliebe artistisch in der Luft, was bei den Gegnern häufig Unmut hervorrief, weil die schon genügend Probleme hatten, das Leder am Boden zu kontrollieren. Wegen seiner phänomenalen Sprungkraft nannte man Erico auch »das Trampolin«; bei Flanken kam er oft höher als der

Club Atletico Independiente

Gründung
1904

Anschrift
Club Atletico Independiente, Avenida Mitre 470, 1870 Avellaneda, Provincia de Buenos Aires, Argentina

Vereinseigentum
Stadion Avellaneda, Sport- und Freizeitzentrum Santa Domingo; fünfstöckiges Haus in der Avenida Mitre

Vereinsfarben
Rot-Schwarz und Weiß-Blau

Spielkleidung
Rote Hemden, blaue Hosen, schwarze Stutzen

Stadion
Estadio Avellaneda, 65 000

Die Erfolge

Landesmeister
1922, 26, 38, 39, 48, 60, 63, 67, 77, 78, 89

Weltcup für Vereinsmannschaften (inoffiziell)
1973, 84

Südamerika-Pokal
1964, 65, 72, 73, 74, 75, 84

Großes Verwaltungs- und Vergnügungszentrum von Independiente am Boulevard Mitre 470, im südlich gelegenen Industrievorort von Buenos Aires, Avellaneda

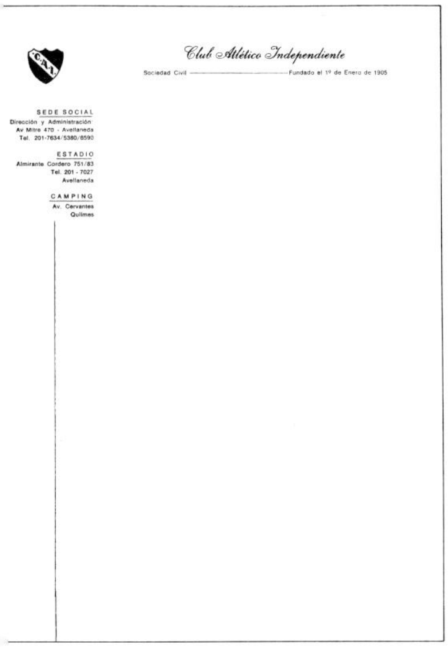
Club Atlético Independiente
Sociedad Civil — Fundado el 1º de Enero de 1905
SEDE SOCIAL
Dirección y Administración
Av Mitre 470 - Avellaneda
Tel. 201-7634/5380/6590
ESTADIO
Almirante Cordero 751/83
Tel. 201 - 7027
Avellaneda
CAMPING
Av. Cervantes
Quilmes

Torwart und erzielte auf diese Weise viele Tore. Die Kombinationen zwischen Sastre und Erico grenzten fast an Zauberei: 1947 erzielte Erico in 32 Ligaspielen 47 Treffer, auch das bis heute ein ungebrochener Rekord.
Die nächste Erfolgsperiode stellte sich erst in den 60er Jahren ein, wobei der Sieg (3:2, 2:1) über den FC Santos mit dem großen Pelé 1964 in der Copa Libertadores, dem südamerikanischen Vereinspokal, einem Triumph gleichkam.
Diesen bedeutenden Cup gewann Independiente zwischen 1972 und 1975 gleich viermal hintereinander und darüber hinaus den Weltpokal für Vereinsteams 1973 durch ein 1:0 gegen das Ersatzteam von Juventus Turin. Europapokalgewinner Ajax Amsterdam hatte sich – durchaus verständlich – wegen der befürchteten Härte der Argentinier geweigert.
Ein noch besseres Team stand dem Klub 1985 zur Verfügung, als zum siebten Mal die Copa Libertadores nach Buenos Aires geholt wurde. Somit war Independiente gleichzeitig für das Finale um den »Weltcup« qualifiziert, in dem der FC Liverpool am 9. Dezember in Tokio ein ungemein starker Gegner war. Ein Treffer von Perducani (6. Minute) entschied die Partie vorzeitig. Ausschlaggebend war letztlich das Mittelfeld von Independiente mit Burruchaga, Marangoni und Bochini gewesen, wobei Bochini schon 1973 dabeigewesen war und gegen Turin den einzigen Treffer erzielt hatte.
In den letzten glorreichen 25 Jahren hatte der Klub aus der argentinischen Hauptstadt seinen Stil stets verfeinert und entwickelt, der somit zu einem speziellen Kennzeichen wurde. Von allen südamerikanischen Vereinen wurde hier der am heftigsten von Europa beeinflußte Fußball gespielt. Wobei vor allem der Individualismus des einzelnen der Mannschaft untergeordnet wurde.
1985 wurde Burruchaga an den FC Nantes verkauft, mit ein Grund, weshalb es nicht gelang, den Südamerika-Pokal zu verteidigen. Als Argentinien 1986 zum zweiten Mal Weltmeister wurde, standen die drei Independiente-Spieler Nestor Clausen, Richard Bochini und Ricardo Giusti im Aufgebot, Ex-Spieler Burruchaga schoß bekanntlich das 3:2-Siegtor im Endspiel gegen die Bundesrepublik.

Die heutige Organisation

Der Club Atletico Independiente, Sociedad Civil, wie er vollständig heißt, besitzt das Stadion Avellaneda, das nach einem Umbau 65000 Zuschauern Platz bietet. Hier gibt es auch Schwimmbecken, Handball-, Volleyball- und weitere Fußballfelder sowie Räumlichkeiten für Konzerte und Konferenzen. Außerdem gehört dem Klub eine zweite Allsportanlage mit vier Fußballplätzen, acht Tennisfeldern und einem riesigen Campingplatz auf 26 Hektar Boden.

Club Atletico Independiente

(Oben:) Weltpokalsieger 1984 – C. A. Independiente. Stehend von links: Goyen, Clausen, Trossero, Villaverde, Marangoni, Enrique. Untere Reihe von links: Burruchaga, Giusti, Bufarini, Bochini, Barberon.

(Unten:) Argentinischer Meister 1938 und 1939. Stehend von links: Cuesta Silva (Trainer), Leguizamon, Lecea, Bello, Sastre, Coletta, Martinez. Untere Reihe von links: Vilarino, de La Mata, Erico, P. Zorrilla, J. Zorrilla.

Estadio Avellaneda, das Stadion von Independiente, das nur ein paar hundert Meter vom großen Lokalkonkurrenten River Plate entfernt liegt.

Club Atletico Independiente

Mitten im Stadtviertel Avellaneda, in der Avenide Mitre, hat der Verein ein mehrstöckiges Verwaltungsgebäude mit Hallenbad, Unterrichts- und Besprechungsräumen, einer Bibliothek sowie weiteren Fest- und Freizeiträumlichkeiten.
Der CA Independiente ist einer der größten Sportvereine Südamerikas, der auch auf kulturellem Gebiet Außergewöhnliches leistet. Trotz seiner enormen Erfolge strahlt der Klub nach außen eine bescheidene, familiäre Atmosphäre aus. Mit seinen 70000 zahlenden Mitgliedern gibt Independiente ein leuchtendes Beispiel, wie ein großer und starker Verein sachlich zu führen ist.

River Plate Buenos Aires

Mitten im Lärm schreiender Möwen, heulender Schiffssirenen und quietschender Kräne, inmitten des heiseren Brüllens und Schwatzens der Hafenarbeiter, spielten die Jungen von Boca mit wachsender Begeisterung Fußball.

Schon zu Anfang des Jahrhunderts wimmelte es nur so von Mannschaften in Buenos Aires, La Rosales und Santa Rosa waren zwei von ihnen. Als in der ganzen Stadt lokale Ligen mit dem Spielbetrieb begannen, verschärfte sich die Konkurrenz derart, daß die beiden Teams sich zu einer Fusion entschlossen.

Am 25. Mai 1901 gründeten sie in einer Kneipe hinter Wilsons Kohlenplatz in Boca den »Club Atletico River Plate«. Auf den Namen war ein gewisser Pedro Martinez gekommen, als er

River Plate Buenos Aires

Gründung
1901

Anschrift
River Plate Buenos Aires,
Pte. Figuerea Alcorta 7597,
Ced. 1428, Buenos Aires,
Argentina

Vereinseigentum
30 000 m² Land mit
»Estadio Monumental«

Vereinsfarben
Rot-Weiß-Schwarz

Spielkleidung
Weiß-rot-gestreifte Hemden, schwarze Hosen, weiße Stutzen

Stadion
Estadio Monumental, 78 000

Die Erfolge

Landesmeister
1920, 32, 36, 37, 41, 42, 45, 47, 52, 53, 55, 56, 57, 75, 79, 81

Weltcup für Vereinsmannschaften (inoffiziell)
1986

Südamerika-Pokal
1986

zufällig am Kai vorbeigeschlendert war und dort 13 große Kisten gesehen hatte, die die Aufschrift »River Plate«, also »Silberner Fluß«, trugen.
Das junge Team in den weißen Hemden mit dem roten Querstreifen qualifizierte sich bereits 1908 für die Erste Liga und gewann 1920 die erste argentinische Meisterschaft, für 12 Jahre auch die einzige. Den nächsten Titel gewann der Klub 1932, ein Jahr nach der Einführung des Profitums, und die beherrschenden Spieler waren zwei Stars aus der Nationalelf, Peucelle und Ferreyra, die 1930 im 2:4 verlorenen WM-Finale gegen Uruguay gestanden waren. Um diese Zeit erhielt River Plate den Spitznamen »Millionarios«, weil der Klub die für damalige Verhältnisse enorme Summe von 115 000 Pesos für neue Spieler ausgegeben hatte.
Mit der Verpflichtung von José Manuel Moreno und Adolfo Pedernera begann 1934 eine Periode, die als herausragend in der Geschichte von River Plate gelten sollte. Die Bildung einer großen Mannschaft, die »La Maquina« (die Maschine) genannt wurde, dauerte jedoch noch seine Zeit. 1941 war das System, bei dem die Stürmer, der Stopper Rodolfi und der linke Läufer Ramos im Wechsel vor- und zurückgingen wie die Kolben eines Motors, zur Perfektion gediehen. Viermal in den 40er Jahren erspielten sich die »Millionarios« den Titel, und man behauptet, das Zusammenspiel sei so schön anzuschauen gewesen, daß das Publikum stumm vor Entzücken blieb, bis endlich der gelungene Torschuß den Jubelschrei auslöste. Berühmt wurde vor allem die Sturmreihe Munoz – Moreno – Pedernera – Labruna – Losatu. Pedernera spielte einen zurückgezogenen Mittelstürmer wie später der Ungar Nandor Hidegkuti, der als »Erfinder« dieser Taktik gilt, war gleichzeitig ein geschickter »Abstauber«, der durch strategische Begabung, Kopfbälle, gepflegte Pässe bestach und vor allem durch seine Leichtigkeit und Eleganz, die an einen Ballettänzer erinnerte.
Mitte 1945 kamen zwei neue, blutjunge Spieler in das Team, Nestor Rossi und Alfredo di Stefano. Schnell stellte sich heraus, daß sie den Größen der »Maquina« in nichts nachstanden; Pedernera war nicht mehr gefragt und wurde verkauft.
Aus finanziellen Gründen ereilte Rossi und di Stefano dieses Schicksal 1949 ebenfalls; sie gingen in die von schwerreichen Kaufleuten gegründete »wilde« kolumbianische Profiliga. Rossi kehrte 1955 zurück, di Stefano aber ging 1953 zu Real Madrid, wo er der berühmteste Fußballer seiner Zeit wurde. Trotz dieser schweren personellen Verluste riß der Faden des Erfolges bei River Plate nicht ab – der Titel wurde 1952, 1953, 1955, 1956 und 1957 gewonnen.
Anfang 1954 stieß ein frecher, intelligenter Stürmer namens Omar Sivori zu »La banda roja«, wie der Verein wegen des

**inks oben: »La Maquina«.
bere Reihe von links:
anchez, Vouillat, Barrios,
irne, Diaz, Machin (Masseur),
ersorger.
ittlere Reihe von links:
elly, Ramos, Rodolfi,
erreyra, Vaghi, Yácono.
ordere Reihe von links:
abruna, Moreno, Pedernera,
unoz, Cesarini (Trainer),
allo, D'Alessandro, Loustau.**

**inks unten:
eltpokalsieger 1986.
tehend von links:
ordillo, Gallego, Pumpido,
utierrez, Ruggeri,
ontenegro, Galindez
Masseur).
ntere Reihe von links:
lzamendi, Enrique, Funes,
lonso, Alfaro.**

roten Querstreifens auf dem Trikot auch genannt wurde. Sivori leitete ein neues großes Zeitalter ein, in 63 Meisterschaftsspielen schoß er 29 Tore, ging jedoch schon 1957 nach Italien zu Juventus Turin. In Italien wurde er Meister 1958, 1960 und 1961, dem Jahr, in dem er auch zu Europas

Teil des Estadio Monumental, in dem 1978 das WM-Endspiel zwischen Argentinien und den Niederlanden (2:1) ausgetragen wurde.

»Fußballer des Jahres« gewählt wurde.

Für zwei Jahrzehnte war nun die Erfolgsserie von River Plate unterbrochen. Achtmal wurde das Team nur Zweiter, ein Umstand, der dem Verein den weiteren Spitznamen »Das Huhn« eintrug. Man war der Meinung, daß es River Plate an Selbstbewußtsein fehlte und dem Mut, im richtigen Moment das Entscheidende zu tun. Diese ulkige Bezeichnung jedenfalls ärgerte die Funktionäre so, daß sie 1986 das Klubzeichen änderten. Das neue Emblem zierte nun ein Hahn.

Erst 18 Jahre nach der letzten Meisterschaft gewann River Plate 1975 erneut den Titel, der inzwischen in zwei Ligen ausgetragen wurde, in »El Metropolitana«, der Meisterschaft der Hauptstadt und näheren Umgebung, und »El Nacional«, wo die besten Teams aus der Provinz hinzukamen. River Plate besaß nun wieder eine großartige Mannschaft, in der Torwart Fillol und die Feldspieler Perfumo, Alonso, Passarella und Luque herausragten. Als Argentinien 1978 im eigenen Land die Weltmeisterschaft eroberte, waren fünf River-Plate-Kicker dabei: Fillol, Passarella, Alonso, Luque und Ortiz. 1980 kam sogar noch ein WM-Held hinzu, Mario Kempes, den man aus Valencia gekauft hatte.

Nach der WM 1982 in Spanien mußte River Plate seine Besten abgeben: Fillol (zu Flamengo), Passarella (Fiorentina), Diaz (SSC Neapel) und Tarantini (Bastia).

Der Verlust richtete jedoch keinen größeren Schaden an, denn der Klub verstand es, die Lücken wieder zu füllen. Neuer Tormann wurde Nerey Pumpido, die Abwehr verstärkte Oscar Ruggeri, und Spielmacher wurde der Uruguayer Enzo Francescoli. Als Argentinien 1986 erneut Weltmeister wurde, halfen drei River-Plate-Spieler, die Deutschen 3:2 zu besiegen: Pumpido, Ruggeri und Hector Enrique.

Und obwohl Francescoli an Racing Paris transferiert wurde, wo er neben Pierre Littbarski stürmte, gewann der Klub 1986 durch einen Erfolg (1:2, 1:0) über America Cali die Copa Libertadores, den Südamerika-Pokal; ebenso wie den »Weltcup« am 14. Dezember durch ein 1:0 über Steaua Bukarest in Tokio. Den einzigen Treffer für River Plate, das ein gutes Konterspiel zeigte, erzielte der enorm schnelle Alzamendi.

Die heutige Organisation

Der vollständige Name des Vereins lautet Club River Plate, Associacion Civil. Ihm gehört »El Monumental«, das im schicken Belgrano-Viertel nahe der Mündung des Rio de la Plata liegt. Auf dem Gelände befinden sich neben den organisatorischen Räumen die berühmte Fußballschule des Klubs, Tagesstätten und Möglichkeiten für viele andere Sportarten.

River Plate hat heute etwa 85 000 zahlende Mitglieder und zählt zu den erfolgreichsten Vereinen der Welt.

Verwaltung von Atlético Mineiro.

Atletico Mineiro

Gründung
1908

Anschrift
Atletico Mineiro, Avenida Olegário Maciel 1516, 30 000 Belo Horizonte, Brasilien

Vereinseigentum
Zwei Trainings- und drei Freizeitanlagen

Vereinsfarben
Schwarz-Weiß

Spielkleidung
Schwarz-weiß-gestreifte Hemden, schwarze Hosen, weiße Stutzen

Stadion
Estadio Mineiro, 110 000

Die Erfolge

Landesmeister
1971

CAM
CLUBE ATLÉTICO MINEIRO
Av. Olegário Maciel, 1516.
Fone (031) 335-1966. CEP. 30.000. Belo Horizonte - MG.

Victor Serpa war ein abenteuerlustiger Mann. In der Schweiz wurde er geboren, irgendwann gegen Ende des vorigen Jahrhunderts packte er seine Siebensachen, zog von der kleinen beschaulichen Schweiz hinaus in die Welt und landete in Rio de Janeiro.

1897 wurde Belo Horizonte zur Hauptstadt von Minas Gerais erklärt. Minas Gerais ist ein Binnenstaat Brasiliens, etwa dreimal so groß wie die Bundesrepublik, mit etwas mehr als 12 Millionen Einwohnern. Die junge Hauptstadt entwickelte sich schnell zum Zentrum einer stark expandierenden Bergbauindustrie und wurde Ziel mancher Glücksritter und Spekulanten.

So auch für unseren Schweizer, Victor Serpa. Kurz nach der Jahrhundertwende tauchte er in Belo Horizonte auf. Es steht nicht mehr geschrieben, ob der wackere Mann dort sein Glück gemacht hat, wenn, war es nur von kurzer Dauer. 1905 kehrte Serpa nach Rio zurück und verstarb dort noch im gleichen Jahr. Zurück blieb in Belo Horizonte der »Sport Club Football«, der erste Sportverein der Stadt, 1904 von Victor Serpa gegründet. Einen Boom hatte er damit ausgelöst, die Beliebtheit des Fußballs wuchs schnell. Zentrum des neuen Sports war der Parque Municipal. Dort kickte die Jugend der Stadt, unorganisiert, aber fröhlich.

Die Fröhlichkeit blieb wohl, einen geordneten Rahmen aber bekam das muntere Treiben am 25. März 1908, als sich eine Gruppe Jugendlicher im Park versammelte und den »Atletico Mineiro Futebol Clube« ins Leben rief. Fünf Jahre später, auf der ersten Generalversammlung des Vereins, erhielt der Klub seinen endgültigen Namen: Clube Atletico Mineiro.

Zwei Jahre später wurde die erste offizielle Meisterschaft in Belo Horizonte, der drittgrößten Stadt Brasiliens, ausgespielt, und erster Titelträger war Atletico.

Schwarz und Weiß waren die Vereinsfarben des Klubs. Mit Bedacht wurden von den Gründungsvätern gerade diese Farben ausgewählt. Sie sollten auch optisch sichtbar machen, daß in diesem Verein jeder Mensch, ungeachtet seiner Hautfarbe, Mitglied werden könne, in dieser Zeit durchaus keine Selbstverständlichkeit. Heute wird bei Atletico dieses Prinzip besonders gerne hervorgehoben, verbunden mit dem Zusatz, daß gerade in der Aufhebung der Rassentrennung die großen Fortschritte und Triumphe des Vereins ihre Ursache haben.

Die Erfolge stellten sich bald ein. 1926 gewann Atletico erstmals die Staatsmeisterschaft von Minas Gerais, der erste von 31 Titeln in diesem Wettbewerb.

Atletico also war erfolgreich, aber auch ehrgeizig. Eine brasilianische Meisterschaft fehlte noch. Die Voraussetzungen dafür sollten in den fünfziger Jahren gelegt werden. Große Veränderungen wurden angestrebt. Erstmals schaute

Städtisches Stadion der Bergwerksstadt Belo Horizonte, Estadio Mineiro. Es bietet Platz für 110000 Zuschauer.

man sich auf dem einheimischen Spielermarkt um. Zwar betrieb der Klub seit 1932 eine professionelle Fußballabteilung, bislang aber rekrutierte sich die erste Mannschaft fast ausnahmslos aus Spielern der eigenen Jugend. Namhafte Trainer wurden engagiert wie Yustrich oder Tele Santana, der spätere Nationaltrainer, dazu schulten Spezialisten technisches Vermögen und stärkten die Kondition. Und Tele Santana gelang es, Ordnung zu bringen in die von großer Spontaneität lebende Mannschaft. Bisher pflegte Atletico den »Racastil«, einen ideenreichen, offensiven Fußball, ausgelöst und getrieben von dem Getöse der Sambatrommel schlagenden Anhänger.

Die Endrunde der 1971 geschaffenen ersten offiziellen Meisterschaft trugen der FC Sao Paulo, Botafogo Rio und eben Atletico Mineiro aus. Jeder spielte gegen jeden, und im entscheidenden Spiel traf Atletico auf Botofago. 100000 Zuschauer waren ins Maracanastadion von Rio de Janeiro gekommen, aber auch dieser Rückhalt für die Mannschaft aus Rio konnte den 1:0-Erfolg von Belo Horizonte, erzielt durch den Treffer von Dario in der 58. Minute, nicht verhindern. 1977 erreichte der Verein wiederum das Endspiel um die brasilianische Meisterschaft, verlor dort aber gegen Sao Paulo. Der Titelgewinn 1971 blieb bis heute die einzige Meisterschaft von Atletico. Immerhin aber gehört der Verein weiterhin zu den besten Mannschaften des Landes. Grundlage dafür ist die hervorragende Jugendarbeit. Immer wieder investiert der Klub die hohen Gewinne in diese Abteilung; Spieler wie Luizinho und der an den AS Rom verkaufte Cerezo haben dort das Fußballspielen gelernt.

Die heutige Organisation

50000 Mitglieder bilden zur Zeit den »Clube Atletico Mineiro, Organisacao Civil, Belo Horizonte«, wie der vollständige Name lautet. Der Klub ist reich, auch wenn die Zuschauereinnahmen aus dem 110000 Menschen fassenden städtischen Stadion Estadio Mineiro zu einem großen Teil der Kommune zufließen. Zwei Trainingsanlagen unterhält der Klub, wovon die eine, Villa Olimpica, von so ausgezeichneter Ausstattung ist, daß sich hier die brasilianische Nationalmannschaft für die Weltmeisterschaft 1982 in Spanien vorbereitete. Dazu verfügt der Klub über drei Freizeitzentren, jedes für sich üppig ausgestattet mit Fußball- und Tennisplätzen, Schwimmbädern, Hotels und Bungalows sowie Kongreß- und Ballsälen. Die Einnahmen aus diesen Anlagen und in guten Zeiten der Schnitt von 35195 Zuschauern schaffen dem Verein eine gesunde wirtschaftliche Basis.

Botafogo

Flavio Ramos hatte gleich in doppelter Hinsicht Pech: Einmal lebte er in Botafogo, und zum anderen war er Fußball-Fan. In diesem Stadtteil von Rio de Janeiro jedoch gab es zu Beginn des 20. Jahrhunderts leider nur einen Ruderklub, den 1894 gegründeten »Clube de Regatas de Botafogo«.
Doch Flavio mochte nicht aufgeben. Bei einer Mathematikklausur am 12. August 1904 schmuggelte er einen Zettel zum beaufsichtigenden Lehrer Emanoel Sodre mit dem Vorschlag, einen richtigen Fußballverein zu gründen. Am Abend des gleichen Tages trafen sich die beiden bei Flavios Oma in der Clementstraße, um die Notwendigkeiten zu besprechen. Erst nach vielen Diskussionen und Treffen war es soweit: Vom 18. September 1904 an gab es den »Botafogo Football Club«. Als einer der Mitbegründer, ein gewisser Itamar Tavares, von einem Italien-Aufenthalt zurückkehrte und begeistert von Juventus Turin erzählte, entschloß man sich, wie das Vorbild in schwarz-weißen, längsgestreiften Trikots zu spielen.
Zu den sechs Teams, die 1906 den Betrieb der ersten Meisterschaft von Rio aufnahmen, gehörte Botafogo, das ein Jahr darauf bereits den Titel gewann, wenn auch gemeinsam mit Fluminense.
Sein Nomaden-Dasein beendete der neue Verein 1912 mit dem Kauf eines Grundstücks im eigenen Viertel, nur wenige Kilometer von der weltberühmten Copacabana entfernt. Das Stadion mit 23 000 Plätzen wurde dort 1928 eingeweiht, der Klub besaß somit eine der schönsten Vereinsanlagen Südamerikas.
Die erste Blütezeit der Mannschaft brach zu Beginn der 30er Jahre an, als der großartige Stürmer Carvalho Leite, der in Brasiliens Nationalauswahl bei der ersten WM 1930 in Uruguay teilgenommen hatte, Botafogos Fußball prägte. Bis 1935 holten er und sein Team sich fünfmal den Titel des Meisters von Rio, wobei sie das Ziel lediglich 1931 verfehlten.
Nach der Professionalisierung des brasilianischen Fußballs 1933, der sich Botafogo zwei Jahre später anschloß, fusionierte Botafogo am 8. Dezember 1942 mit den Ruderern vom Club de Regatas: Das ganze hieß nun endgültig »Botafogo Futbol e Regatas«.
Und allmählich wuchs die Spielstärke, die sich in den 50er Jahren voll entfaltete. 1953 war vom Dschungelklub Pan Grande ein kleinwüchsiger Jüngling von 20 Jahren mit Namen Manoel Transito do Santos gekommen, der den Spitznamen »Garrincha« trug, nach einer winzigen, überaus bunten Kolibriart aus dem Urwald. Garrincha hatte eine orthopädische Anomalität, die ihm jedoch zum Vorteil gereichte: Sein rechtes Bein war nach außen, sein linkes nach innen gerichtet, das heißt, er hatte ein X- und ein O-Bein.

Botafogo

Gründung
1904
Anschrift
Botafogo, Praia de Botafogo, CEP 22250
Rio de Janeiro, Brasilien
Vereinseigentum
Fünf Sport- und Freizeitzentren
Vereinsfarben
Schwarz-Weiß
Spielkleidung
Schwarz-weiß-gestreifte Hemden, schwarze Hosen, weiße oder schwarze Stutzen
Stadion
Estadio Maracana, 220 000

Die Erfolge

Landesmeister
1962, 64, 66, 68

Botafogo 1959
Stehend von links
Ernandi, Tomé, Servilho
Nilton Santos, Pampolini, Beto
Untere Reihe von links
Garrincha, Paulo Walentim
Didi, Quarenthina, Zagalo

BOTAFOGO DE FUTEBOL E REGATAS
Praia de Botafogo - Mourisco Pasteur - CEP 22250 Tel.: 295-3697 - Caixa Postal 585 End. Teleg. "GLORIOSO" Rio RJ

Somit gaben sein Laufstil und seine Ballführung den gegnerischen Verteidigern Rätsel auf. Die Legende sagt, der Rechtsaußen habe sich seinen Kontrahenten genähert wie der Löwe der Antilope, sich leise anschleichend, dann aber fast explosionsartig auf sie zu- und schließlich vorbeischießend. Garrinchas besonderer Trick war, nach links innen anzutäuschen, aber den Abwehrspieler rechtsaußen stehen zu lassen. Der Botafogo-Stürmer und seine schier unerschöpflichen Tricks hatten maßgeblichen Anteil an den Weltmeistertiteln, die Brasilien 1958 und 1962 eroberte. Und lange Jahre wollte jeder Junge, der auf irgendeinem Fußballfeld oder einem selbstabgesteckten Spielfeld auf dem Dorf oder in der Vorstadt etwas von sich hermachen wollte, so spielen »wie Garrincha«.

Das gilt ebenso für den großen Regisseur Waldir Pereira, der unter seinem »Künstlernamen« Didi schon 1954 bei der WM in der Schweiz eine gute Rolle gespielt hatte. Der ebenso wie Garrincha dunkelhäutige Didi war 1956 schon als Welt-

klassemann von Fluminense zu Botafogo gekommen, als seine Spezialität galt der direkte Freistoß, den die Fans »fohla seca«, das »trockene Blatt«, nannten. Dabei schien der Ball sämtliche Naturgesetze aufgehoben zu haben. Zunächst nahm das Leder eine ganz normale Flugbahn, änderte die aber, sobald die »Mauer« der Verteidiger hoch passiert war, auf merkwürdige Weise: Plötzlich nämlich brach die Kurve ab, der Ball sauste nach unten wie eben das trockene Blatt vom Baum und senkte sich unter der Torlatte ins Netz – zur großen Verblüffung der Zuschauer und der Torhüter.
Auch in der Abwehr war Botafogo zu dieser Zeit überragend besetzt durch den Verteidiger Nilton Santos, der unter anderem deshalb berühmt wurde, weil er angeblich einmal in neun Spielen hintereinander ohne jeglichen Fehlpaß geblieben war. 1957 und 1958 gewann die Elf die Rio-Meisterschaft, zu der auch Linksaußen Zagalo seinen besonderen Teil beisteuerte. Weitere prominente Kicker stießen später hinzu: Torhüter Manga kam 1961 aus Recife, Amarildo von Fluminense verstärkte Botafogo ab 1962. Mit dem Erfolg, daß der Klub in beiden Jahren die Rio-Meisterschaft dominierte. Die Klasse des Teams wurde bei der WM 1962 in Chile eindrucksvoll unterstrichen, als gleich fünf Botafogo-Kicker den Stamm der brasilianischen Siegermannschaft bildeten: Nilton Santos, Garrincha, Didi, Amarildo und Zagalo.
In den folgenden Jahren wurde sukzessive ein neues, schlagkräftiges Ensemble gebildet, das 1967 und 1968 die Triumphe der Vorgänger in Rio wiederholte. Zu den überragenden Leuten dieses Teams zählten der beinahe geniale Mittelfeldlenker Gerson und der spurtschnelle Rechtsaußen Jairzinho, die zu den Zentralfiguren und Torschützen beim 4:1 Brasiliens im WM-Finale 1970 gegen Italien gehörten. Botafogo ist sicher nicht **der** brasilianische Fußballverein, doch hat er mehr als einmal Fußballgeschichte geschrieben. Seine großen Spieler haben immensen Einfluß auf Technik und Spielverhalten auch außerhalb Brasiliens gehabt. Im Verhältnis dazu ist der Verein in Europa eher unbeachtet geblieben.
Noch weniger hört man von ihm, seit sich Botafogo einen für Brasilien geradezu makabren »Management-Fehler« leistete. 1967 beschloß das brasilianische Parlament, daß alle Profivereine ihre Schulden begleichen sollten. Der einzige Klub, der dieser Aufforderung umgehend nachkam, war Botafogo. Dies führte zum sofortigen finanziellen Ruin, sogar das eigene Stadion »General Severiano« mußte verkauft werden. Später gelang es, die alte Anlage zurückzukaufen. Auch sportlich waren damit die guten Jahre vorbei, bis heute hat Botafogo nicht eine Meisterschaft mehr gewonnen.
An den schlechten wirtschaftlichen Voraussetzungen hat sich wenig geändert, 1986 mußte der überragende Mittelfeldspieler Alemão an Atletico Madrid verkauft werden.

Estadio General Severiano. Verwaltungszentrum von Botafogo, das sich an dem Tunnel befindet, der zur weltberühmten Copacabana führt.

Schwimmsportanlage Bota fogos (im südlichen Teil de Stadtbezirks Botafogo)

Die heutige Organisation

»Botafogo de Futbol e Regatas, Organisacao Civil, Rio de Janeiro« besitzt eine große und fünf weitere kleinere Sport- und Freizeitanlagen, kämpft jedoch mit großen wirtschaftlichen und sportlichen Problemen. Allerdings liegt der Verein in der Zuschauergunst von Rio immer noch an vierter Stelle. Nach einer Umfrage der Fußballzeitschrift »Placar« sympathisieren zehn Prozent der Fans mit dem Verein. Dessen Zuschauerschnitt hat sich zuletzt stabilisiert: Zu den Spielen der Copa União, der brasilianischen Meisterschaft, kamen 1987 durchschnittlich 19 720 Fußballfreunde.

CdR Vasco da Gama

Gründung
1898

Anschrift
CdR Vasco da Gama, Rua General Almério de Moura 131, Sao Cristovao, Rio de Janeiro, Brasilien

Vereinseigentum
Stadion Sao Januario und drei Freizeitanlagen

Vereinsfarben
Schwarz und Weiß

Spielkleidung
Schwarz-weiße Hemden, weiße Hosen mit schwarzem Rand oder schwarze Hosen mit weißem Rand, weiß-schwarze Stutzen

Stadion
Estadio de Sao Januario, 50000

Die Erfolge

Landesmeister
1958, 66, 74

Haupteingang zur Verwaltung von Vasco da Gama, (hinter der Haupttribüne des Estadio Sao Januario).

CLUB DE REGATAS VASCO DA GAMA

ELO PERMANENTE DA
AMIZADE LUSO BRASILEIRA

FUNDADO EM 21 DE AGOSTO DE 1898 COMENDA DA ORDEM MILITAR DE CRISTO

SEDE ADMINISTRATIVA E ESTÁDIO - RUA GENERAL ALMÉRIO DE MOURA, 131 - TEL. 580-7373

ENDEREÇO TELEGRÁFICO CRUZ MALTA-RIO TELEX Nº (021)33679 CRVG BR CEP. 20921

Höhepunkt der 400-Jahr-Feier der Entdeckung Südamerikas durch den portugiesischen General Vasco da Gama in Rio de Janeiro war 1898 eine Ruderregatta, an der auch Olavo Bilac und seine Freunde teilnahmen. Bilac war zu dieser Zeit ein bekannter brasilianischer Schriftsteller gewesen, dessen Erzählungen über Rudern, Tennis, Schwimmen und Cricket als Vorläufer des heutigen Sportjournalismus betrachtet werden.

Olavo Bilac jedenfalls war von der Regatta derart beeindruckt, daß er umgehend mit seinen Freunden am 21. August 1898 einen Ruderklub gründete, den »Clube Regatas do Vasco da Gama«, der schon 1905 die Stadtmeisterschaft errang.

Im darauffolgenden Jahr zog die zunehmende Popularität des Fußballs die Einführung der Liga Metropolitana, der Rio-Liga, nach sich. Elf Jahre später, genau am 26. November 1916, wurde die Fußballabteilung von Vasco da Gama ins Leben gerufen. In der folgenden Saison, nach dem Aufstieg in die zweite Liga, schockierte Vasco da Gama ganz Fußball-Brasilien, indem sich der Klub über alle Rassenschranken hinwegsetzte: bislang waren Schwarze, Mulatten, Indianer und andere Farbige ausgeschlossen worden.

Große Eingangshalle im Verwaltungsgebäude mit der Büste von Vasco da Gama, dem Entdecker und Eroberer.

Derart bereichert stieg der Verein umgehend auf und holte sich schon 1923 die erste Meisterschaft von Rio, was sich 1924 und 1929 wiederholte. Nach dem Übergang zum Berufsfußball 1933 gewann der Klub die Titel vier (1934) und fünf (1936). Beim siebten Erfolg 1945 hatte schon der Aufbau eines großen Teams eingesetzt, das sich zu einem der besten Südamerikas entwickelte und in scharfer Konkurrenz zu River Plates berühmter »La maquina« stand.

Nach dem erneuten Gewinn der Rio-Liga 1947 konnte Vasco da Gama ein als Südamerika-Meisterschaft deklariertes Turnier unbesiegt für sich entscheiden durch folgende Resultate: Gegen River Plate Buenos Aires 0:0, gegen Litoral aus Bolivien 1:0, gegen Nacional Montevideo 4:0 und gegen Colo-Colo aus Santiago de Chile 1:1. Die Stärke dieses Teams lag vor allem bei seinen individualistischen Stürmern und im hohen technischen Niveau. Gleich sieben Vasco-Kicker zählten 1950 zur brasilianischen Nationalmannschaft, die das WM-Endspiel gegen Uruguay unglücklich 1:2 verloren: Barbosa, Augusto, Danilo, Friaca, Ademir, der überragende Angreifer, Jair und Chico.

Hauptmerkmal dieses Ensembles war ihr Spielstil, der die Bezeichnung »el diagonal« bekäme: Vor einer dreiköpfigen Abwehr bauten sich drei Mittelfeldspieler in einer Formation auf, die von rechts nach links eine ansteigende Diagonale bildete; davor wiederum standen vier Stürmer. Aus diesem überaus flexiblen System, das ohne Schwächung der Abwehr die Betonung der Offensive erlaubte, entstand später das 4–2–4, mit dem Brasilien 1968 so souverän den

Estadio Sao Januario.
Im kleinen Bild die Mannschaft Vasco da Gamas 1984, die das Finale um die brasilianische Meisterschaft verlor. Stehend von links: Edevaldo, Pires, Ivan, Roberto Costa, Gonzalez, Airton. Untere Reihe von links: Mauricinho, Arthurzinho, Roberto Dinamite, Mario, Marquinho.

Weltmeister-Titel erspielte. In dieser großartigen Mannschaft standen drei Spieler von Vasco, die 1956 und 1958 die Titel elf und zwölf im Bundesstaat Rio gewonnen hatten: Bellini, der Stopper und Kapitän, Orlando, der defensive linke Mittelfeldakteur, sowie Vava, der schußstarke Mittelstürmer.
Nachdem Vasco da Gama alle drei verkauft hatte – Bellini an den FC Sao Paulo, Orlando an die Boca Juniors aus Buenos Aires und Vava an Palmeiras Sao Paulo –, begann der Niedergang des Klubs, der erst 1970 mit der nächsten Rio-Meisterschaft gestoppt wurde. Vier Jahre später gelang mit dem 2:1 über Cruzeiro Belo Horizonte im brasilianischen Endspiel ein weiterer außerordentlicher Erfolg. In der Liga von Rio triumphierte Vasco da Gama in Fünfjahresabständen 1977, 1982 und 1987.

Die heutige Organisation

Der »Clube de Regatas Vasco da Gama, Organisacao Civil« besitzt neben den drei Freizeitanlagen Sede del Calaboco, Lago Rodrogo de Freitas und Vila Olimpica das Stadion »Sao Januario«, das vor dem Bau des Maracana-Stadions 1950 für die Spiele der brasilianischen Nationalmannschaft diente. Auf der 56 000 m^2 großen Fläche um das Stadion befinden sich eine moderne Schwimmhalle mit vier Becken, ein Sprungturm mit Tribüne für 6000 Zuschauer, eine 5000 Besucher fassende Sporthalle, eine Leichtathletikanlage, die Vereinsverwaltung, Restaurant, Bars und eine Sauna.
Außer der Profifußball-Abteilung hat der Verein, der über 30 000 Mitglieder und den Ruf verfügt, die beste Jugendfußballabteilung Brasiliens zu unterhalten, 13 weitere Sportarten im Programm. Vasco da Gama, bis heute der Klub der portugiesischen Kolonie, steht in der Popularitätsskala der Rio-Liga mit 15 Prozent der Anhängersympathie hinter Flamengo an zweiter Stelle. Zuletzt erzielte die Mannschaft einen Zuschauerschnitt von 16 743.

Corinthians

Die Wiege des brasilianischen Fußballs stand nicht in Rio de Janeiro, sondern in Sao Paulo, und herausgehoben hat ihn ein gewisser Charles Miller, Sohn englischer Eltern. Er wurde 1884 zur Ausbildung in die alte Heimat geschickt, wo er sich zum leidenschaftlichen Fußballer entwickelte. Als er später nach Brasilien zurückkehrte, betrieb er energisch die Entwicklung seines Sports.
1898 wurde der erste reine Fußballverein des Landes gegründet, der »Atletica MacKenzie«, in dem nur Engländer Mitglieder werden konnten. Ein Jahr darauf bildete Charles Miller den »Sport Club Internacional«, der Interessierten aller Nationalitäten offenstand, eine Voraussetzung, auch die Einheimischen in den Spielbetrieb einzubinden.
1902 startete die erste Fußball-Liga des Landes, die Liga Paulista de Futbol. Der Fußball breitete sich explosionsartig in Brasilien aus. Fünf junge Angestellte des Sao Paolo Railway Company, der Eisenbahngesellschaft, versammelten sich am 1. September 1910 unter einer Gaslaterne im Viertel Boca Retiro, um einen Fußballverein zu gründen. Nachdem sie kurz zuvor äußerst beeindruckt gewesen waren, als sie die berühmte englische Amateurmannschaft Corinthians hatten spielen sehen, lag es nahe, ihrem Klub den Namen »Corinthians Sao Paulo« zu geben. Anfangs spielte das Team in einer der beiden Stadt-Ligen, in der nur die drei Mannschaften Americano, Germania und Internacional aufeinander trafen. Folglich wurden die Corinthians »der vierte Musketier« genannt, ein Spitzname, der sich bis heute gehalten hat. Bis 1954 gewannen die Corinthians 15mal den bedeutenden Titel des Stadtmeisters von Sao Paulo.
Danach aber bekam die Erfolgskurve einen Knick, der bis 1977 nach unten führte. Allerdings hat der Verein in den 60er Jahren einen der ganz Großen des brasilianischen Fußballs hervorgebracht, den säbelbeinigen Mittelfeldspieler Rivelino, der ungeheuer hart und mit unberechenbarem Drall schießen konnte. Rivelino führte Brasiliens Nationalteam als zentrale Figur zum Weltmeistertitel 1970.
Ende der 70er Jahre schob sich ein weiterer Mittelfeldspieler, der lange Socrates, in den Mittelpunkt. Dank seiner gewannen die Corinthians mehrfach die Meisterschaft von Sao Paulo, am eindrucksvollsten wohl 1983 in zwei Finalspielen gegen den FC Sao Paulo (1:0, 1:1). Hierbei war natürlich Socrates der geniale Organisator, dessen genaue Pässe die gegnerischen Abwehrreihen zur Verzweiflung brachten. Im Sturm hatte Socrates mit dem kraftvollen Walter Casagrande einen hervorragenden Partner. Der Mann mit der Nummer 1, Keeper Leao, hütete auch das Tor der brasilianischen Nationalmannschaft in erstklassiger Weise.
Der Niedergang der Corinthians wurde, wenn man so will, ebenfalls durch Socrates eingeleitet. Der schlaksige Regis-

Corinthians

Gründung
1910

Anschrift
Corinthians, Rua Sao Jorge 777 – Tautapé, Sao Paulo, Brasilien

Vereinseigentum
Allsportanlage Parque Sao Jorge

Vereinsfarben
Weiß-Schwarz

Spielkleidung
Weiße Hemden, schwarze Hosen, weiße Stutzen

Stadion
Morumbistadion, 150 000

Landesmeister
1950, 53, 54, 66

Eingang zu den Sportanlagen

Sport Club Corinthians Paulista
SEDE E PRAÇA DE ESPORTES: RUA SÃO JORGE, 777 - CEP 03087
CAIXA POSTAL 15.710 - TELEFONES: 295-4322 - 295-4375

Meistermannschaft 1983. Stehend von links: Zenon, Ronaldo, Casagrande, Socrates, ro-Biro, Leao, Eduardo, Ataliba. Untere Reihe von links: Mauro, Wagner, Wladimir, Zé Maria.

seur betrieb die Umbenennung seines Klubs in »Democratia Corinthians«, was man ihm so übelnahm, daß er 1984 an den FC Florenz verkauft wurde. Walter Casagrande verließ den Verein im Januar 1987 und wechselte zum FC Porto, der vier Monate später gegen den FC Bayern München den Europapokal der Landesmeister gewann – jedoch ohne den Brasilianer, der an einer Verletzung laborierte.

Die heutige Organisation

Der Sport Club Corinthians, Organisacao Civil, wie er in den Schriftstücken heißt, ist ein traditionsreicher Veridti-Verein. Und ein erfolgreicher dazu: Meister von Sao Paulo wurde er 19mal, den Titel für Rio de Janeiro und Sao Paulo holte der Klub viermal. In den letzten Jahren aber spielen die Corinthians nur eine mittelmäßige Rolle.
Der Verein besitzt die große, 1928 eingeweihte Allsport-Anlage »Parque Sao Jorge« im Nordosten von Sao Paulo, 160000 m^2 Grund mit Verwaltungsgebäuden, Basketball- und sonstigen Sporthallen, Kinderspielplätzen, Restaurants, Bars und Cafés. Am Wochenende halten sich etwa 25000 der 75000 Mitglieder auf der Anlage auf. Dort befindet sich auch das 20000 Zuschauer fassende Fußballstadion, das derzeit modernisiert wird. Besonders attraktive Begegnungen jedoch werden im 150000 Menschen fassenden Morumbi-Stadion ausgetragen.
Von den verschiedenen Abteilungen bei den Corinthians haben die Schwimmer und Basketballer den besten Ruf; das wohl bekannteste Mitglied ist der Formel-1-Fahrer Ayrton Senna. Die Corinthians sind laut Umfrage mit 36 Prozent der Stimmen aller Fußballfans von Sao Paulo der angesehenste Klub der Stadt.

Cruzeiro Belo Horizonte

In Belo Horizonte, der zu Beginn dieses Jahrhunderts von 13000 Einwohner in 20 Jahren auf 50000 Einwohner gewachsenen Hauptstadt des Staates Minas Gerais, bildete die große italienische Kolonie eine wesentliche Bevölkerungsgruppe. 250 dieser Italiener gründeten am 2. Januar 1921 einen Fußballverein mit Namen »Societa Sportiva Palestra Italia«, in dessen Statut fest verankert war, daß nur Italiener aufgenommen werden durften. Aufgrund dieser Beschränkung blieben Erfolge in den ersten Jahren nahezu aus, in der LMTD (Liga Mineira de Desportes Terrestres) blieb der Klub Mittelmaß.
Deshalb beschlossen die Verantwortlichen, die Grenzen aufzuheben und den Verein allen Nationalitäten zugänglich zu machen. Die Folge: Von 1928 bis 1930 gewann Palestra die Staatsmeisterschaft in Serie, also den »Tri-Campeao«.
Im Bergbaudistrikt Minas Gerais herrschten damals ebenso wie in ganz Brasilien scharfe innenpolitische Gegensätze. Während des Zweiten Weltkrieges verhärteten sich diese Positionen noch erheblich. Als Brasilien 1941 Deutschland und Italien den Krieg erklärte, sah sich »Palestra Italia« gezwungen, seinen Namen in »Palestra Mineiro Ypiranga« zu ändern. Ein völlig neues Gesicht wurde dem Klub schließlich 1942 gegeben, als er in »Cruzeiro Esporte Clube« umgetauft wurde. Diese Bezeichnung stammt vom »Cruzeiro do Sol« ab, dem »Kreuz des Südens«, jenem Sternbild also, das nur von der südlichen Halbkugel aus zu beobachten ist. Folgerichtig gab man sich auch neue Vereinsfarben, schaffte das Grün-Weiß-Rot der italienischen Nationalflagge ab und trug von nun an das Tiefblau des Nachthimmels für die Hemden und das Weiß der Sterne für die Hosen. In dieser Phase stellten sich große Erfolge ein, 1940, 1943, 1944 und 1945 gewann der Verein die Staatsmeisterschaft.
Danach aber mußte Cruzeiro die Überlegenheit des Lokalrivalen Atletico Mineiro anerkennen, die bis 1959 dauerte, als Cruzeiro wieder den Titel gewann. Das jedoch bis 1961 gleich dreimal hintereinander.
In dieser Periode baute der neue Präsident Felix Brandas mit eigenem Kapital langsam eines der besten Teams des südamerikanischen Kontinents auf. Die Schlüsselfigur der Abwehr war Wilson Piazza, ein körperlich und technisch starker Innenverteidiger, in dem Brasiliens Weltmeistermannschaft von 1970 eine wesentliche Stütze hatte. Aus der eigenen Jugendabteilung war Dirceu Lopez Mendes dazugekommen, ein schneller, offensiver Mittelfeldspieler. Der große Coup jedoch war dem Verein 1965 mit der Verpflichtung von Eduardo Goncalves de Andrade vom Nachbarverein America gelungen. Tostão, wie man den Mittelstürmer allgemein nannte, war ein eleganter Dribbler mit viel Überblick, schnell, schußstark, ständig das Tempo wechselnd. Bald

Cruzeiro Belo Horizonte

Gründung
1921
Anschrift
Cruzeiro Belo Horizonte, Rua Guajaras 1722, Barro Preto, Belo Horizonte, Brasilien
Vereinseigentum
Vier Sportanlagen, Mineirao-Stadion
Vereinsfarben
Blau-Weiß
Spielkleidung
Blaue Hemden, weiße Hosen, weiße Stutzen
Stadion
Estadio Mineirao, 110000

Die Erfolge
Pokalsieger
1966
Südamerika-Pokal
1976

Bis 1950 wurden nur Meisterschaften de einzelnen Staaten ausgespielt, weil die rie sigen Entfernungen und Verkehrsproblem eine gesamtbrasilianische Meistersch nicht zuließen. Von 1950 bis 1966 wurde außerdem nur Meisterschaften zwische den beiden großen Städten Rio und Sa Paulo ausgetragen. Die Rio/Sao Paulo-Me sterschaft war zwar inoffiziell, aber der Si ger wurde schlechthin als Brasilienmeist anerkannt. Gesamtbrasilianisch ging es vi Jahre lang unter verschiedenen Bezeic nungen (Silbercup, Roberto-Gomes-Pedr sa-Tournament) zwischen 1967 und 1971 z »höchst offiziell« und nun endlich »spo lich gesamtbrasilianisch« ab 1971.

schon hatte er sich in die Reihe der ganz Großen gespielt. Gemeinsam mit Pele hatte er entscheidenden Einfluß in der brasilianischen Mannschaft, die 1970 im WM-Finale Italien 4:1 besiegte.
Der passende Rahmen für die neue Erfolgsmannschaft von Cruzeiro war durch den Umbau des Stadions Mineiro geschaffen worden, das am 5. September 1986 mit Platz für 110000 Menschen eingeweiht wurde. Den großen Durchbruch feierte Cruzeiro 1966 mit den Siegen in den Pokalendspielen Brasiliens um den Roberto-Gomes-Cup gegen den FC Santos. Die Pélé-Truppe wurde 6:2 und 3:2 geschlagen. Über 250000 Menschen und etwa zwölf Millionen Fernsehzuschauer an den Bildschirmen hatten den Triumph des Außenseiters mit Staunen verfolgt. Cruzeiro war die erste brasilianische Mannschaft, die mit vier Mittelfeldspielern agierte, also sehr flexibel, mit kurzen Pässen. Die Überlegenheit war zunächst so groß, daß die Mannschaft die Staatsmeisterschaft von Minas Gerais von 1965 bis 1969 ohne Unterbrechung errang. Die konkurrierenden Mannschaften brauchten ihre Zeit, um sich auf die neue Spielweise von Cruzeiro einzustellen. Dabei kam Cruzeiro zweifellos zugute, daß es über hervorragende Techniker und Einzelspieler verfügte. Dies fügte sich zu einer imposanten Mannschaftsleistung zusammen, die auf diese spielerisch-technische Art später nicht mehr erreicht wurde.
Ein kurzes Intermezzo relativer Erfolglosigkeit stellte sich durch die Verletzung einiger wichtiger Leute ein, die Opfer einer harten bis brutalen Spielweise wurden, die bis heute die Existenz des brasilianischen Fußballs bedroht. Auch Cruzeiro stellte um, der technische Fußball wich einer körperbetonten Kontertaktik, die dem Verein jedoch alte Erfolge wiederbrachte. 1972, 1973, 1974, 1975 und 1977 gewann das Team jeweils die Staatsmeisterschaft, 1976 sogar die Copa Libertadores der besten südamerikanischen Vereinsmannschaft. Nach einem 4:1 zu Hause gegen River Plate Buenos Aires verlor Cruzeiro 1:2, konnte sich aber im Entscheidungsduell in Montevideo 3:2 durchsetzen. Der inzwischen nicht mehr ganz junge Piazza und Stürmer Jairzinho, Mitglied der brasilianischen Weltmeistermannschaft von 1970, der 1975 von Botafogo Rio nach Belo Horizonte gekommen war, zählten zu den Besten.
Den inoffiziellen Weltpokal jedoch verpaßte Cruzeiro. Nach einem 0:2 im verschneiten Olympiastadion gegen Bayern München gelang es den Deutschen um den brillanten Beckenbauer und den phantastischen Torhüter Sepp Maier, in Brasilien ein 0:0 zu halten.
Auch im folgenden Jahr erreichte das Team das Finale um die Copa Libertadores, unterlag Boca Juniors aber nach Elfmeterschießen 4:5 (1:0, 0:1, 0:0).

Cruzeiro Belo Horizonte

Die heutige Organisation

Der »Cruzeiro Esporte Clube, Organisaçao Civil, Belo Horizonte« besitzt das Mineirao-Stadion, in dem auch die Verwaltung zu finden ist. Daneben liegen zwei Schwimmbäder. Zum Eigentum zählt ebenfalls der »Country Club Campestre«, etwa zehn Kilometer außerhalb von Belo Horizonte. Dazu gehören ein Freizeit- und Erholungszentrum mit drei Swimmingpools, Fußball- und Basketballfeldern, Bars und Cafés, Kongreß- und Ballsälen. Überdies besitzt der Verein den »Country Club Pamphula« und »Toca de Rosa«, die Trainingsanlage der Profiabteilung, auf der sich Brasiliens Nationalteam 1986 auf die WM in Mexiko vorbereitete.
Cruzeiro hat heute gut 12000 Mitglieder. Zu den Spielen der Copa União, der brasilianischen Meisterschaft, kamen 1987 durchschnittlich 25895 Zuschauer.

Großes Schwimmbad von Cruzeiro im Country Club Campestre.

Sieger in der Copa Libertadores 1976. Stehend von links: Darci, Nelinho, Moraes, Piazza, Vanderlei, Raul. Untere Reihe von links: Batata, Eduardo, Palinha, Jairzinho, Joazinho.

FC Fluminense

Unter den brasilianischen Fußballvereinen gilt der »Fluminense Football Club« als die Sportorganisation der Aristokratie und der oberen Zehntausend. So ist es auch kein Zufall, daß ein Teil des Vereinsnamens nach wie vor vornehm englisch geschrieben wird. Die Mitglieder legen sehr großen Wert auf Tradition – schließlich war der Gründer Engländer: Oscar Cox gründete am 21. Juli 1902 mit einigen Freunden in der Straße Marque de Abrantes 51 in Rio de Janeiro den FC Fluminense.

Von Anfang an war Fluminense die treibende Kraft im Fußball der Millionenstadt: So stand der Klub auch hinter der Einführung der Rio-Liga, die er 1906, 1907 (gemeinsam mit Botafogo), 1908 und 1909 gewann.

Allerdings war es in den ersten Jahren zu einer schweren internen Krise gekommen, als eine Gruppe von Mitgliedern, angeführt von Alberto Borgeth, den Klub verlassen und beim Ruderverein Flamengo eine Fußballabteilung aus der Taufe gehoben hatte. Daraus entwickelte sich, ähnlich wie in Liverpool zwischen dem FC und Everton, ein wahrlich heißes Lokalderby zwischen Flu(minense) und Fla(mengo). Das jedoch tat den Erfolgen Fluminenses wenig Abbruch: Der Rio-Meisterschaft von 1911 folgten drei weitere in Folge von 1917 bis 1919, womit »Flu« als erstem Klub das »tricampeao« gelungen war.

Ähnlich dominant war das Team von 1936 bis 1938, als bereits der Professionalismus in Brasilien eingeführt worden war. Bei der WM 1938 in Frankreich besiegte Brasilien Schweden im Spiel um den dritten Platz mit 4:2 Toren, woran drei »Flu«-Kicker ihren Anteil hatten: Torwart Batalais, der linke Verteidiger Machado und Stürmer Romeu.

Aus der starken Fluminense-Elf, die 1940, 1941 und 1946 die Rio-Liga als Erste beendet, ragte der Halbrechte Tim heraus, der eigentlich Elba de Padua Lima hieß, ein großartiger Techniker und spektakulärer Dribbler des brasilianischen Fußballs und neben Didi wohl der berühmteste Spieler dieses Klubs überhaupt.

Letzterer stand auch in der erstklassigen Meistermannschaft von 1951, in der Torhüter Castilho, Stopper Pinheiro und Rechtsaußen Télé Santana zu den Stützen zählten. Santana übrigens war bei den Weltmeisterschaften 1982 und 1986 jeweils Nationaltrainer.

Obwohl Fluminense weiterhin zu den besten Teams des Landes gehörte, wovon die Rio-Titel 1959, 1964 und 1969 Zeugnis ablegen, gehörte erstaunlicherweise kein »Flu«-Star zu den brasilianischen Nationalmannschaften, die 1958 und 1962 die Weltmeisterschaft eroberten. Erst 1970 bildet Fluminense-Torwart Felix den Rückhalt der WM-Mannschaft, die in Mexiko Italien im Finale 4:1 bezwang.

Weitaus populärer als er aber war Roberto Rivelino, ein

FC Fluminense

Gründung
1902

Anschrift
FC Fluminense, Rua Alvaro Chaves 41, 22231 Rio de Janeiro, Brasilien

Vereinseigentum
Estadio Laranjeiras (50 000 m²) und Tennisstadion für 2000 Zuschauer

Vereinsfarben
Grün-Weiß-Rot

Spielkleidung
Grün-weiß-rot-gestreifte Hemden, weiße Hosen, grüne oder weiße Stutzen

Stadion
Estadio Alvaro Chaves, 23 000, oder Maracaná, 220 000

Die Erfolge

Landesmeister
1940, 57, 60, 70, 84

Bild oben: Sehr schön Mosaikperspektive – Fenster im großen Ball- und Bankettsaal von Fluminense, die auf die Haupttribüne des Estadio Alvaro Chaves führen

Eingang zum Estadio Alvares Chaves

FLUMINENSE FOOTBALL CLUB
DETENTOR DA TAÇA OLIMPICA DE 1949
RUA ALVARO CHAVES, 41 - ZC - 01
TELEFONE: 225-7240
22 231 — RIO DE JANEIRO — RJ

FLUMINENSE FOOTBALL CLUB
(Detentor da Taça Olimpica de 1949)
ENDEREÇO Rua Álvaro Chaves, 41 - Rio de Janeiro - (RJ) - Brasil
CEP 2 2 2 3 1

eleganter Regisseur, Freistoßschütze und Dribbelkönig, der wesentlich an diesem WM-Triumph beteiligt war. Der Linksfüßer mit dem schicken Schnauzbart, der zwischen 1968 und 1978 91 Länderspiele bestritt und dabei 26 Tore schoß, hatte eigentlich alles erreicht, was ein Fußballer sich wünschen kann; nur die Meisterschaft von Sao Paulo hatte er in den elf Jahren Zugehörigkeit zu den »Corinthians« nie geholt. Nach seinem Wechsel zu Fluminense 1975 gelang ihm dies prompt und gleich zweimal in Folge, Rivelino durfte sich Meister von Rio nennen. Mit von der Partie war auch Carlos Alberto, Kapitän der großen brasilianischen Auswahl von 1970.
Bis 1985 war Fluminense bereits 27mal Erster der bedeutenden Rio-Liga geworden, und 1984 gewann der Klub sogar das Finale der neu eingeführten brasilianischen Meisterschaft gegen Vasco da Gama (0:0, 1:0).

Die heutige Organisation

Der »Fluminense Football Club, Organisaçao Civil« aus Rio de Janeiro besitzt den 50000 m² großen »Parque Esportivo do Fluminense« mit dem »Estadio Alvaro Chaves«, das nach seiner Neueinweihung 1986 häufig für Spiele der Rio-Liga genützt wird und 23000 Zuschauern Platz bietet.
Im Park befinden sich die Verwaltung des Vereins, ein

Maracaná-Stadion.
Kleines Bild: Brasilianischer Meister von 1984.
Stehend von links: Aldo, P. Vitor, Duilio, Ricardo, Jandir, Branco.
Untere Reihe von links: Romerito, Deley, Washington, Assis, Tató.

Schwimmbad, ein Tennisstadion, das 2000 Menschen faßt, drei kleinere Tennisplätze, zwei Restaurants, eine berühmte Bibliothek und ein medizinisches Zentrum.
Nach einer demoskopischen Untersuchung von 1984 nimmt »Flu« mit 14 Prozent der Zuschauersympathie den dritten Platz unter den Rio-Klubs ein. Der Zuschauerschnitt betrug in der abgelaufenen Saison 16 139.

FC Santos

Anfang April 1912 verschickte der Sportklub Concordia in der großen Hafenstadt Santos an alle Fußballinteressierten ein Rundschreiben, in dem sie zu einem Treffen zum Zwecke der Gründung eines Fußballvereins eingeladen wurden. Die größte Schwierigkeit bei der Gründungsversammlung bereitete der Name, stundenlang wurde diskutiert, bis ein gewisser Jorge de Araujo sich schließlich zu Wort meldete: »Der Verein soll die ganze Stadt repräsentieren. Daher schlage ich vor, daß sein Name lauten soll: Santos Futebol Clube!«

So geschah es. Ein Gastspiel in der Liga Paulista de Futebol wurde 1913 schon nach einer Saison aus wirtschaftlichen Gründen abgebrochen, erst 1916 schloß man sich endgültig dieser Spielklasse an. Zunächst jedoch mit mäßigem Erfolg. Der FC Santos stand deutlich im Schatten von Paulistano, den Corinthians und Palestra Italia.

1935 gewann das Team erstmals den Titel von Sao Paulo unter Führung von Araken Patuska, der als einziger Spieler der Liga bei der Weltmeisterschaft 1930 in Uruguay für Brasilien gespielt hatte – ein schneller, technisch starker, schußgewaltiger Spieler.

Eine Flaute über fast 20 Jahre beendete in den 50er Jahren Athie Jorge Cury, ein emsiger Präsident, der die Verwaltung des Vereins moderner und effektiver gestaltete. Vor allem wurde dabei die Jugendarbeit reformiert, einige neue Trainer eingestellt mit dem Auftrag, Nachwuchskicker möglichst früh in die Mannschaften zu integrieren. Wie sinnvoll die Maßnahme gewesen war, zeigte sich sehr bald. 1955 gewann der FC Santos zum zweitenmal den Sao Paulo-Meistertitel. Kopf des Teams war ein Außenläufer, wie man damals die Mittelfeldspieler noch nannte, namens Jose Eli de Miranada, kurz Zito. Er spielte 1958 und 1962 jeweils eine herausragende Rolle in den brasilianischen Nationalmannschaften, die Weltmeister wurden. Aus der eigenen Jugend ging Linksaußen Pépé hervor, dem man mit den härtesten Schuß der Fußballgeschichte nachsagt.

Nach einem weiteren Gewinn der regionalen Meisterschaft 1956 trat der FC Santos am 7. September 1956 zu einem Freundschaftsspiel bei Corinthians de Santa Andre an. Mit der Nummer 10 lief ein dürrer 15jähriger auf, der den stolzen Namen Edson Arantes do Nascimento trug.

Dieser Tag war die Einleitung zu einer Karriere, die den jungen Mann in der ganzen Welt bekannt machen sollte: Pelé, wie sie ihn riefen, wurde zu einem Idol für die Jugend, zum Ehrendoktor und zum Abgott für Millionen Buben und Mädchen, Männer und Frauen. Durch ihn, Pelé, erreichte der FC Santos einen außergewöhnlichen Standard, wurde zur besten Mannschaft Brasiliens, der Welt und vielleicht sogar der Fußballgeschichte überhaupt.

FC Santos

Gründung
1912

Anschrift
FC Santos, Rua Princesa Isabel, s/n°, Via Belmiro, CEP 11100 Santos – S. P., Brasilien

Vereinseigentum
Estadio Vila Belmiro

Vereinsfarben
Schwarz-Weiß

Spielkleidung
Schwarz-weiß-gestreifte oder weiße Hemden, weiße Hosen, weiße Stutzen

Stadion
Estadio Vila Belmiro, 21000, oder Morumbi-Stadion, 150000

Die Erfolge

Landesmeister
1959, 63, 64, 66, 68

Südamerika-Pokal
1962, 63

Weltcup für Vereinsmannschaften (inoffiziell)
1962, 63

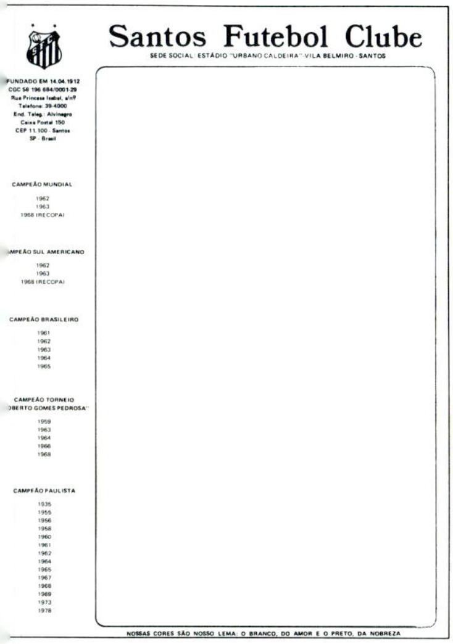
Santos Futebol Clube
SEDE SOCIAL: ESTÁDIO "URBANO CALDEIRA"-VILA BELMIRO - SANTOS

FUNDADO EM 14.04.1912
CGC 58 196 684/0001-29
Rua Princesa Isabel, s/nº
Telefone: 39-4000
End. Teleg.: Alvinegro
Caixa Postal 150
CEP 11.100 - Santos
SP - Brasil

CAMPEÃO MUNDIAL
1962
1963
1968 (RECOPA)

MPEÃO SUL AMERICANO
1962
1963
1968 (RECOPA)

CAMPEÃO BRASILEIRO
1961
1962
1963
1964
1965

CAMPEÃO TORNEIO
BERTO GOMES PEDROSA"
1959
1963
1964
1966
1968

CAMPEÃO PAULISTA
1935
1955
1956
1958
1960
1961
1962
1964
1965
1967
1968
1969
1973
1978

NOSSAS CORES SÃO NOSSO LEMA: O BRANCO, DO AMOR E O PRETO, DA NOBREZA

Bis 1965 reihten sich die Erfolge förmlich aneinander, sogar den Weltcup gewannen die Fußballer um Pelé.
Das Stadion Villa Belmiro mit seinen 25 000 Plätzen war in diesen Jahren stets ausverkauft. In einem beinahe wahnwitzigen Tempo allerdings raste das Santos-Team um den Erdball, um lukrative Freundschaftsspiele auszutragen. Dies führte dazu, daß die Kräfte der Spieler vorzeitig schwanden, die Ursache schließlich für den tiefen Fall des FC Santos.
Im absoluten Zenit ihres Könnens stand die Mannschaft 1962, als sie in zwei denkwürdigen Finals gegen Benfica Lissabon, den Europacupsieger der Landesmeister, den Weltpokal holte. Das erste Treffen hatten die Brasilianer zu Hause im Maracana-Stadion »nur« 3:2 gewonnen. Im Rückspiel jedoch, im Estadio da Luz von Lissabon, verzauberte der FC Santos die Fußballwelt: Bis zur 87. Minute stand es bereits 5:0, Pelé hatte drei Tore erzielt, Coutinho, sein kongenialer Partner, eines, ebenso wie der schußgewaltige Linksaußen Pépé. Erst in den letzten drei Minuten erlaubten die Santos-Kicker dem Gegner noch zwei Gegentreffer.
In den großen Jahren spielte der FC Santos strikt offensiv, auf der Basis dessen, was man die »brasilianische Schule« nannte: Improvisation, brillante Technik, Risikofreudigkeit, direkte, kurze Pässe. Coutinhos und Pelés Zusammenspiel sucht an Präzision, Schnelligkeit, Spontanität und Effektivität seinesgleichen in der Fußballhistorie, die beiden trafen über 1400mal ins gegnerische Tor. Zito übernahm im Mittelfeld die Strategie, während die Abwehr vom sachlichen, ruhigen Torhüter Gylmar und Mittelläufer Mauro organisiert wurde.
Als Pelé 1974 von Cosmos New York unter Vertrag genommen wurde, sank der Stern des FC Santos endgültig. Daß der Verein nicht vollends untergegangen ist und sogar noch dreimal die Sao Paulo-Meisterschaft gewonnen hat (1973/78/84), ist wohl allein der Tatsache zu verdanken, daß sich stets eine Menge junger Talente einfanden, getrieben von dem Traum, einmal das berühmte Hemd mit der Nummer 10 überstreifen zu dürfen.

Teilansicht des Estadio Urbano Caldeira.

Die heutige Organisation

Der vollständige Name des Vereins lautet Santos Futebol Clube, Asociaçao Civil. Der Klub besitzt im Nordwesten von Santos das Estadio Vila Belmiro.
Derzeit hat der Klub etwa 18 000 Mitglieder und pro Spiel etwa 15 000 Zuschauer.
Bei einer Umfrage der Sportzeitschrift »Placar«, in der es um die Beliebtheit der Vereine der Sao-Paulo-Liga ging, landete der FC Santos mit 12% auf Platz vier.

FC Santos 1964, Welt- und Südamerikapokalsieger. Stehend von links: Ramiro, Zito, Geraldi

Dalmo, Haroldo, Gilmar. Untere Reihe von links: Noriva, Lima, Coutinho, Pelé, Pépé.

FC Sao Paulo

Der heute existierende »Sao Paulo Futebol Clube« ist aus verschiedenen kleinen Vereinen der Millionenstadt am Rio Tiete entstanden. Seine heutige wirtschaftliche Macht und sportliche Bedeutung verdankt der Verein den Finanznöten einiger Vorortklubs, die sich gerne, kurz vor dem Ruin stehend, von dem immer mächtiger werdenden Riesen FC schlucken ließen.

Die Gründungsgeschichte des FC Sao Paulo fängt mit dem wirtschaftlichen Abrutschen zweier in den ersten beiden Jahrzehnten des Jahrhunderts in der Sao Paulo-Meisterschaft durchaus erfolgreichen Fußballvereinen an. Paulistano (Sao Paulo-Meister 1905, 1908, 1917, 1918 und 1919) und A. A. Palmeiras (Meister 1909 und 1910) beschlossen im Januar 1930 die Fusion, um überleben zu können und den Anschluß zu wahren, im immer professioneller werdenden Fußballgeschäft. Am 26. Januar erfolgte die Fusion, neuer Name der beiden Klubs war Sao Paulo Floresta. Paulistano brachte das Kapital ein in diese Vermählung, Palmeiras den Fußballplatz Floresta. Die künftigen Vereinsfarben setzten sich zusammen aus denen der früheren Klubs: Rot-Weiß von Paulistano, Schwarz-Weiß von Palmeiras, eine Farbenkombination, die dem Klub später den Beinamen »Tricolor« einbrachte. Die Farben sind so ziemlich das einzige, was von den Anfängen des FC Sao Paulo noch übriggeblieben ist.

Doch zunächst feierte der neue Klub erste Erfolge. In seinen Reihen stand Arthur Friedenreich. Er war der erste brasilianische Superstar, wurde »El Tigre« genannt und ist bis heute der treffsicherste Fußballer Brasiliens geblieben. 1329 Tore hat er in seiner Laufbahn geschossen. Eine Vielzahl davon für Sao Paulo Floresta, womit er entscheidenden Anteil am Titelgewinn in der ersten Staatsmeisterschaft von Sao Paulo 1931 hatte.

Der erste erwähnenswerte Erfolg jedoch schaffte keine Ruhe innerhalb des Klubs. Die Leitung von Floresta fusionierte mit dem Ruderklub Tiete und löste die Fußballabteilung kurzerhand auf.

Deren Mitglieder waren glücklicherweise entschlossen genug, ebenso kurzerhand einfach einen neuen Klub zu gründen. So entstand am 16. Dezember 1935 der »Sao Paulo Futebol Clube«. Immerhin waren nun schon Name und Farben des heutigen FC beisammen. 1935 aber war dieser neue Klub finanziell wieder einmal am Ende. Ausgebildete Spieler, Stars gar, zu verpflichten, war noch unmöglich. Von kluger Weitsicht aber zeugt der aus der Not geborene Entschluß, das wenige Geld lieber in einen jungen, aber vielversprechenden Trainer zu investieren. Es kam Vicente Feola. 21 Jahre später führte Feola die brasilianische Nationalmannschaft zu ihrem ersten Weltmeisterschaftstitel; er gilt neben dem Ungarn Guttmann als Erfinder des 4-2-4-Systems.

FC Sao Paulo

Gründung
1930

Anschrift
FC Sao Paulo, Praca Roberto Gomes Pedrosa s/n°, Jardin Leonor, Morumbi, Sao Paulo, Brasilien

Vereinsfarben
Weiß-Rot-Schwarz

Spielkleidung
Rot-schwarz-weiß-gestreifte Hemden, weiße Hosen, weiß-rot-gestreifte Stutzen

Stadion
Estadio Morumbi, 150 000

Die Erfolge

Landesmeister
1977, 86

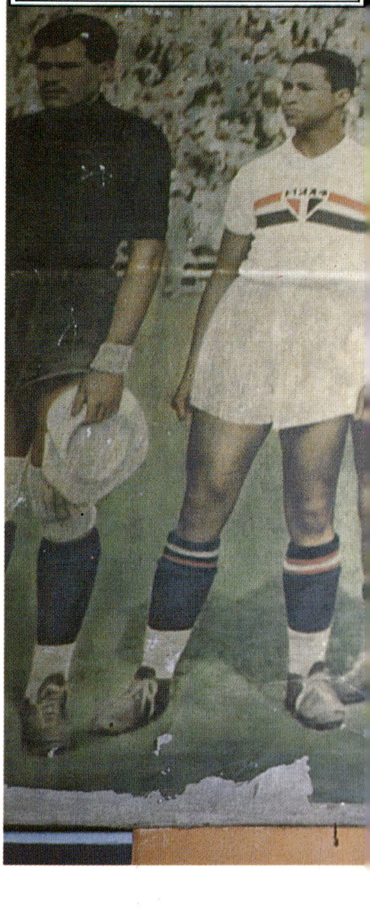

SÃO PAULO FUTEBOL CLUBE
" O CLUBE MAIS QUERIDO DA CIDADE "

Sede Administrativa: Praça Roberto Gomes Pedrosa s/n.° – Tel.: (011) 814-3377 – Telex (011) 23-429
Estádio Cicero Pompeu de Toledo – Jardim Leonor – Morumbi – Cep 05653
Caixa Postal n.° 1901 – Telegrama "Tricolor" – São Paulo

Keine schlechte Wahl, die die Vereinsführung 1937 getroffen hatte. Zunächst nur von 1937 bis 1940 trainierte Feola den Klub, verbesserte dann die organisatorischen Strukturen des Vereins und übernahm 1948 wiederum das Training.

1938 bereits war der nächste Verein einverleibt worden. »Estudantes da Mocca« ging im FC Sao Paulo auf, als Mitgift brachte der Klub ein eigenes Stadion ein. Kapital wurde angesammelt, als der Gymnastikverein Caninde geschluckt wurde, ein Klub, in dem überwiegend betuchte Deutsche Körperertüchtigung trieben. Die gewachsene Finanzkraft stärkte die Konkurrenzfähigkeit. 1942 konnten Leonidas von Flamengo Rio und Sastre von Independiente Buenos Aires verpflichtet werden. Um die beiden und um den herausragenden Läufer José Carlos Bauer herum bildete sich ein Team, das die Sao Paulo-Meisterschaft in den 40er Jahren beherrschte. 1943, 1945, 1946, 1948 und 1949 gewann der FC die Meisterschaft, zum Gewinn des brasilianischen Titels

FC Sao Paulo. Ölgemälde mit der großen Mannschaft der 40er Jahre.

allerdings sollte es noch nicht reichen. Wem eine Meisterschaft in einem Staatswettbewerb als gering vorkommt, der sei daran erinnert, daß der brasilianische Bundesstaat Sao Paulo in etwa die Größe der Bundesrepublik besitzt.
Hervorragende Fußballer des FC Sao Paulo damals waren Bellini und Orlando, die 1958 mit Brasilien Weltmeister wurden, oder Jair, der später bei Inter Mailand spielte. Allesamt Könner, begnadete Fußballer; an die Lichtgestalt Pelé vom FC Santos aber kam keiner heran.
Bis zu Beginn der 70er Jahre dauerte es, daß der FC Sao Paulo an die früheren Erfolge anknüpfen konnte. Solange konnte der Klub von den Erfolgen aus den 40er Jahren zehren. Die nämlich hatten einen enormen Zuschauerzuspruch verursacht, Geld stand ausreichend zur Verfügung. Am 15. März 1960 wurde das neue Stadion Morumbi eingeweiht. Damals faßte es noch 90 000 Zuschauer, nach einigen Umbauarbeiten ist es heute mit einem Fassungsvermögen von 150 000 Zuschauern das größte private Stadion der Welt.
Die enormen Kosten scheinen den Verein nicht sonderlich belastet zu haben. Zu Beginn der 70er Jahre konnten Forlan und Pedro Rocha von Penarol Montevideo, Toninho vom FC Santos und Gerson von Botafogo Rio verpflichtet werden. Mit diesen Spielern und mit Marinho, jenem blonden Verteidiger, von dem es heißt, er habe mal aus 60 Meter Entfernung ein Tor erzielt, verfügte der FC Sao Paulo wieder über eine konkurrenzfähige Mannschaft. 1970, 1971 und 1975 gewann dieses Team die Sao Paulo-Meisterschaft, und erreichte 1974 erstmals das Endspiel im Copa Libertadores, dem Südamerika-Cup. Gegen Independiente verlor man jedoch in drei Endspielen 2:1, 0:2 und 0:1.
Zwei vergebliche Anläufe auf den Copa d'Oura, die brasilianische Meisterschaft, unternahm der Verein 1971 und 1973. Beim ersten Versuch unterlag man im Endspiel gegen Belo Horizonte, beim zweiten gegen Palmeiras Sao Paulo. 1977 aber war es soweit. Belo Horizonte konnte nach Verlängerung und Elfmeterschießen besiegt werden, der FC Sao Paulo war erstmals brasilianischer Fußballmeister. 1986 konnte der Klub aus der 18-Millionen-Stadt diesen Erfolg wiederholen. Aber da kam der Titelgewinn schon nicht mehr überraschend. Inzwischen nämlich verfügte der Verein wieder über ein Spitzenteam, war zum führenden Fußballklub Sao Paulos und auch Brasiliens gereift. Anfang der achtziger Jahre war die Mannschaft radikal verjüngt worden. Oscar, Silas, Muller, Careca und der im Sommer 1985 vom AS Rom gekaufte Falçao sind Spieler, die für ein neues Selbstverständnis im brasilianischen Fußball stehen. Das elegante Spiel, technisch brillant wie ehedem, soll wieder aufleben, nachdem auch in Brasilien in den vergangenen Jahren der kraftvolle, aber auch überharte Einsatz im Vordergrund gestanden hatte.

Estadio Morumbi. Mit 150 000 Zuschauerplätzen das größte Fußballstadion der Welt in Privatbesitz.

Die heutige Organisation

155 000 m² Gelände liegen um das Estadio Morumbi, in dem 150 000 Zuschauer Platz finden. Auf dem Gelände befinden sich Fußball- und Basketballfelder, Sporthallen, Restaurants und Bars. Das alles, sowie die Trainingsanlage Frederico Antonio Germano Menzen gehört dem »Sao Paulo Futebol Clube, Associacao Civil«. Er ist heute eine Organisation mit neun Sportarten im Programm. 40 000 Mitglieder derzeit nehmen diese Angebote an. Ein wirtschaftlich rundherum gesunder Verein also, auch wenn der Publikumsdurchschnitt bei den Fußballspielen nur etwa 20 000 Zuschauer erreicht.

Flamengo

Neben den Bällen und Karnevalsveranstaltungen waren es zu Ende des 19. Jahrhunderts große Ruderregatten, die das Volk von Rio de Janeiro in Massen anlockten. Dort fanden sich auch die »Flamengo Beach Boys« ein, eine Gruppe junger Künstler und Intellektueller, die sich gerne und häufig zu den sogenannten »Beach Societies« versammelten; einem typisch brasilianischen Vergnügen, zu dem man sich am Strand traf, den neuesten Klatsch verbreitete und die letzten Sensationen diskutierte.
Rudern war zu dieser Zeit noch populärer als der Fußball, und die Freunde von den »Flamengo Beach Boys« kauften sich schließlich selbst ein Boot und gründeten am 15. November 1895 den »Clube de Regatas do Flamengo«.
Allmählich aber wuchs die Bedeutung des Fußballs, und 1906 begann die erste Spielzeit der Liga von Rio de Janeiro, die als erster der mächtige Sozietätsverein »Fluminense« gewann. Dort kickte übrigens ein junger Mann namens Alberto Borgeth mit, der gleichzeitig für Flamengo ruderte – ein Unding, denn die sozialen Grenzen waren unter den Klubs der Stadt deutlich gezogen: Vasco da Gama war der Verein der portugiesischen Kolonie, Botafogo diente den Intellektuellen und der bürgerlichen Mittelschicht als Heimat, Flamengo war der Klub der Massen und Fluminense jener der Oberschicht.
Besagter Borgeth nun bemühte sich, innerhalb von Flamengo eine Fußballabteilung einzuführen, was ihm am 21. November 1911 zunächst den Ausschluß bei Fluminense eintrug; einen Monat später hatte er sein Ziel bei Flamengo dennoch erreicht. Wegen der rot-schwarzen Trikots mit breitem Querstreifen wurde das neue Team »Cobra coral« genannt, nach einer in Südamerika häufig vorkommenden Giftschlangenart.
Bis zum Jahr 1920 gewann Flamengo dreimal die Meisterschaft von Rio, wobei der letzte Erfolg das Startsignal setzte für eine systematische Jugendarbeit. Noch heute kann sich die Profi-Abteilung nahezu selbständig mit eigenem Nachwuchs versorgen.
Nach weiteren Titelgewinnen im Bundesstaat Rio (1921, 1925 und 1927) entstand in den 30er Jahren das erste absolute Spitzenteam des Vereins mit dem großartigen Verteidiger Domingos da Guia, den das Fußballvolk »el divino mestro«, den »göttlichen Meister« rief und dem »schwarzen Diamanten« Leonidas, mit dem Flamengo 1939 einen weiteren Rio-Titel holte. Leonidas war 1913 im Armenviertel Boncusesso geboren worden und spielte als Jugendlicher in einem Vorortsverein. 1932 verpflichtete ihn Nacional Montevideo, ein Jahr später ging er zu Vasco da Gama und gab schließlich 1936 sein Debüt bei Flamengo.
Alte Fußballexperten, die später auch die »schwarze Perle«

Flamengo

Gründung
1895

Anschrift
Flamengo, Praca Nossa Senhora Auxiliadera, Gavea, Rio de Janeiro, Brasilien

Vereinseigentum
70 000 m² große Sportanlage Parque da Gavea
Zwei weitere Sport- und Freizeitgelände
Mehrstöckiges Luxushaus im Zentrum von Rio

Vereinsfarben
Rot-Schwarz

Spielkleidung
Rot-schwarz-gestreifte Hemden, weiße Hosen, rot-schwarz-gestreifte Stutzen

Stadion
Maracana, 220 000

Die Erfolge

Landesmeister
1961, 80, 82, 83, 87

Südamerika-Pokal
1981

Weltcup für Vereinsmannschaften (inoffiziell)
1981

Bild oben
Brasilianischer Meister 1987
Stehend von links
Leandro, Zé Carlos, Andrade
Edinho, Leonardo, Jorginho
Untere Reihe von links: Bebeto
Airton, Renato, Zico, Zinho

Skulptur des Präsidenten von 1951–1955 Gilberto Cardoso im Garten des Parque da Gavea Verwaltungs- und Sportzentrum

CLUBE DE REGATAS DO FLAMENGO
CAMPEÃO DO MUNDO

EINMAL FLAMENGO - IMMER FLAMENGO

Pélé sahen, behaupteten, Leonidas habe nicht weniger Qualitäten besessen. Er vereinigte ungewöhnliche Schnelligkeit mit erstaunlicher Geschmeidigkeit und Ballfertigkeit. Besonders gerühmt wurde seine Spezialität, der Fallrückzieher. Leonidas nahm 1938 an der Weltmeisterschaft in Frankreich teil und wurde dort mit sechs Treffern Torschützenkönig. 1943 verließ er Flamengo und ging zum FC Sao Paulo, wo er 1950 als 37jähriger seine Karriere beendete. Flamengo aber blieb erfolgreich: In den 40er Jahren gelang dem Klub das »Tricampeao«, also drei Meisterschaften in Folge (1942, 1943 und 1944). Kopf dieser neuen Mannschaft war Thomas Soares da Silva, »Zizinho« mit Künstlernamen. »Mestre Zizi«, »Meister Zizi« erzielte in 51 Länderspielen 31 Tore, doch auch seine Virtuosität konnte nicht verhindern, daß die Brasilianer 1950 das WM-Endspiel gegen Uruguay unglücklich und sensationell 1:2 verloren.

Von 1953 bis 1955 holte sich Flamengo das zweite Tricampeao, wobei besonders die Angriffsreihe beeindruckte: 1955 kamen Joel, Indio, Evaristo, Didi und Zagalo in 24 Spielen auf 86 Tore.

Die nächste große Periode in der Vereinsgeschichte brach 1963 mit dem Gewinn der Rio-Meisterschaft an, der 1965, 1972, 1974, 1978, 1979 und 1981 weitere folgten.

Die 80er Jahre begannen mit dem ersten Sieg der offiziellen brasilianischen Meisterschaft durch ein 3:2 im Endspiel über Atletico Mineiro Belo Horizonte. Wenig später holte sich Flamengo in drei Begegnungen (2:1, 0:1, 2:0) die südamerikanische Vereinsmeisterschaft gegen die Chilenen von Cobreola. Und der dritte große Triumph dieses Jahres 1981 war das 3:0 im »Weltpokal«-Finale von Tokio über den FC Liverpool. Regisseur dieses Teams war der berühmte Zico,

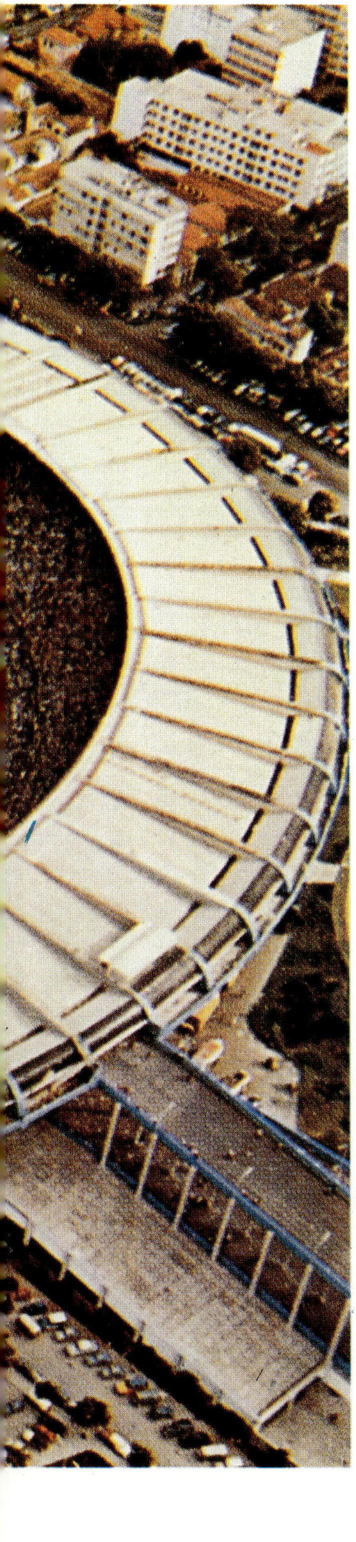

der eine ähnliche Aufgabe als freier Mann zwischen Mittelfeld und Angriff hatte wie später Maradona beim SSC Neapel. Die beiden Verteidiger Leandro und Junior waren ausnehmend stark in der Offensive wie auch Libero Mozer, während Marinho in der Defensive absicherte. Im Sturm waren Nunes, Lico und Tita, der später bei Bayer Leverkusen spielte, überaus gefährliche Leute.
Wie alle Mannschaften in der Geschichte Flamengos hatte auch diese ihre Stärke in einer großartigen Technik. Und sehr hilfreich waren und sind die Zuschauer im Maracana-Stadion, die ihre Elf mit ungeheurem Getöse und dem aufreizenden Rhythmus der Sambatrommeln nach vorne treiben.
Nachdem das Team auch 1982 und 1983 den Landesmeistertitel eroberte, verließ Zico den Klub in Richtung Udine und Junior ging zum AC Turin.
Im Herbst 1985 kehrte der Mittelfeldstar zurück, hatte aber Probleme mit dem Knie, die erst durch die Operation bei einem nordamerikanischen Spezialisten behoben wurden. Mit dem wiedergenesenen Zico wurde Flamengo 1987 gegen Internacional Porto Alegre (1:1, 1:0) erneut brasilianischer Fußballmeister. Die herausragenden Kräfte dieser Mannschaft waren neben Zico die Innenverteidiger Leandro und Edinho sowie Renato, der beste Stürmer des Landes.

Die heutige Organisation

Der »Clube Regatas Flamengo Associacio Civil« aus Rio de Janeiro besitzt den 70 000 m^2 großen »Parque da Gavea« im Süden der Stadt. Hier befinden sich ein Stadion für 20 000 Zuschauer, Trainingsplätze, Schwimmbäder, Tennisfelder, ein medizinisches Zentrum und die Verwaltung des Vereins. Zu dessen Eigentum zählen obendrein ein Gelände von 34 000 m^2 am Lago Rodrigo de Freita sowie zwei weitere an der Avenida Rui Barbasa.
Der Verein hat etwa 13 000 zahlende Mitglieder und den ältesten Fanclub des Landes (gegründet 1941), dem 75 000 Menschen angehören.
Flamengo steht in der Beliebtheitsskala mit 54 Prozent der Sympathien ganz vorn. Man rechnet mit drei Millionen Flamengo-Fans in Rio und mit weiteren 50 Millionen in ganz Brasilien.
In der Meisterschaft hatte der Verein zuletzt einen Zuschauerschnitt von 45 263.

Maracaná-Stadion, auch Spielstätte des FC Fluminense.

Gremio

Die erste Einwandererwelle aus Deutschland erreichte Porto Alegre um 1825. Die neuen Bürger Brasiliens leiteten umgehend die Industrialisierung der Stadt ein, die ein paar Jahre später schon die größte Südbrasiliens war und die Kapitale des Staates Rio Grande do Sul.

Um die Jahrhundertwende kam aus Sao Paulo ein junger Mann herüber, Candido Dias, um ein Ledergeschäft zu eröffnen. Sein Hobby war das Fußballspiel, dem er zusammen mit seinen neuen Freunden, die vorwiegend aus der deutschen Kolonie stammten, an Sonntagen im Stadtviertel Gloria frönte. Von da an war es nur noch ein kleiner Schritt zur Gründung eines Vereins: Dies geschah am 15. September 1903 im Restaurant Dona Maria, der Name des Klubs war denkbar simpel. Die jungen Leute nannten ihn Gremio Foot-Ball Porto Alegrense. Gremio bedeutet im Portugiesischen nichts anderes als »Klub, Verein«.

Beinahe von Anfang an hatte Gremio einen bedeutenden Rivalen, den Nachbarklub Internacional. Zum ersten der vielen, vielen Lokalderbys Gre-Nal, wie die Fußballfans kurz sagten, kam es am 18. Juli 1909. Gremio siegte 10:0. So leicht hatte es das Team später niemals mehr. Häufig gewann die Mannschaft die Meisterschaft von Porto Alegre, meist im Wechsel mit Internacional, später auch den Titel des Staatsmeisters von Rio Grande do Sul.

1937 führte Gremio den Profifußball ein; etwa um diese Zeit kam es auch in spieltaktischer Hinsicht zu einer großen Veränderung. Nach dem Vorbild der mächtigen Nachbarn Uruguay und Argentinien wurden auf dem Feld regelrechte Blöcke gebildet, eine intensivere Zusammenarbeit der somit entstandenen Mannschaftsteile war die Folge. Wie auch beim Konkurrenten Internacional war deutlich der Einfluß der »uruguayischen Schule« zu erkennen. Mannschaftliche Geschlossenheit, ausgeprägtes Paßspiel, die Betonung körperlichen Einsatzes und der enorme Kampfeswille machten einen erheblichen Unterschied zum gewohnten brasilianischen Stil.

Weil Gremio lange Zeit rassischen Dünkel hegte und nur weiße Spieler anstellte, verlor der Verein den Anschluß an den Lokalrivalen Internacional. In den 40er Jahren gewann Gremio nur zweimal die Staatsmeisterschaft; eine erfolgreichere Periode begann erst mit der Einweihung des Estadio Olympico am 19. September 1954 im Süden von Porto Alegre. Viermal von 1956 bis 1959 holte Gremio nun den Titel, in den 60er Jahren durchbrach Internacional den Siegeszug gar nur zweimal.

Im folgenden Jahrzehnt aber änderte sich dies grundlegend, Stars wie Figueroa oder Falcao in den Reihen von Internacional garantierten Erfolge für den Lokalrivalen. Und besonders neidvoll hatten die Verantwortlichen von Gremio zuse-

Gremio

Gründung
1903

Anschrift
Gremio, Porto Alegrense,
Largo dos Campeós s/n°,
CEP 90 000 Porto Alegre,
RS, Brasilien

Vereinseigentum
Estadio Olimpico
mit Umgebung

Vereinsfarben
Blau-Schwarz-Weiß

Spielkleidung
Blau-schwarz-weiß-gestreifte Hemden, weiße Hosen, weiße Stutzen

Stadion
Estadio Olimpico, 75 000

Die Erfolge

Landesmeister
1981

Südamerika-Pokal
1983

Weltcup für Vereinsmannschaften (inoffiziell)
1983

GRÊMIO FOOT-BALL PORTO ALEGRENSE
CAMPEÃO DO MUNDO

Largo dos Campeões s/nº - F. (0512) 23-9188 - Telex 3213 - C. P. 2403 - CEP 90000 P. Alegre - RS - Brasil

hen müssen, wie das neue Großstadion des Konkurrenten, Beira-Rio, in die Höhe schoß. Folglich wurde 1976 die Modernisierung des Estadio Olimpico be- und vier Jahre darauf abgeschlossen. Die Zuschauerkapazität betrug 75 000, die Tribünen waren allesamt überdacht, 45 neue Logen, ein hochmodernes Pressezentrum sowie eine elektronisch gesteuerte Lichtanlage machten die Arena zu einem Schmuckstück.

Zug um Zug wurde nun auch die Mannschaft verstärkt, Nationaltorhüter Leao von Vasco da Gama und der große, bärtige Libero Hugo de Leon von Nacional Montevideo gaben der Abwehr Halt. Und im Sturm brillierte der brasilianische Torschützenkönig von 1980, Baltazar, der von Flamengo gekommen war. 1981 erreichte Gremio erstmals das Endspiel um die brasilianische Meisterschaft gegen den hohen Favoriten FC Sao Paulo, der gleich sieben aktuelle Nationalspieler in seinen Reihen hatte. Überraschend jedoch siegte Gremio in beiden Treffern (2:1, 1:0). Auch 1982 kam das Team ins Finale, unterlag aber Flamengo.

Dafür hielten sich die Kicker um Osvaldo, Renato und Tita, der bei Bayer Leverkusen tätig war, in der Copa Libertadores schadlos, der inoffiziellen südamerikanischen Meisterschaft. Endspielgegner war Titelverteidiger Penarol Montevideo, das nach einem 1:1 im Hinspiel in der zweiten Begegnung mit 1:2 Toren den kürzeren zog. Wieder hatte das berühmte Kollektivspiel von Gremio einen vermeintlich stärkeren Gegner bezwungen. Damit war der Klub aus Südbrasilien gleichzeitig für die Begegnung um den Weltpokal gegen den europäischen Vertreter, den Hamburger SV, qualifiziert. Die Partie fand am 11. Dezember 1983 im Olympiastadion von Tokio statt. Renato brachte seine Elf in Führung, Ditmar Jakobs glich aus. In der Verlängerung markierte wiederum Renato nach elegantem Alleingang den 2:1-Siegtreffer.

Im Januar 1987 wechselte Renato, der große Individualist, zu Flamengo, ein herber Verlust, der zunächst aber geringe Folgen hatte. In der Copa Uniao des gleichen Jahres, der ersten gesamtnationalen Liga Brasiliens, an deren Entstehung der Gremio F.B. großen Anteil hatte, belegte der Klub einen vorderen Rang.

Fußballschlacht in Porto .legre. Mit blutigen Gesichtern tragen Baide, Kapitän Hugo de Leon und Tita den ewonnenen Copa Libertadores in die Kabine.

Die heutige Organisation

Der Gremio Foot-Ball Porto Alegrense, Organisaçao Social, hat 45 000 zahlende Mitglieder und eine Anhängerschaft von rund acht Millionen im ganzen Land. Neben der Profifußball-Abteilung besteht nur eine weitere Berufssportler-Sparte, die des in Brasilien sehr populären Hallenfußballs. Außerdem sind im Verein neun andere Sportarten vertreten, unter anderen Volleyball, Basketball, Tischtennis und Judo. Zu den Spielen kommen durchschnittlich 15 000 Zuschauer.

Gremio

COMO GREMIO ONDE O GREMIO ESTIVER
CAMPEÃO DO MUNDO
MAQUINA TRICOLOR
TORCIDA JOVEM
TIGRE
PROLOSA
OLYMPIKUS
TEEM
FERRAÇO
PanVel
BRADESCO
AÇOS
PROSIDER

Bild links: Estadio Olimpico, Haupteingang.

Bild rechts: Sieger in der Copa Libertadores und Weltpokalsieger 1983. Stehend von links: Casimire, J. Mauro, Baide, China, P. Cesar, H. de Leon. Untere Reihe von links: Renato, Osvaldo, Guihlarme, Luis Carlos, Tarciso.

Großes Bild: Estadio Olimpico.

Palmeiras

Zu Tausenden emigrierten Italiener in der zweiten Hälfte des 19. Jahrhunderts nach Brasilien. Viele kamen mit dem Schiff von Genua nach Santos, das sozusagen den Hafen von Sao Paulo bildet. Dorthin fuhren die meisten weiter, weil die blitzschnell expandierende Stadt eine bessere wirtschaftliche Entwicklung versprach. Heute ist sie die größte Brasiliens und Südamerikas. Sao Paulo hatte um die Jahrhundertwende etwa 230 000 Einwohner, 50 Jahre später rund 9 Millionen und heute schon 20 Millionen. Dort lebt auch die größte italienische Einwanderergruppe Brasiliens.

Vier Emigranten, Luis Cervo, Ezequiel Simone, Luis Emmanuele Marzo und Vicente Ragonetti lernten sich zufällig bei einem Besuch der italienischen Spitzenklubs Torino und Pro Verecelli Anfang August 1914 in Sao Paulo kennen.

Am 19. August gab Ragonetti in der »Fanfulla«, der italienischen Zeitung von Sao Paulo, eine Anzeige auf, in der Interessierte aufgefordert wurden, sich um 20 Uhr desselben Abends im Alhambrasaal an der Marcel-Deodora-Straße 2 einzufinden, um dort einen italienisch-brasilianischen Fußballklub zu gründen. Ein paar Tage später bestand der Verein mit dem Namen »Palestra Italia« aus 46 Personen. Als Farben wählte man natürlich Grün-Weiß-Rot – wie auf der italienischen Fahne.

1920 bereits gewann der junge Klub die Meisterschaft von Sao Paulo. Im selben Jahr wurde der Parque Antartica eingeweiht, das Vereinsgelände, das wegen der vielen dort stehenden Palmen auch »Palmeiras« genannt wurde. Auf diesem Terrain wurde auch das Stadion gebaut, das 1932 fertig wurde, als »Palestra Italia« das Profitum einführte.

Ende der 30er Jahre herrschte in Brasilien eine starke antiitalienische Stimmung, im Zweiten Weltkrieg schlug man sich ganz auf die Seite der Alliierten. So war »P.I.« gezwungen, eine Namenskorrektur vorzunehmen. Nach einigem Hin und Her einigte man sich schließlich auf »Sociedad Esportiva Palmeiras«. Auch unter neuer Bezeichnung feierte der Klub gewohnte Erfolge. 1950 gewann Palmeiras den insgesamt zwölften Titel als Meister von Sao Paulo, danach aber folgte eine längere Talfahrt.

Die nahm erst 1958 wieder ein Ende, als der erste von einigen Weltklassespielern für Palmeiras verpflichtet wurde. Es handelte sich um den pfeilschnellen Rechtsaußen Julinho, der bei der Weltmeisterschaft 1954 in der Schweiz neben Helmut Rahn bester Rechtsaußen gewesen war. Noch schlagkräftigere Verstärkungen waren Djalma Santos, ein laufstarker, technisch perfekter Verteidiger, der zwei Weltmeisterschaften für Brasilien gewann (1958 und 1962) und 97 Länderspiele bestritt, und die Stürmer Vava, der ebenfalls zweimal Weltmeister wurde, und Mazzola, 1958 im brasilia-

Palmeiras

Gründung
1914

Anschrift
Palmeiras, Estadio Palestra Italia, Rue Turiassu 1840, Caixa Postal 818, Sao Paulo, Brasilien

Vereinseigentum
Parque Antarctica und Club de Camp Serra do Mar

Vereinsfarben
Grün-Weiß

Spielkleidung
Grüne Hemden, weiße Hosen, weiße Stutzen

Stadion
Parque Antarctica, 30 000

Die Erfolge

Landesmeister
1951, 65, 67, 69, 72, 73

Brasilianischer Meister 1972 und 1973 Stehend von links Eurico, Leao, Luis Pereira Alfredo, Dudu, Zeca Untere Reihe von links Edu, Leivinha, Cesar Ademir da Guia, Nei

Sociedade Esportiva Palmeiras
FUNDADA EM 26 DE AGOSTO DE 1914
"CAMPEONÍSSIMO"
RUA TURIASSÚ, 1840 — ESTÁDIO PALESTRA ITÁLIA — CAIXA POSTAL, 818
TELEFONE: P. A. B. X. 263-6344

nischen WM-Aufgebot und später unter dem »Künstlernamen« Altafini beim AC Mailand einer der gefährlichsten Torschützen Europas. Mit diesen Assen gewann der Klub 1959 das Torneio Roberto Gomes Pedrosa, die inoffizielle brasilianische Meisterschaft, gegen so starke Konkurrenz wie den FC Santos, bei dem Pélé spielte, der beste Fußballer aller Zeiten.
Ein weiterer Höhepunkt der Vereinsgeschichte war 1981 der Gewinn der »Taca Brasil«, der ersten offiziellen Vereinsmeisterschaft des Landes, die auf Initiative von Joao Havelange, den Präsidenten des brasilianischen und des Welt-Verbandes, zurückging.
Palmeiras wurde insgesamt mehr und mehr zurückgedrängt. Es ist daher bezeichnend, daß bei den Weltmeisterschaften 1982 und 1986 nicht ein Palmeiras-Spieler im brasilianischen Kader stand. Die letzte aufsehenerregende Aktion des Klubs war im Herbst 1987 der Verkauf des Stars Mirandinha an Newcastle United für 1,5 Millionen Mark.

Eingang zum Parque Antarctica.

Die heutige Organisation

Sociedad Esportiva Palmeiras, wie der Klub vollständig bezeichnet wird, besitzt das Estadio Palestra Italia, das man auch »Parque Antarctica« nennt. Daneben gehört dem Klub der Ende der 70er Jahre eingeweihte »Club de Campo Serra do Mar« mit 500 000 m^2 Grund. Bei Palmeiras werden viele Sportarten betrieben, die Basketballer zählen zu den besten des Landes.
Zu den Spielen der Fußballprofis kommen durchschnittlich 20 000 Zuschauer; und bei einer repräsentativen Umfrage wurde festgestellt, daß Palmeiras in Sao Paulo an zweiter Stelle der Publikumsgunst liegt. Rund 24 Prozent der Paulistas sympathisieren mit dem Verein.

Parque Antarctica mit
Sao-Paulo-Skyline im Hintergrund.

Sport Club Internacional

Die drei Brüder Henrique, Jose und Luis Poppe, die 1908 aus Sao Paulo nach Porto Alegre ausgewandert waren, spielten zunächst bei Gremio aktiv Fußball, einem von deutschen Einwanderern gegründeten Verein. Als Brasilianer portugiesischen Ursprungs, als sogenannte »Peloduras«, erfreuten sich die Poppes nur geringen Ansehens, so daß sie 1909 beschlossen, ihren eigenen Klub zu gründen. Als Mitglieder des »Sport Club Internacional« wurden ausschließlich Peloduras zugelassen. Und die spielten von Anfang an gut und erfolgreich. In der Liga von Porto Alegre teilte sich Internacional viermal bis 1920 den Titel mit Gremio, gewann jedoch dreimal allein die Meisterschaft.

1919 wurde die Staatsliga von Rio Grande do Sul ins Leben gerufen, die 20 Jahre lang eindeutig von Gremio dominiert wurde – Internacional wurde nur zweimal (1927 und 1934) Erster. Zwischen diesen beiden Klubs herrschte erbitterte Gegnerschaft, die durch den sozialen Gegensatz noch verschärft wurde: Internacional galt als Mannschaft des Volkes, Gremio repräsentierte die Oberschicht.

Um konkurrenzfähig zu bleiben, öffnete sich Internacional der Allgemeinheit, unabhängig von Rasse und Nationalität konnte nun auch dort jedermann Mitglied werden. Dirceu Alves zum Beispiel, der 1925 erstmals in der Mannschaft auftrat, war der erste Farbige, der in der Liga des Staates Rio Grande do Sul spielte. Gremio hingegen ließ erst 1952 schwarze Spieler zu. Die Maßnahme hatte durchaus Erfolg. Internacional beherrschte in den 40er und 50er Jahren eindeutig die Meisterschaft, der Lokalrivale spielte nur noch eine untergeordnete Rolle.

Das änderte sich jedoch beinahe schlagartig in den 60er Jahren, als Internacional an Boden verlor. Der Grund für das geringere sportliche Niveau lag darin, daß der Verein mit dem Bau des Großstadions »Beira-Rio« begonnen und somit kaum Geld für die Erhaltung der Profiteams übrig hatte. Beira-Rio wurde 1969 fertiggestellt, das Fassungsvermögen betrug zunächst 85 000 Plätze, schon ein Jahr später wurde begonnen, die Kapazität auf 120 000 zu erhöhen. Die ökonomische Basis des Vereins war nun grundlegend geändert.

Gleichzeitig wurde eine Modernisierung der Organisation in Angriff genommen; Hauptziel war es, Internacional streng nach wirtschaftlichen Gesichtspunkten zu führen und letztlich eine solche finanzielle Potenz zu erwerben, daß man auf dem Spielermarkt wesentlich aktiver werden konnte.

Zunächst verpflichtete man den berühmten chilenischen Libero Elias Brander Figueroa von Penarol Montevideo. Der exzellente Abwehrspieler wurde von 1974 bis 1976 dreimal hintereinander zum besten Fußballer Südamerikas gewählt. Aus Brasilien kamen Mittelfeldspieler Paolo César Carpegiani und Stürmer Waldomiro, die beide 1974 an der Welt-

Internacional Porto Alegre

Gründung
1909

Anschrift
Sport Club Internacional, Avenida Padre Cacique 891, 90 000 Porto Alegre, Rio Grande de Sul, Brasilien

Vereinseigentum
Stadion Beira-Rio mit Schwimmbädern und Sporthalle

Vereinsfarben
Rot-Weiß

Spielkleidung
Rote Hemden, weiße Hosen, weiße Stutzen

Stadion
Beira-Rio, 120 000

Die Erfolge

Landesmeister
1975, 76, 79

Brasilianischer Meister 1975. »Das rote Karussell.« Stehend von links: Manga, Claudio Duarte, Figueroa, Herminio, Vacaria, Paolo Roberto Falcao. Untere Reihe von links: Masseur, Valdomiro, Escurinho, Flavio, P. C. Carpegiani, Lula.

Sport Club
INTERNACIONAL
Vice-Presidência de Comunicação Social

Estádio Beira-Rio - Av. Pe. Cacique, 891 - 90.000 Porto Alegre - RS - Brasil - Fone: 33-2211

meisterschaft in der Bundesrepublik teilgenommen hatten. Und im Jahr 1973 wurde erstmals ein 19jähriger namens Paolo Roberto Falçao eingesetzt. Der glänzende Torhüter Manga, der auch für Brasilien zwischen den Pfosten gestanden hatte, vervollständigte ein Team, das 1975 ins Finale der Landesmeisterschaft, dem Taca d'Ouro, stürmte. Gegner war am 13. 12. im Estadio Beira-Rio von Porto Alegre die Elf des Cruzeiro SC. »Das rote Karussell«, wie Internacional wegen des eleganten, an einen Kreisel erinnernden Spiels im Volksmund hieß, bestand aus einer harmonischen Mischung aus der harten uruguayischen Schule und brasilianischer Technik und Spiellaune. Figueroa schien die Aktionen des Gegners förmlich vorauszuahnen, seine weiten Pässe brachten den Angriff schnell in Szene und seine wuchtigen Kopfbälle hatten entscheidenden Einfluß auf die Partie: Er erzielte so den einzigen Treffer zum 1:0-Sieg. Mittelfeldstar Falçao übernahm brillant die Regie und setzte die beiden schnellen Spitzen Waldomiro und Flavio intelligent ein.

Auch im nächsten Jahr holte sich Internacional die brasilianische Meisterschaft, diesmal durch einen 2:0-Erfolg gegen Palmeiras aus Santos, der dritte Taca d'Ouro-Sieg folgte 1979 gegen denselben Kontrahenten: Beim 3:2 überragte Roberto Falçao, der auch selbst zwei Tore schoß.
Der blonde Fußball-Lenker wurde im Sommer 1980 an AS Rom verkauft, dies war der Beginn eines neuen Abschnitts der Vereinsgeschichte. Als Spieldirigent kam nun Ruben Paz aus Uruguay, der 1980 bei der »Mini-WM« in Montevideo einer der besten Akteure gewesen war und sich später in Brasilien einen hervorragenden Ruf erwarb. Nur zum Landesmeistertitel reichte es unter seiner Führung für Internacional nicht mehr. Doch der Gewinn des prestigebringenden Juan Gamper-Turniers in Barcelona 1982 (3:1 im Finale

Beira-Riostadion, das größte Stadion Südbrasiliens mit Plätzen für 120 000 Zuschauer.

gegen Manchester City) sowie mehrere Erfolge auf Bundesstaatsebene versöhnten die Fans mit dieser Tatsache.

Die heutige Organisation

Der Sport Club Internacional von Porto Alegre besitzt neben dem Estadio Beira-Rio, zu dessen Komplex einige Schwimmbäder und eine moderne Sporthalle gehören, außerhalb der Stadt noch eine Trainingsanlage.

Internacional zählt mit etwa 40 000 Mitgliedern zu den brasilianischen Großvereinen; die durchschnittliche Zuschauerzahl pro Heimspiel liegt bei 25 000. Bis heute führt der Klub die sogenannte »ewige Tabelle« Brasiliens an.

Berühmtestes Vereinsmitglied ist Doktor Luiz Roberto Marczyk, eine Kapazität auf dem Gebiet der Meniskusoperation.

C.A. Penarol

England wird zu Recht als das Mutterland des Fußballs bezeichnet. Auch in Uruguay machten englische Einwanderer das Spiel heimisch, gründeten im Oktober 1878 den ersten Fußballklub Uruguays, den Montevideo Cricket Club. Und Engländer stellten auch den überwiegenden Anteil der 118 Angestellten der Eisenbahngesellschaft, die am 28. September 1891 den Central Uruguay Railway Cricket Club gründeten, den späteren C. A. Penarol. Alle waren wohl mit Leib und Seele Eisenbahner; als Vereinsfarben wählten sie Gelb und Schwarz, genau die Farben, mit denen George Stephenson 1829 seine Lokomotive »The Rokket« beim berühmten Zugrennen in Rain Hill gestrichen hatte. Der neue Verein mit der Klubanlage Centro Artesano, außerhalb von Montevideo gelegen, galt von Anbeginn an als Herausforderung für die Einheimischen. 1899 entstand durch die Fusion von Uruguay F. C. und Montevideo Athletics der C. A. Nacional, der schärfste Lokalkonkurrent von Penarol. Noch weit bis ins 20. Jahrhundert hinein, war es besondere Motivation, die »Engländer zu besiegen«.

Das aber war zunächst nicht leicht. In der 1900 von der am 30. März des gleichen Jahres gegründeten Asociacion Uruguaya de Futbol organisierten ersten Uruguay Association Football-League gewann der Eisenbahner-Klub auf Anhieb die Meisterschaft, ein Jahr darauf erneut, 1905 gar unbesiegt und ohne ein Gegentor hinnehmen zu müssen. Zahlreiche Titel folgten, eine gewachsene Popularität war kaum damit verbunden. Wie sonst ist zu erklären, daß der Verein, den uruguayischen Einflüssen Rechnung tragend, am 12. März 1914 in Club Atletico Penarol umgetauft wurde?

Das Interesse am Fußball aber war gewaltig im Land, nicht zuletzt wegen des Gewinns der Goldmedaillen bei den Olympischen Spielen 1924 in Paris (3:0 gegen die Schweiz) und 1928 in Amsterdam (2:1 n. V. gegen Argentinien) sowie dem ersten Weltmeisterschaftstitel 1930 im eigenen Land nach einem 4:2 wiederum über Argentinien. 1930 wurde das 100 000 Zuschauer fassende Estadio Centenario in Montevideo eingeweiht; die Entwicklung ging schnurstracks in Richtung Professionalismus. Aber es brauchte noch zwei Jahre, bis am 9. März 1932 auf einer Vereinssitzung des Penarol der Profifußball eingeführt wurde.

Erfolgreiche Jahre für Penarol im speziellen und für den uruguayischen Fußball im allgemeinen folgten. Höhepunkt war der zweite Weltmeisterschaftstitel 1950 nach einem 2:1 über Gastgeber Brasilien. Zwei Spieler aus der siegreichen Mannschaft wurden damals weltberühmt: Rechtsaußen Ghiggia und der auf Halblinks stürmende Juan Alberto Schiaffino, beide aus dem Kader von Penarol.

Der Professionalismus hatte dem uruguayischen Fußball zu Weltgeltung verholfen, Reichtümer aber waren selbst für die

C. A. Penarol

Gründung
1891

Anschrift
C. A. Penarol, »Cr. Gaston Guelfi«, Magallanes 1721, Montevideo, Uruguay

Vereinseigentum
Sportplatz »Palacio Penarol Contador Gaston Guelfi«, Stadion »Las Acacias« + Trainings- und Erholungslager Los Aramos

Vereinsfarben
Gelb und Schwarz

Spielkleidung
Gelb-schwarz-gestreifte Hemden, schwarze Hosen, schwarz-gelb-gestreifte Stutzen

Stadion
Centenario-Stadion, 75 000

Die Erfolge

Landesmeister
1900, 01, 05, 07, 11, 18, 21, 26, 28, 29, 32, 35, 36, 37, 38, 44, 45, 49, 51, 53, 54, 58, 59, 60, 61, 62, 64, 65, 67, 68, 73, 74, 75, 78, 79, 81, 82, 85, 86

Südamerika-Pokal
1960, 61, 66, 82, 87

Weltcup für Vereinsmannschaften (inoffiziell)
1961, 66, 82

Sieger Copa Libertadores 1987. Obere Reihe von links: Vidal, Pereyra, Dominguez, Trasante, Ferro, Lopez, Tabarez (Trainer). Mittlere Reihe von links: Errico, da Silva, Goncalvez, Herrera, Villar, Perdomo, Malinowsky (Stadiondirektor), Dr. Rienzi, Atijas. Untere Reihe von links: Matosas, Professor Herrera, Santos, Sanchez, Aguirre, Viera, Rotti, Cabrera.

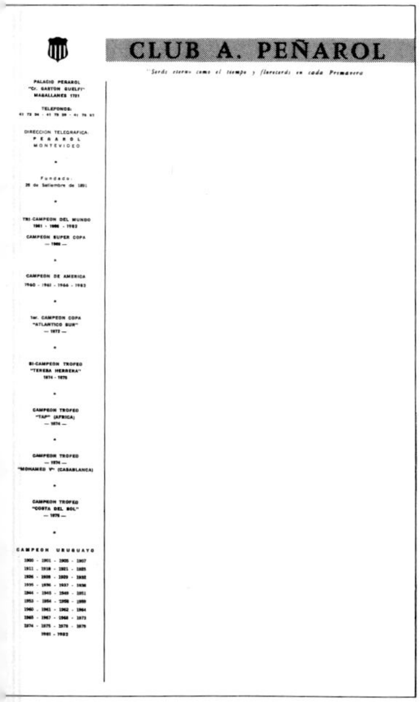

Stars nicht zu erwerben. Das finanzkräftige europäische Ausland lockte, Alcide Ghiggia wechselte 1953 zum AS Rom, Schiaffino ein Jahr später zum AC Mailand.
Trotz der Verluste, Penarol blieb mit seiner taktisch intelligenten, technisch perfekten und dennoch kraftvollen Spielweise eine der besten Klubmannschaften in der Geschichte des Fußballs. 1961 gewann Penarol gegen Benfica Lissabon den Weltpokal, desgleichen 1966 über Real Madrid.
Was folgte, hat mit Sport wenig zu tun, gleichwohl große Auswirkungen auf ihn. In den 60er Jahren verschlechterte sich die wirtschaftliche, soziale und politische Lage dramatisch. Das Militär errichtete eine blutige Diktatur, über eine Million Menschen, ein Viertel der Bevölkerung, verließen das Land. Auch der Fußball blieb von der traurigen Entwicklung nicht unberührt. Der Zuschauerschnitt der Liga sank in nur wenigen Jahren von – ohnehin wenig – 8000 auf 3000.
Der internationalen Stärke Penarols hat das nicht geschadet. Der ehemalige Klub der Eisenbahner gewann 1982 den Weltpokal mit 1:0 über Aston Villa und unterlag 1987 im gleichen Wettbewerb dem F. C. Porto in einem wegen heftigen Schneetreibens fast irregulären Spiel nur knapp 1:2.

Die heutige Organisation

Der Club Atletico Penarol, der neben der professionellen Fußballabteilung auch noch Amateurfußball, Hallenfußball, Basketball und Boxen anbietet, besitzt die Hallenarena Palacio Penarol Contador Gaston Guelfi, das Estadio Las Acacias, die Trainings- und Erholungsanlage Los Aramos und ein Haus in Montevideo. Der Verein ist inzwischen von weiten Teilen der Bevölkerung anerkannt und wird trotz anhaltenden großen finanziellen Schwierigkeiten von der Wirtschaft, dem Staat und der Gemeinde unterstützt.

Estadio Centenario.